Ertl/Birnbeck · 1000 Fragen für den jungen Landwirt

Josef Ertl/Stefan Birnbeck

1000 Fragen für den jungen Landwirt

Zwölfte, überarbeitete und erweiterte Auflage

VerlagsUnion Agrar

**BLV Verlagsgesellschaft München
DLG Verlag Frankfurt (Main)
Landwirtschaftsverlag Münster-Hiltrup
Österreichischer Agrarverlag Wien
Buechler Grafino AG Bern**

Die Deutsche Bibliothek – CIP-Einheitsaufnahme

Ertl, Josef:
1000 Fragen für den jungen Landwirt / Josef Ertl; Stefan
Birnbeck. – 12., überarb. und erw. Aufl. –
München : BLV-Verl.-Ges. ;
Frankfurt (Main) : DLG-Verl. ;
Münster-Hiltrup : Landwirtschaftsverl. ;
Wien : Österr. Agrarverl. ;
Wabern-Bern : Bugra-Suisse, 1995
   ISBN 3-405-14172-9
NE: Birnbeck, Stefan:; Ertl, Josef: Tausend Fragen für den jungen
   Landwirt; Birnbeck, Stefan: Tausend Fragen für den jungen Landwirt

Bildnachweis
Bildarchiv BLV: 86, 88–92, 94, 95, 125, 130, 133, 139, 147–149, 156, 159, 167,
   172, 183–186, 189, 195, 204, 205, 210–212, 215–217, 231, 236, 245, 246,
   249–251, 254, 255, 257, 259, 260, 265–267
CMA: 32
Fa. Howard: 89
Fa. Raabe: 89, 251
Lehrbuch »Grundstufe Agrarwirtschaft, Band 1«, 5. Auflage: 85, 164, 165, 167
Lehrbuch »Agrarwirtschaft, Fachstufe Landwirt«, 4. Auflage: 105, 108, 114,
   118, 121, 127, 140, 142, 145, 151, 154, 160, 173, 184, 194, 196, 199,
   202–205, 249, 256, 257
Lehrbuch »Die Landwirtschaft, Band 3«, 8. Auflage: 253
Straiton, Schweinekrankheiten, 2. Auflage: 207

BLV Verlagsgesellschaft mbH
München Wien Zürich
80797 München

© BLV Verlagsgesellschaft mbH, München 1995

Das Werk einschließlich aller seiner Teile
ist urheberrechtlich geschützt. Jede Verwertung
außerhalb der engen Grenzen des Urheberrechts-
gesetzes ist ohne Zustimmung des Verlags unzulässig
und strafbar. Das gilt insbesondere für Vervielfälti-
gungen, Übersetzungen, Mikroverfilmungen und die
Einspeicherung und Verarbeitung in elektronischen
Systemen.

Umschlaggestaltung: Parzhuber & Partner
Umschlagfoto: Agrar Press

Lektorat: Dr. W. Alsing
Herstellung: Hermann Maxant

Gesamtherstellung: Pustet, Regensburg

Printed in Germany · ISBN 3-405-14172-9

Vorwort

Auf den ersten Blick erscheinen 1000 Fragen aus dem Gesamtgebiet der Landwirtschaft als viel. Wenn man jedoch einmal beginnt, den landwirtschaftlichen Wissensstoff durchzuarbeiten, dann merkt auch der in Ausbildung befindliche junge Landwirt sehr bald, daß noch viel mehr Fragen auftauchen.

Dennoch haben sich die Verfasser entschlossen, einmal die nach ihrer Ansicht für die Berufsausbildung wichtigsten Fragen zusammenzustellen. Sehr oft nämlich – sei es nun in der praktischen Ausbildung oder in der Berufsschule – wurde der Wunsch geäußert, eine Sammlung von Grundfragen mit deren gleichzeitiger Beantwortung zu besitzen. Eine solche Fragensammlung kann es dem Berufsanfänger und Schüler erleichtern, den großen Wissensstoff schneller zu erfassen; vor allem kann er sich aber hieran auch selbst prüfen. Der junge Leser wird sehr rasch merken, wo seine Stärke, aber auch, wo seine Schwächen liegen. Keinesfalls soll oder kann jedoch durch dieses Frage- und Antwortspiel ein Lehr- oder Fachbuch ersetzt werden. Das muß immer die Grundlage einer soliden Ausbildung bleiben.

Natürlich wird dieses Fragebüchlein auch für den Ausbilder selbst recht nützlich sein, denn er erhält hier zumindest eine Anleitung, wie er das Wissen seines Auszubildenden prüfen kann.

Mögen die inzwischen bewährten »1000 Fragen« dem jungen Landwirt auch in dieser 12. Auflage helfen, sein Fachwissen zu festigen und ihm behilflich sein, auf wichtige Fragen zu den verschiedenen landwirtschaftlichen Belangen und Inhalten sofort eine Antwort zu finden.

Die Verfasser

Inhalt

Berufsstand	8
Ausbildung	10
Agrarpolitik	14
Natur- und Umweltschutz	42
Landwirtschaftliche Buchführung und Steuer	49
Betriebswirtschaft	59
Bodenkunde	80
Bodenbearbeitung	88
Düngung	94
Getreidebau	107
Hackfruchtbau	125
Ölfrucht- und Hülsenfruchtbau	136
Feldfutterbau	140
Grünland	146
Weidewirtschaft	159
Allgemeine Fragen aus dem Pflanzenschutz	163
Pflanzenzucht und Saatgutvermehrung	172
Allgemeine Tierzucht	175
Rinderhaltung und Milchwirtschaft	181
Schweinezucht und -haltung	201
Geflügelzucht und -haltung	209
Pferdezucht und -haltung	215
Schafzucht	219
Allgemeine Grundsätze der Fütterung	220
Rindviehfütterung	224
Schweinefütterung	230
Hühnerfütterung	236
Werkstatt, Maschinen und Gebäude	238
Stichwortregister	268

Berufsstand

Berufsstand – Wer ist die berufsständische Vertretung der Landwirte?

Der Bauernverband (Landvolkverband).

Wie gliedern sich diese Verbände?

Die Ortsverbände eines Kreises bilden den Kreisverband, die Kreisverbände bilden Bezirks- und Landesverbände, die Landesverbände haben sich zum **D**eutschen **B**auern**v**erband (DBV) zusammengeschlossen.

Bauernverbände: Welche Aufgaben haben sie?

Vertretung der wirtschaftlichen und sozialen Belange der bäuerlichen Bevölkerung, Beratung in sozialen, rechtlichen und steuerlichen Fragen.
Mitwirkung bei allen landwirtschaftlichen Angelegenheiten, z. B. Gesetzgebung, aber auch Bildung und Ausbildung.

Wie wirken sie in der Öffentlichkeit?

Durch Vorschläge in der Agrarpolitik,
durch Zeitschriften und Presseberichte,
durch Veranstaltungen, Versammlungen und Tagungen.

Wer leitet sie?

Der Präsident und das Präsidium.
Weitere Organe sind:
Landesausschuß und Landesversammlung

Wie heißen die Präsidenten des Deutschen Bauernverbandes und des heimatlichen Verbandes?

Landfrauen – Wie sind sie organisiert?

In den Landfrauenverbänden der Bauernverbände.

Landjugendorganisationen – Welche gibt es?

Berufsständische: **B**und der **D**eutschen **L**andjugend (BDL);
  Arbeitsgemeinschaft **D**eutscher **J**unggärtner (ADJ).
Religiöse: **E**vangelische **L**andjugend (ELJ);
  Katholische **L**and**j**ugend**b**ewegung (KLJB).

Landwirtschaftskammern – Was versteht man darunter?

Es sind die gesetzlich begründeten Selbstverwaltungseinrichtungen für die Landwirtschaft. Die Kammern verfügen über ein eigenes Beratungswesen und über Fachschulen; sie erheben Umlagen. Landwirtschaftskammern (LK) gibt es in allen Bundesländern mit Ausnahme von Baden-Württemberg, Bayern und Hessen.

Genossenschaften – Was versteht man darunter?

Es sind Selbsthilfeeinrichtungen nach dem Genossenschaftsgesetz. FRIEDRICH WILHELM RAIFFEISEN gründete im Jahre 1862 den »Spar- und Darlehenskassenverein Anhausen«.

Welche landwirtschaftlichen Genossenschaften gibt es?

Kreditgenossenschaften (Raiffeisenbanken), Warengenossenschaften für Ein- und Verkauf, Verwertungsgenossenschaften (z. B. Molkereien), Maschinengenossenschaften, Betriebsgenossenschaften u. a.

KTBL – Was ist das, welche Aufgaben hat es?

Kuratorium für **T**echnik und **B**auwesen in der **L**andwirtschaft. Es sucht nach den besten technischen und baulichen Lösungen für die Arbeitsbewältigung in der Landwirtschaft. Es unterhält Deula-Schulen zur landestechnischen Ausbildung.

DLG – Was ist und welche Aufgabe hat sie?

Die **D**eutsche **L**andwirtschafts-**G**esellschaft, gegründet 1885 von MAX EYTH, widmet sich als Zusammenschluß von Praktikern, Industrie, Verwaltung und Wissenschaftlern besonders dem landwirtschaftlichen Fortschritt, veranstaltet Ausstellungen, Seminare und Fachtagungen. Sie unterhält ein fachliches Prüfungswesen sowie ein Computerzentrum und Ausbildungsstätten; sie verleiht Gütezeichen (Maschinen, Futtermittel, Wein, Milcherzeugnisse, Fleischwaren, Fruchtsäfte, Wein, Brot- und Backwaren, Urlaub auf dem Bauernhof usw.).

Weitere Fachvereinigungen – Welche gibt es in der Landwirtschaft außerdem?

Tierzuchtverbände, Saatzuchtverbände, Obst- und Weinbauvereine, Beratungsringe, Maschinenringe, Betriebshilfsringe, Erzeugerringe, **V**ereine der **l**andwirtschaftlichen **F**achschulabsolventen (VLF).

Ausbildung

Ausbildung – Welche schulische Möglichkeiten gibt es?

Der gesamte Bildungsbereich wird in vier Bereiche eingeteilt. Dem *Primarbereich* (Grundschule) folgt der *Sekundarbereich I* mit Hauptschule, Realschule, Gymnasium, Gesamtschule und Sonderschulen. Der *Sekundarbereich II* umfaßt die Oberstufe/Kollegstufe des Gymnasiums.

In diesem Bereich sind auch die berufsbezogenen Bildungsgänge enthalten: Berufsschule, Berufsfachschule, Berufsaufbauschule, Fachoberschule, Berufsoberschule.

Der *Tertiärbereich* führt dies weiter mit den Landwirtschaftsschulen, den Höheren Landbauschulen, Fachschulen, Technikerschulen, Fachakademien. Auch die Ausbildung zum Meister gehört in den Tertiärbereich. Außerdem gehören Fachhochschule und Universität hierher.

Bei den berufsbezogenen Bildungsgängen bestehen in einzelnen Bundesländern vielfältige Zulassungsvoraussetzungen, Übergangsmöglichkeiten und Abschlüsse.

Der *Quartärbereich* umfaßt die nichtschulische Weiter- und Fortbildung, die Erwachsenenbildung mit z. B. Fernlehrinstituten, innerbetrieblicher Weiterbildung, Landvolkhochschulen für z. B. staatsbürgerkundliche oder berufsständische Fortbildung.

Was beinhaltet das Bundesausbildungsförderungsgesetz (BAföG)?

Nach dem BAföG können Schüler ab Klasse 11 der Gymnasien, der Fachoberschulen, Berufsaufbauschulen, Abendrealschulen, Abendgymnasien, Kollegs, Berufsfachschulen, Fachschulen und Praktikanten im Zusammenhang mit dem Besuch der genannten Schulen, monatliche Förderungsbeträge erhalten, wenn die Voraussetzungen gegeben sind, insbesondere bei auswärtiger Unterbringung.
Auskünfte erteilen: Ausbildungsämter und Beratungslehrer.

Zweiter Bildungsweg: Was versteht man darunter?

Die Möglichkeit, neben dem »normalen« Weg – 9 Klassen Gymnasium mit Abitur – auf dem Weg über Realschule, Abendrealschule oder Berufsaufbauschule, Berufsoberschule, Fachoberschule, Höhere Berufsfachschule, berufliches Gymnasium und Fachhochschule, aber auch über Abendgymnasium, Kolleg oder Begabtenprüfung, Telekolleg, zum Universitätsstudium zu gelangen.

Berufsausbildung – Warum ist sie auch in der Landwirtschaft notwendig?

Der moderne landwirtschaftliche Betrieb erfordert – um wettbewerbsfähig zu sein – großes praktisches Können und fachliches Wissen. Die moderne Landwirtschaft ist kapitalintensiv, muß sich in der Produktion nach den Bedürfnissen des Marktes richten und muß die Produktion gesunder, rückstandsfreier Nahrungsmittel nach den Prinzipien der Umweltverträglichkeit betreiben.

Berufsbildungsgesetz (BBiG): Was beinhaltet es?

Es regelt bundeseinheitlich die Berufsbildung für alle Berufe der Wirtschaft und räumt den berufsständischen Organisationen sowie den Sozialpartnern ein Mitspracherecht ein.

Welche Möglichkeiten gibt es in der Landwirtschaft?

Berufliche Erstausbildung (Lehre), danach berufliche Fortbildung zum Meister, zum staatlich geprüften Wirtschafter, zum Agrarbetriebswirt und zum Techniker über die Fachschulen bzw. zum Diplom-Agraringenieur über die Fachhochschule oder Universität.

Praktische Berufsausbildung: Wie verläuft die?

Sie dauert 3 Jahre (davon in der Regel 1 Berufsgrundschuljahr) und findet in dafür geeigneten anerkannten Betrieben (Ausbildungsstätten) statt. Auch an den Betriebsleiter als Ausbilder oder Ausbildenden werden hohe Anforderungen gestellt, die der Landwirtschaftsmeister erfüllt. Die betriebliche Ausbildung wird durch den Berufsschulunterricht, durch praktische Schulungstage und durch Lehrgänge an überbetrieblichen Ausbildungsstätten ergänzt (Duale Ausbildung).
Nach etwa der Hälfte der Ausbildungszeit findet eine Zwischenprüfung und am Ende eine Abschlußprüfung statt.
Zur Abschlußprüfung wird auch zugelassen, wer mindestens das Zweifache der vorgeschriebenen Ausbildungszeit praktisch in seinem Beruf tätig gewesen ist. Die Meisterprüfung kann frühestens mit 3 Jahren Berufspraxis nach der Abschlußprüfung abgelegt werden.
Für Hofübernehmer, die erst später nach einer außerlandwirtschaftlichen Berufsausbildung und -tätigkeit in die Landwirtschaft verantwortungsbewußt einsteigen, bieten die Ämter für Landwirtschaft und Ernährung im Staatlichen Erwachsenenbildungsprogramm Landwirt (StaBiL) zahlreiche Maßnahmen an. Je nach Bedarf kann der künftige Landwirt selbst die Lehrgänge auswählen.

Fremdlehre – Warum ist sie für den Landwirt wichtig?

Der angehende Landwirt sammelt zusätzliche Erfahrungen und Kenntnisse, er lernt andere Menschen und Verhältnisse kennen und er muß sich in eine fremde Familie und einen neuen Betriebsablauf einordnen.

Die Ausbildung im elterlichen Betrieb ist in fachlicher und erzieherischer Hinsicht der Fremdlehre nicht immer gleichwertig. Aus diesem Grunde ist die sog. Elternlehre auf 1 Jahr beschränkt.

Berufsgrundschuljahr-Agrarwirtschaft (BGJ) – Was versteht man darunter?

Die Berufsausbildung zum Landwirt erfolgt in einer für alle Berufe der Landwirtschaft im 1. Jahr in Form einer berufsfeldbreiten einjährigen Grundbildung und in einer darauf aufbauenden zweijährigen Fachstufe nach der Ausbildungsordnung des Bundes und einem bundeseinheitlichen Rahmenlehrplan für die einzelnen Berufe.

Hauptschul- und seit neuestem auch Realschulabgänger müssen das vollzeitschulische BGJ besuchen; Abiturienten können es freiwillig besuchen. Bei erfolgreichem Abschluß wird das BGJ als 1. Ausbildungsjahr angerechnet.

Weiterbildung – Welche Möglichkeiten gibt es?

Teilnahme an Arbeitsgemeinschaften, Lehrgängen, Lehrfahrten; Besuch von Vorträgen, Fachtagungen und Ausstellungen; Nutzen von Fachzeitschriften und -büchern, Hören des aktuellen Landfunks und Beachten der Fernsehbeiträge.

Besuch von Lehrgängen der ländlichen Heimvolkshochschulen, Fernlehrinstituten, Telekolleg. Erfahrungsaustausch mit Berufskollegen.

Für die Landjugend: Landjugendberatungsdienst, Arbeitskreise, Arbeitsvorhaben und Wettbewerbe.

Neben dem Angebot an landwirtschaftlichen Fachschulen (Landwirtschaftsschule, Höhere Landbauschule, Technikerschule) werden dem jungen Landwirt Vorbereitungslehrgänge auf die Meisterprüfung angeboten. Ferner können sich die Landwirte zu Fachagrarwirten im Besamungswesen, in Tierischer Leistungs- und Qualitätsprüfung, im Rechnungswesen, in Naturschutz und Landschaftspflege sowie in der Golfplatzpflege qualifizieren. Auskunft erteilen die Ämter für Landwirtschaft und Ernährung oder die Kammern.

Erwachsenenbildung – Welche Schulungsstätten gibt es?

Landvolkshochschulen bieten insbesondere für die Persönlichkeitsbildung junger Menschen verschiedenste Maßnahmen an. Die Bildungsträger sind der Berufsstand, die katholische und die evangelische Kirche.

Umschulung – Was versteht man darunter?

Erwachsene Erwerbstätige – auch Landwirte –, deren Berufsaussichten aus Gründen des Strukturwandels oder persönlichen Gründen nicht mehr zufriedenstellen, haben die Möglichkeit, sich mit Unterstützung der Arbeitsverwaltung in eigenen Lehrgängen, in Betrieben der Wirtschaft oder Fachschulbesuch für einen anderen Beruf zu qualifizieren. Hierüber erteilen die örtlichen Arbeitsämter Auskunft.

Agrarpolitik

Agrarpolitik – Was sind die Grundlagen?
Der EWG-Vertrag, insbesondere Artikel 39, Grundgesetz und Verfassung der Länder, das Landwirtschaftsgesetz, Ziele und Inhalte der sozialen Marktwirtschaft.

Welche Aufgaben hat sie zu erfüllen?
Verbesserung der Lebensverhältnisse im ländlichen Raum, Sicherung der gleichrangigen Teilnahme der Landwirtschaft an der allgemeinen Einkommensentwicklung. Versorgung der Bevölkerung mit hochwertigen Nahrungsmitteln zu angemessenen Preisen; Schutz, Pflege und Entwicklung von Natur und Landschaft; Förderung des Weltagrarhandels und Beitrag zur Lösung der Welternährungsprobleme.

Wer befaßt sich damit?
Europäische Kommission, insbesondere Agrarkommission,
EU-Ministerrat (Agrarrat),
Parlamente (Bundestag und Landtage, Europäisches Parlament),
Regierungen (Bundesregierung und Landesregierungen),
Berufsstand (Bauernverbände),
Parteien,
Wirtschaftsverbände und Gewerkschaften,
Verbraucherverbände,
Universitäten und Hochschulen.

Welche Ausschüsse im Parlament befassen sich mit Agrarpolitik?
Der Ausschuß für Ernährung, Landwirtschaft und Forsten,
der Umweltausschuß,
der Landwirtschaftsausschuß des Europäischen Parlaments.

Welche Ministerien sind federführend?
Der Agrarkommissar der EU,
das Bundesministerium für Ernährung, Landwirtschaft und Forsten (BMELF),
die entsprechenden Landesministerien in den Bundesländern.

Welche Ministerien haben außerdem Bedeutung für die Landwirtschaft?
Das Finanz-, Wirtschafts-, Umwelt- und Außenministerium.

Hat die Landwirtschaft ein Anrecht auf eine Sonderstellung?
Nein. In der sozialen Marktwirtschaft ist es Aufgabe von Regierung und Parlament, für eine gleichrangige Teilnahme der in der Landwirtschaft Tätigen an der allgemeinen Einkommensentwicklung zu sorgen. Nur eine leistungsfähige Landwirtschaft kann die Versorgung der Bevölkerung mit hochwertigen Nahrungsmitteln sichern.

Landwirtschaftsgesetz (LwG) – Welche Aufgaben hat es?

Das Landwirtschaftsgesetz ist ein Grundgesetz für die Landwirtschaft. Es bildet den gesetzlichen Rahmen für alle Maßnahmen, die die wirtschaftliche und soziale Gleichstellung der Landwirtschaft zum Ziel haben bzw. zu deren Erhaltung dienen. Das Gesetz ist seit dem 5. September 1955 gültig und wurde von allen Parteien gebilligt.

Was beinhaltet es?
Das Landwirtschaftsgesetz ist in 9 Paragraphen gegliedert:
§ 1 sichert der Landwirtschaft die Teilnahme an der fortschreitenden Entwicklung der Volkswirtschaft und der Bevölkerung die bestmögliche Versorgung mit Lebensmitteln zu. Hierzu sollen die Mittel der Wirtschafts- und Agrarpolitik – insbesondere der Handels-, Steuer-, Kredit- und Preispolitik – eingesetzt werden. Außerdem soll die soziale Lage der in der Landwirtschaft tätigen Menschen an diejenigen vergleichbarer Berufsgruppen angeglichen werden.
§ 4 verlangt von der Bundesregierung einen alljährlichen Bericht (»Agrarbericht«) über die Lage der Landwirtschaft, der bis zum 15. Februar eines jeden Jahres vorzulegen ist. In diesem Bericht legt die Bundesregierung dar, inwieweit eine den Löhnen vergleichbarer Berufsgruppen entsprechende Entlohnung erzielt wurde, inwieweit ein angemessenes Entgelt für die Tätigkeit des Betriebsleiters erwirtschaftet wurde und inwieweit eine angemessene Verzinsung des Kapitals möglich war.
§ 5 fordert die Bundesregierung auf, Maßnahmen zu nennen, die sie zur Durchführung des § 1 getroffen hat oder zu treffen beabsichtigt.

Wie wird der Bericht der Bundesregierung genannt?
»Agrarbericht« (Agrar- und ernährungspolitischer Bericht), bis 1970 »Grüner Bericht«.

Worauf basiert der Agrarbericht 1994?
Auf den Buchführungsunterlagen von sog. Testbetrieben. Die Einbeziehung in das Testbetriebsnetz ist freiwillig. Die Betriebe sind repräsentativ ausgewählt, und zwar (1992/93):

7650 Vollerwerbsbetriebe
909 Zuerwerbsbetriebe
1756 Nebenerwerbsbetriebe
554 Gartenbaubetriebe
327 Weinbaubetriebe
312 Forstbetriebe
89 Fischereibetriebe
125 ökologisch bewirtschaftete Betriebe

Vergleichsrechnung – Was versteht man darunter?

Die Ertrags- und Aufwandsrechnung nach § 4 LwG, aufgrund der die Bundesregierung verpflichtet ist, bei der jährlichen Feststellung der Lage der Landwirtschaft eine Stellungnahme abzugeben, »inwieweit ein den Löhnen vergleichbarer Berufs- und Tarifgruppen vergleichbarer Lohn für die fremden und familieneigenen Arbeitskräfte umgerechnet auf notwendige Vollarbeitskräfte –, eine angemessenes Entgelt für die Tätigkeit des Betriebsleiters (Betriebsleiterzuschlag) und eine angemessene Verzinsung des betriebsnotwendigen Kapitals erzielt sind«.

Förderungsmaßnahmen – Worin bestehen sie?

Investive, struktur- und regionalpolitische, markt- und preispolitische, steuerpolitische, sozialpolitische und bildungspolitische Maßnahmen.

Was beinhalten sie?

Modernisierung der landwirtschaftlichen Betriebe (Einzelbetriebliche Investitionsförderung, Agrarkreditprogramm, Ausgleichszulage in benachteiligten Gebieten, Nebenerwerbsprogramm, Wohnhausprogramm);
Verbesserung der Infrastruktur auf dem Lande (Flurbereinigung, Wegebau, Landtausch, Wasserversorgung, Dorferneuerung und Dorfsanierung, Gewerbeansiedlung);
Förderung der Qualitätserzeugung, Stärkung der Marktstellung der Erzeuger, Gewährleistung einer gesicherten und preiswerten Versorgung des Verbrauchers mit Nahrungsmitteln;
soziale Gleichstellung der in der Landwirtschaft tätigen Menschen mit anderen Bevölkerungsgruppen;
Verbesserung des Bildungsstandes der landwirtschaftlichen Bevölkerung;
Förderung forstlicher Maßnahmen.

Wer gibt Auskunft darüber?

Die Wirtschaftsberatungsstellen der Landwirtschaftskammern, die Landwirtschaftsämter sowie die Geschäftsstellen der Bauernverbände.

Welches sind die wichtigsten Sozialmaßnahmen für die Landwirtschaft?

Altershilfe für Landwirte,
Krankenversicherung der Landwirte,
Landwirtschaftliche Unfallversicherung (Berufsgenossenschaft).

Sozialmaßnahmen für die Landwirtschaft: Wie fördert sie der Bund?

Der Bundesanteil an den Gesamtausgaben der landwirtschaftlichen Sozialwerke betrug 1992: bei der Altershilfe 72,2, bei der Krankenversicherung 43,4%, bei der Unfallversicherung (Berufsgenossenschaft) 42,6%.

Förderung der Landwirtschaft – Wer leistet wieviel?

Bund 13,1 Mrd. DM, davon für die neuen Bundesländer 5,8 Mrd.;
Länder 3,9 Mrd. DM;
EU 13,5 Mrd. DM.

Benachteiligte Gebiete: Was versteht man darunter?

Das sind Gebiete, die von Klima, Boden und Oberflächengestaltung her benachteiligt sind (Gebirge und Mittelgebirge). Sie werden im Rahmen des Bergbauernprogramms, durch Ausgleichszahlungen und verschiedene Programme gefördert.

Förderungsschwelle – Was verstand man darunter?

Das Mindesteinkommen je AK, das Voraussetzung für die Förderung nach dem »Einzelbetrieblichen Förderungsprogramm« war. Es war das auf der Grundlage der vorgesehenen Investitionen erzielbare Einkommen. Es wurde entsprechend der geschätzten Entwicklung der Einkommen außerhalb der Landwirtschaft festgelegt. Die Förderschwelle wurde 1984 abgeschafft.

Betriebsentwicklungsplan – Was versteht man darunter?

Der Betriebsentwicklungsplan wurde bei der staatlichen Förderung bestimmter größerer Investitionen verlangt. Mit seiner Hilfe mußte der Antragsteller z. B. bei dem Einzelbetrieblichen Förderungsprogramm nachweisen, daß er spätestens im 4. Jahr (Zieljahr) nach Einsetzen der Förderungsmaßnahmen eine Verbesserung seines wirtschaftlichen Betriebsergebnisses und ein Arbeitseinkommen erzielen kann, das dem in außerlandwirtschaftlichen Berufen in dem betreffenden Gebiet erzielten Einkommen vergleichbar ist.

Betriebsverbesserungsplan – Was versteht man darunter?

Der Betriebsverbesserungsplan hat den weggefallenen Betriebsentwicklungsplan (Förderschwelle) ersetzt. Er hat das Ziel der Einkommensverbesserung oder Einkommensstabilisierung.

Prosperitätsklausel – Was versteht man darunter?

Durch die Prosperitätsklausel werden Betriebe, die eine bestimmte Einkommenshöhe überschritten haben oder im Zieljahr des Betriebsverbesserungsplans eine bestimmte Einkommenshöhe erreichen, von der Förderung ausgeschlossen.

Generalklausel – Was versteht man darunter?

Die Generalklausel enthält Förderungsverbote oder -beschränkungen für Kapazitätserweiterungen bei Produktion ohne »normale Absatzmöglichkeiten auf dem Markt« bei Milchvieh und Schweinen.

Wieviel geben Bund und Länder jährlich für die Landwirtschaft aus?

1993: Bund 13,1 Mrd. DM, Länder 3,9 Mrd. DM, EU (gesamt) 13,5 Mrd. DM.

Parität – Warum besteht die Forderung danach?

In allen Staaten der Welt herrscht ein Gefälle zwischen Löhnen und Preisen der Industrie, des Gewerbes und jenen der Landwirtschaft. Die Landwirtschaft hat weniger Möglichkeiten, durch Rationalisierung und Technisierung die Produktion wesentlich zu verbilligen. Die Technisierung bringt aber große finanzielle Belastungen. Dort, wo Boden und Klima die Produktion noch besonders erschweren, ist das Gefälle am größten. Die Vereinigten Staaten von Nordamerika haben bereits in den 30er Jahren zur Förderung der einheimischen Landwirtschaft ein Paritätsgesetz geschaffen.

Was versteht man unter Paritätsforderung?

Die Forderung nach wirtschaftlicher und sozialer Gleichstellung der Landwirtschaft mit der übrigen Wirtschaft mit an einen Index gebundenen Preisen.

Agrarfabrik: Was ist das?

Nach dem früheren Staatssekretär VON GELDERN näherungsweise »einen Betrieb mit vorzugsweise bodenunabhängiger tierischer Veredlung, die Spezialisierung auf meist einen Tierhaltungszweig mit großer Stückzahl, die vorzugsweise Beschäftigung von Lohnarbeitskräften bei steuerlicher Einstufung als gewerblich«.

Agrarstruktur – Was versteht man unter Maßnahmen zu ihrer Verbesserung?

Einzelbetriebliche Maßnahmen, z. B. Investitionen zur Umstellung und Rationalisierung im Betrieb, arbeitswirtschaftliche Erleichterungen im Haushalt, Landarbeiterwohnungsbau;

überbetriebliche Maßnahmen, z. B. Wegebau, Flurbereinigung, Landtausch, Dorferneuerung;

wasserwirtschaftliche Maßnahmen, z. B. Wildbachverbauung, Wasserversorgung, Abwasserbeseitigung, Küstenschutz.

Flurbereinigung: Welche Aufgaben hat sie?

Steigern der Produktivität und Stärkung der Wettbewerbsfähigkeit der landwirtschaftlichen Betriebe, Verbessern der Lebensverhältnisse im ländlichen Raum, Naturschutz und Landschaftspflege, Dorferneuerung.

Dorferneuerung: Wozu dient sie?

Sie verbessert die Lebens- und Arbeitsbedingungen im ländlichen Bereich; sie soll die Funktionsfähigkeit des ländlichen Raumes erhalten und seine Attraktivität erhöhen.

Freiwilliger Landtausch: Was versteht man darunter?

Beim freiwilligen Landtausch werden im Gegensatz zur Flurbereinigung nur geringe Veränderungen der Grundstücksgrenzen, nur wenige Wegebau- und Wasserregelungsmaßnahmen vorgenommen. Es werden in der Regel ganze Grundstücke getauscht. Der Landtausch wird durch amtlich bestellte »Tauschhelfer« (insbesondere Siedlungsgesellschaften) vorgenommen und kann rasch vollzogen werden. Er wird im Rahmen der Agrarstrukturförderung bezuschußt (Kosten für Helfer, Vermessung und Folgemaßnahmen).

Partnerschaft: Was versteht man darunter?

Die überbetriebliche Zusammenarbeit der Voll-, Zu- und Nebenerwerbsbetriebe in Maschinen- und Betriebshelferringen. Die Maschinen- und Betriebshelferringe werden in der Regel von hauptamtlichen Geschäftsführern geleitet.

Was sind Voll-, Zu- und Nebenerwerbsbetriebe?

In *Vollerwerbsbetrieben* umfaßt das außerlandwirtschaftliche Einkommen (des Betriebsinhaberehepaares) weniger als 10% des Gesamteinkommens.

In *Zuerwerbsbetrieben* umfaßt das außerlandwirtschaftliche Einkommen mindestens 10%, aber weniger als 50% des Gesamteinkommens.

In *Nebenerwerbsbetrieben* stammen weniger als 50% des Gesamteinkommens aus dem Betrieb bzw. werden weniger als 50% der Arbeitszeit im landwirtschaftlichen Betrieb eingesetzt.

Wie hoch ist die Zahl der Voll-, der Zu- und der Nebenerwerbsbetriebe (1993, alte Bundesländer, in 1000)?

Vollerwerbsbetriebe 276,5 (48,7%)
Zuerwerbsbetriebe 46,5 (8,2%)
Nebenerwerbsbetriebe 244,3 (43,1%)

Was versteht man unter Betriebsgrößenstruktur und Strukturwandel?

Die Aufgliederung der landwirtschaftlichen Betriebe in verschiedene Größenklassen. Ihre Veränderung bezeichnet man als Strukturwandel.

Unter dem Begriff »Strukturwandel« fallen aber auch die Veränderungen der Betriebssysteme, des Viehbesatzes, der Maschinenausstattung und des AK-Besatzes.

Europäische Größeneinheit (EGE): Was versteht man darunter?

Die EG-Kommission verwendet zur Kennzeichnung der Struktur der Landwirtschaft nicht die Betriebsgröße nach ha LF, sondern als wirtschaftliche Betriebsgröße nach EGE = 1000 ECU Standarddeckkungsbeitrag (StDB) (siehe Seite 66).

Wachstumsschwelle: Was versteht man darunter?

Im Rahmen des Agrarstrukturwandels die Betriebsgröße, ab der die Zahl der Betriebe noch zunimmt. Sie liegt derzeit bei 50 ha, d. h. die Zahl der Betriebe über 50 ha nimmt noch zu, während die Zahl der Betriebe unter 50 ha abnimmt. In den 70er Jahren lag die Schwelle noch bei 20 ha.

Strukturwandel: Was ist die Ursache?

Der technische Fortschritt; die außerlandwirtschaftliche Einkommensentwicklung; das Bestreben des einzelnen, seine Lage zu verbessern; der Raum für Initiative, den nur eine freiheitliche Gesellschaft bietet; der Wettbewerb, der ein Wesensmerkmal der Marktwirtschaft ist.

Kooperation: Was versteht man darunter?
Allgemein: Alle Formen der überbetrieblichen Zusammenarbeit zur Steigerung der Wettbewerbsfähigkeit (Erzeugungsgemeinschaften, Maschinengemeinschaften, Maschinenringe usw.).
Im besonderen: Den Zusammenschluß ganzer Betriebe oder einzelner Betriebszweige.

Mansholt-Plan: Was wollte er?
Die Schaffung größerer Betriebe (etwa 120 ha) in Form von Produktionseinheiten (PE) und den Zusammenschluß zu modernen landwirtschaftlichen Unternehmen (MLU).

Welchen Anteil haben die einzelnen Betriebsgrößen an der landwirtschaftlichen Nutzfläche der Bundesrepublik (Alte Bundesländer 1993)?

	Zahl der Betriebe		Anteil an der LN	
	in 1000	in %	in 1000 ha	in %
1–10 ha	260,3	45,9	1 094,9	9,3
10–30 ha	179,1	31,6	3 301,9	28,1
30–50 ha	71,2	12,6	2 740,1	23,3
über 50 ha	56,7	10,0	4 691,2	39,3
insgesamt	581,9		11 730,8	

Wie veränderte sich die Betriebsgrößenstruktur von 1949–1993 (Alte Bundesländer)?
Seit 1949 hat sich die Zahl der Betriebe von 1–10 ha um 1 002 200 und die Zahl der Betriebe von 10–30 ha um 149 400 verringert. Die Zahl der Betriebe von 30–50 ha hat um 30 900, die Betriebe über 50 ha haben um 41 700 zugenommen. Die Gesamtzahl der Betriebe über 1 ha hat von 1949–1993 von 1 646 751 um 1 079 456 auf 567 295 abgenommen.

Welche Betriebsformen werden in den neuen Bundesländern gefördert?
Gemeinschaftlich bewirtschaftete Betriebe,
private Haupterwerbsbetriebe,
private Nebenerwerbsbetriebe.

Wie hat sich die durchschnittliche Betriebsgröße in der Bundesrepublik Deutschland entwickelt?

1949 = 8,06 ha LF; 1971 = 12,40 ha LF; 1993 = 20,7 ha LF.

Neue Bundesländer: Welche Betriebsstrukturen bestehen?

Rechtsform	Zahl der Betriebe	% der LF	⌀ Betriebsgröße ha
natürliche Person	17 072	24,8	74
– davon Einzelunternehmen	12 647	17,1	69
– darunter Haupterwerb	5 565	14,6	135
Personengesellschaften	933	7,3	398
juristische Personen	3 039	75,2	1266
– davon eingetragene Genossenschaften	1 475	43,9	1522
– davon GmbH	1 120	20,7	945
– davon GmbH & Co	287	8,3	1481
– davon andere Körperschaften	157	2,3	765

LPG: Was war das?

So wurden in der ehemaligen DDR sog. »Landwirtschaftliche Produktionsgenossenschaften« bezeichnet. Es handelte sich dabei nicht um echte Genossenschaften, weil der Beitritt nicht freiwillig war.

Ursprünglich gab es drei LPG-Typen: Bei Typ I wurde nur das Ackerland in die LPG eingebracht; bei Typ II wurden auch das Grünland und die motorischen Zugkräfte eingezogen und bei Typ III wurde alles bis auf Garten und 0,5 ha Hofland, bis zu zwei Kühen, zwei Mutterschweinen, fünf Schafen, Ziegen und Kleinvieh eingegliedert.

Kooperative Einheiten: Wie entstanden sie?

In den achtziger Jahren wurden die örtlichen LPGs zu immer größeren sog. »Kooperativen Einheiten« zusammengeschlossen und in spezielle LPGs für Pflanzenproduktion bzw. LPGs für Tierproduktion getrennt. Daneben gab es noch sog. ACZs (Agrochemische Zentren), die für Düngung und Pflanzenschutz zuständig waren. Ein Teil der landwirtschaftlich genutzten Fläche wurde durch sog. VEBs (»Volkseigene Betriebe«) bewirtschaftet.

Betriebsstruktur in der ehemaligen DDR:

1989 bestanden 4530 LPGs sowie 580 VEBs mit zusammen etwa 6,17 Mio. ha LN (davon 4,68 ha Ackerland = 75,8%). Insgesamt wurden etwa 6 Mio. GV Nutztiere (5,7 Mio. Rinder, davon 2 Mio.

Kühe, 12 Mio. Schweine, 2,6 Mio. Schafe und knapp 25 Mio. Legehennen) gehalten. In der DDR-Landwirtschaft waren insgesamt rund 825 000 Personen beschäftigt.

Wiedereinrichter: Wer ist das?

Es handelt sich dabei um Landwirte (meist ehemalige Besitzer von landwirtschaftlichen Betrieben oder Abkömmlinge aus diesen Familien), die in den neuen Bundesländern wieder einen privaten landwirtschaftlichen Betrieb einrichten. Bis Ende 1991 sind etwa 14 000 Betriebe wiedereingerichtet worden.

Sozialbrache: Was versteht man darunter?

Landwirtschaftliche Nutzfläche, deren Bewirtschaftung nicht mehr rentabel ist (Grenzertragsböden) oder aus anderen Gründen (z. B. Invalidität des Betriebsinhabers) länger als 1 Jahr unterbleibt. Der Umfang der Sozialbrache ist zurückgegangen und schwankt in der Bundesrepublik Deutschland um ca. 200 000 ha.

Grenzertragsböden: Was versteht man darunter?

Grenzertragsböden sind Flächen, auf denen die Erträge die aufgewendeten festen und variablen Kosten gerade noch decken (auch Mariginalboden genannt).

Extensivierungsprogramm – Was ist das?

Im Zusammenhang mit der EU-Agrarreform wurden bestimmte Förderungsmaßnahmen eingeführt, die der Extensivierung der Bodennutzung und der Tierhaltung dienen. Sie sollen zur Verminderung der Agrarproduktion beitragen.

EU – Was heißt das?

Seit 1.11. 1993 besteht die »Europäische Union« (EU). Diese hieß früher EG (Europäische Gemeinschaft). Sie ist 1977 hervorgegangen aus der Verschmelzung der Europäischen Wirtschaftsgemeinschaft (EWG), der Europäischen Atomgemeinschaft (EURATOM) und der Europäischen Gemeinschaft für Kohle und Stahl (EGKS).

Wie kam sie zustande?

Der Vertrag über die Gründung der EWG wurde gleichzeitig mit dem Vertrag über die Bildung der Europäischen Atomgemeinschaft am 25. März 1957 in Rom unterzeichnet und ist seit 1. Januar 1958 in Kraft. Die EGKS bestand bereits seit 1952.

Welche Staaten bilden die EU?
Belgien, Bundesrepublik Deutschland, Dänemark, Frankreich, Griechenland, Großbritannien, Irland, Italien, Luxemburg, Niederlande, Portugal und Spanien. Die Aufnahme von Finnland, Norwegen, Schweden und Österreich zum 1. 1. 1995 ist bereits vom Ministerrat beschlossen.

Welche Zielsetzung hat die EU?
Errichten eines gemeinsamen Marktes, dadurch Hebung des Lebensstandards. Folgende Maßnahmen sind vorgesehen:
Schaffen einer Zollunion; Beseitigung aller Zölle, Kontingente und technischen Handelshindernisse unter den Mitgliedern; Gewähr des freien Warenverkehrs in der EU; Freizügigkeit der Arbeitnehmer; Niederlassungsfreiheit für Unternehmer; Freizügigkeit des Kapital- und Dienstleistungsverkehrs; gemeinsame Agrar-, Wettbewerbs-, Verkehrs- und Außenhandelspolitik; koordinierte Wirtschafts- und Währungspolitik.
Fernziel ist eine Wirtschafts- und Währungsunion sowie eine politische Union. Bis zum Jahr 1994 ist die Verwirklichung des »Europäischen Binnenmarktes« geplant.

Welche Ziele hat die gemeinsame Politik erreicht?
Verwirklichung der Zollunion im industriell-gewerblichen Bereich, Errichten des gemeinsamen Agrarmarktes, gemeinsame Außenhandelspolitik, gute Ansätze in der Wettbewerbs-, Verkehrs-, Sozial-, Forschungs- und Währungspolitik, Binnenmarkt.

EU-Politik: Welche Organe gestalten sie?
Europäischer Rat, Ministerrat, Europäische Kommission, Europäisches Parlament, Europäischer Gerichtshof.

EU-Organe: Wo haben sie ihren Sitz?
Der Ministerrat tagt in Brüssel oder Luxemburg,
die Kommission hat ihren Sitz in Brüssel,
ein Teil der Dienststellen befindet sich in Luxemburg;
das Europäische Parlament hat seinen vorläufigen Sitz in Luxemburg und tagt abwechselnd in Straßburg oder Brüssel;
der Europäische Gerichtshof hat seinen Sitz in Luxemburg.

Gemeinsame Agrarpolitik: Wie wird sie gestaltet?
Die Europäische Kommission hat das Vorschlagsrecht.
Der EU-Ministerrat beschließt die wichtigen Rechtsakte in Form von Verordnungen oder (seltener) Richtlinien.

Die Europäische Kommission erläßt Durchführungsvorschriften, soweit sie vom Ministerrat dazu ermächtigt ist.

Die Mitgliedstaaten und zu einem geringen Teil auch die Europäische Kommission führen die gemeinsame Agrarpolitik durch.

Das Europäische Parlament gibt Stellungnahmen ab und spricht Empfehlungen aus; darüber hinaus hat es gewisse Gestaltungsrechte bei der Aufstellung des EU-Haushaltes; es muß den Haushalt beschließen.

Agrarmarktorganisation: Was ist ihre Aufgabe?

Gewährleistung des freien Warenverkehrs in der Gemeinschaft.

Vorrang des Absatzes für die Eigenproduktion in der Gemeinschaft, Regelung der Einfuhr und Abstimmung derselben auf die Eigenproduktion, Vorratshaltung und saisonaler Ausgleich, Erhalten relativ stabiler Preise für Erzeuger und Verbraucher.

Agrarmarktordnungen: Welche Typen gibt es?

a) Marktordnungen, die neben dem Außenschutz über eine weitgehende Absicherung des innergemeinschaftlichen Preisniveaus durch Intervention verfügen,
   z. B. Getreide-, Milch und Milcherzeugnisse, Rind- und Kalbfleisch sowie Zucker,
b) Marktordnungen, die neben dem Außenschutz über eine begrenzte Absicherung des innergemeinschaftlichen Preisniveaus durch eingeschränkte Interventionsmaßnahmen verfügen,
   z. B. Schweinefleisch, Obst und Gemüse,
c) Marktordnungen, die nur über einen Außenschutz verfügen,
   z. B. Eier und Geflügelfleisch,
d) Marktordnungen mit direkten Beihilfen,
   z. B. Ölsaaten, Hartweizen, Tabak, Hopfen, Trockenfutter.
e) Durch die Einführung sog. »Stabilisatoren« und »Garantieschwellen« sind diese Regelungen teilweise außer Kraft gesetzt worden.

Abschöpfungen – Was versteht man darunter?

Abschöpfungen sind zollähnliche Abgaben, die bei der Einfuhr landwirtschaftlicher Erzeugnisse aus Nicht-EU-Ländern (sog. Drittländern) nach den EU-Marktordnungen erhoben werden, damit Erzeugnisse aus diesen Ländern nicht unter dem Niveau der Schwellenpreise und damit der Preise auf den Agrarmärkten in der Gemeinschaft eingeführt werden.

EWS – Was bedeutet das?

Aufgrund eines Beschlusses des Europäischen Rates ist das »Europäische **W**ährungs**s**ystem« (EWS) am 13. März 1979 in Kraft getreten. Es soll ein höheres Maß an Währungsstabilität in der EU herbeiführen, wovon nicht zuletzt auch der gemeinsame Markt profitieren soll.

ECU – Was versteht man darunter?

ECU ist die im Rahmen des Europäischen Währungssystems (EWS) geschaffene Währungseinheit; sie stellt derzeit überwiegend nur eine buchmäßige Verrechnungseinheit dar. Ihr Wert errechnet sich aus nach einem bestimmten Schlüssel festgelegten Beträgen der Währungen der EU-Mitgliedstaaten (sog. Währungskorb). Hinsichtlich Großbritannien und Griechenland gelten besondere Regeln.

Ändert sich auf den Devisenmärkten der Wert der Währung eines EU-Mitgliedstaates, so ändert sich zwangsläufig auch der Wert der ECU. So entsprach z. B. eine ECU 1979 einem Wert von 2,814 DM, seit 1993 schwankt er um 1,900 DM.

Landwirtschaftlicher Umrechnungskurs – Wozu dient er?

Mit dem landwirtschaftlichen Umrechnungskurs (auch »grüner Kurs«, »repräsentativer Kurs«) werden die ECU-Beträge des Agrarbereichs in die nationalen Währungen umgerechnet. Der grüne Kurs ist im Gegensatz zum tatsächlichen Kurs, der täglichen Schwankungen unterworfen sein kann, ein fester Kurs, der nur bei Auf- und Abwertungen angepaßt wird, jedoch ohne Automatik, das heißt, nur auf Beschluß des Ministerrats. Hierdurch wird verhindert, daß die Preise für Agrarerzeugnisse in den Mitgliedstaaten ständigen Schwankungen unterliegen. Nur auf diese Weise kann das Funktionieren der Agrarmarktordnungen gewährleistet werden.

Währungsausgleich (Grenzausgleich) – Was ist das?

Die Preise für landwirtschaftliche Erzeugnisse werden für alle EU-Mitgliedstaaten auf ECU-Basis festgelegt. Der Währungsausgleich ist die Differenz zwischen dem »grünen Kurs« und dem tatsächlichen Kurs einer Währung. Bis 1968 waren alle Währungen stabil. Erst danach haben einige Staaten abgewertet, andere aufgewertet.

Es war daher notwendig, an den Grenzen einen Ausgleich einzuführen, um die gemeinsame Bezugsgrundlage für die Agrarpreise in der Gemeinschaft zu erhalten.

Wirkungsweise des Währungsausgleichs für die Bundesrepublik Deutschland als »klassisches« Aufwertungsland: Erheben einer Abgabe bei der Einfuhr, Gewähren einer Erstattung bei der Ausfuhr. Der Währungsausgleich wurde und wird nach und nach abgebaut.

Ausgleichsbeträge – Was versteht man darunter?

Ausgleichsbeträge sind abschöpfungsähnliche Abgaben bei der Einfuhr von Obst und Gemüse aus Drittländern in Höhe der Differenz zwischen den Referenzpreisen in der Gemeinschaft und den Einfuhrpreisen.

EAGFL-Fonds (Europäischer Ausrichtungs- und Garantiefonds für die Landwirtschaft) –
Wozu dient er?

Er ist ein Teil des gesamten EU-Haushalts und dient der Finanzierung der gemeinsamen Agrarpolitik.

Er besteht aus zwei Abteilungen: Die Mittel der Abteilung »Ausrichtung« werden zur Mitfinanzierung von Maßnahmen zur Verbesserung der Agrar- und Marktstruktur eingesetzt, die Mittel der Abteilung »Garantie« zur Regelung der Märkte nach den Bestimmungen der EU-Marktordnungen. Die Aufwendungen dafür haben sich von 1982 (29,3 Mrd. DM) bis 1994 (71,1 Mrd. DM) fast um das 2,5fache erhöht.

Garantieschwelle: Was versteht man darunter?

Die Garantieschwelle dient im Rahmen der EU-Marktregelung dazu, die EU-Marktkosten zu begrenzen. Wird bei einem bestimmten Erzeugnis eine vorher festgesetzte Menge – die Garantieschwelle – überschritten, so können bestimmte Maßnahmen ergriffen werden, z. B. geringere Richt- oder Interventionspreisanhebung bzw. Richtpreissenkung, Begrenzung von Beihilfen auf eine bestimmte Menge, Beteiligung der Erzeuger an den Kosten der Vermarktung (Mitverantwortungsabgabe) und Festlegung von Quoten bis zum einzelnen Betrieb (wie 1984 bei der Milch geschehen).

Milchmarkt – Garantiemengenregelung: Wie funktioniert sie?

Um die Überschußerzeugung bei der Milch zu bekämpfen, wurde in der EG 1984 die Milchgarantiemengenregelung eingeführt. Die Landwirtschaft der Bundesrepublik Deutschland mußte ihre Milchanlieferung an die Molkereien im Jahr 1984/85 um 6,7% und im Jahr 1985/86 um 7,7% und danach noch weiter verringern. Bei der Umlegung dieser Lieferungskürzungen auf die einzelnen Betriebe wurde das Jahr 1983 als Referenzjahr gewählt. Die Berechnung der einzelbetrieblichen Garantiemenge wurde mehrmals geändert. Eine Härtefallregelung half Existenzgefährdungen zu vermeiden. Für zu viel gelieferte Milch werden 75% des Richtpreises abgezogen.

Referenzmenge: Was versteht man darunter?

Die Referenzmenge ist das einem Betrieb im Rahmen der Milchgarantiemengenregelung zugeteilte Milchlieferungsrecht.

Fettquote: Was ist das?

Rechtlich gibt es nur die Milchquote. Durch die Einführung eines Basisfettgehaltes veränderte sich jedoch die Milchquote nach oben oder unten, je nach dem Fettgehalt der gelieferten Milch. Genau genommen gibt es daher nur eine durch die Milchreferenzmenge und den Basisfettgehalt bestimmte Fettquote.

Milchrente: Was versteht man darunter?

Um eine gewisse Milchmenge (vorgesehen waren in der Bundesrepublik Deutschland 1 Mio. t) zum Ausgleich bei Härtefällen freizubekommen, bezahlt die Bundesregierung 10 Jahre lang jährlich 100 DM je 1000 kg Milchgarantiemenge, für die ein Betrieb 10 Jahre lang auf sein Lieferrecht verzichtet, bis zu einem Höchstbetrag von 15 000 DM je Betrieb. Inzwischen sind weitere Regelungen dieser Art getroffen worden.

Quoten-Leasing: Wie geht das?

Seit Juli 1990 besteht die Möglichkeit, die Referenzmenge zeitweise gegen Entgelt innerhalb eines Molkereieinzugsgebietes einem anderen Milcherzeuger zu überlassen. Die Überlassung muß nach einem amtlichen Vertragsmuster erfolgen.

Quotenhandel: Was ist das?

Seit dem 30. 9. 1993 ist in der Bundesrepublik Deutschland die Übertragung von Milchquoten ohne Fläche bzw. die Flächenübertragung ohne Quote möglich. Die Abwicklung des Quotenhandels wurde auf die Molkereien übertragen. In Baden Württemberg, Bayern und Niedersachsen kann die flächengebundene Referenzmenge nur innerhalb der Regierungsbezirke übertragen werden.

Imitate: Was versteht man darunter?

Imitate sind künstlich erzeugte Milchprodukte, überwiegend aus pflanzlichen Rohstoffen, teilweise unter Verwendung auch von Milchprodukten. Es werden durch sie Milchprodukte nachgebildet, »imitiert«. Die EU-Kommission hat die Aufhebung des im deutschen Milchgesetz (§ 36) enthaltenen Verbotes solcher Imitate 1993 über den Europäischen Gerichtshof als »Handelshemmnis« durchgesetzt.

Blair-House-Kompromiß – Was ist das?

Man versteht darunter die im Rahmen der GATT-Verhandlungen von der EU eingegangene Verpflichtung, die mit Erstattungen subventionierten Exportmengen um 21% und die Exporterstattungsausgaben um 36% auf der Basis des Durchschnitts der Jahre 1990–1991 zu kürzen.

Greenbox – Was bedeutet dieser Begriff?

Ein Sammelbegriff für alle die Agrarbeihilfen, die nach Meinung der EU bei Inkrafttreten des neuen GATT-Abkommens nicht abgebaut werden müssen.

Rebalancing – Was versteht man darunter?

Die Forderung der EU nach Beschränkung der Futtermittel-(Substitut)-Einfuhren zugunsten des einheimischen Getreides. Die Importe sollen auf dem Stand von 1986–1988 eingefroren werden.

Switch-over – Was versteht man darunter?

Ein 1984 eingeführtes Verfahren, das die »Grünen Kurse« und damit die Agrarpreise in den Aufwertungsländern der EU konstant hält. Es bewirkt jedoch gleichzeitig Preissteigerungen in den Abwertungsländern und erhöht so die Kosten der gemeinsamen Agrarpolitik.

Cairnsgruppe – Wer ist das?

1986 haben sich in der australischen Stadt Cairns in der sog. Cairnsgruppe 14 Agrarexportländer zusammengeschlossen, die in den GATT-Verhandlungen gemeinsam mit den USA die Agrarexportstützungen und Einfuhrbeschränkungen der EU bekämpfen. Sie repräsentieren nach eigenen Angaben ca. 25% des Agrarexports.

Substitute – Was versteht man darunter?

Über ihre Einfuhr muß künftig ab einer bestimmten Höhe verhandelt werden. Sie nimmt ständig zu und verdrängt das einheimische Getreide aus den Futtermischungen. 1991 wurden aus Drittländern Futtermittel im Umfang von umgerechnet 43,7 Mio. t Getreideeinheiten (GE) in die EU eingeführt. Das entspricht bei einem durchschnittlichen Getreideertrag einer Getreidefläche von 9,2 Mio. ha.

AKP-Länder – Was versteht man darunter?

66 Entwicklungsländer aus dem **a**frikanischen, **k**aribischen und **p**azifischen Raum, denen die EU für die meisten ihrer vornehmlich landwirtschaftlichen Erzeugnisse einen bevorzugten Zugang zum EU-Markt einräumt, aber auf Gegenseitigkeit verzichtet. Außerdem erhalten diese Länder erhebliche Finanzhilfe und profitieren von einem System der Erlösstabilisierung für ihre wichtigsten landwirtschaftlichen und gewerblichen Erzeugnisse.

Drittländer – Was versteht man darunter?

Alle Länder, die nicht der EU angehören.

EFTA – Was heißt dies?

European **F**ree **T**rade **A**ssociation = Europäische Freihandelszone. Sie besteht 1994 (noch) aus Norwegen, Österreich, Island, Schweden, Schweiz; Finnland ist der EFTA angegliedert (assoziiert). (Siehe Seite 24, EU.)

Welche Zielsetzung hat sie?

Abbau von Zöllen und Kontingenten zwischen den Mitgliedstaaten; im Gegensatz zur EU haben die EFTA-Staaten keinen gemeinsamen Außenzoll und keinen gemeinsamen Agrarmarkt errichtet.
Seit 1. Januar 1977 besteht zwischen der EU und der EFTA ein Freihandelsabkommen. Die Zölle für nichtlandwirtschaftliche Produkte sind beseitigt.

EWR – Was ist das?

Man versteht darunter einen losen Anschluß der EFTA-Länder (ohne Schweiz) an die EU, zu einem »Europäischen Wirtschaftsraum«. Das Abkommen ist 1994 in Kraft getreten.

CEA – Was heißt das?

Confédération **E**uropéenne de l'**A**griculture = Verband der europäischen Landwirtschaft = Zusammenschluß der Bauernverbände und aller sonstigen landwirtschaftlichen Zusammenschlüsse (einschließlich Genossenschaften), in Westeuropa.

COPA – Wofür steht das?

Comité des **O**rganisations **P**rofessionnelles **A**gricoles = Vereinigung der Bauernverbände innerhalb der EU (Belgien, Bundesrepublik Deutschland, Dänemark, Frankreich, Griechenland, Großbritannien, Irland, Italien, Luxemburg, Niederlande).

NAFTA – Was ist das?

North Atlantic Free Trade Association, die 1992 zwischen den USA, Kanada und Mexico geschlossene und am 1.1.1994 in Kraft getretene nordamerikanische Freihandelszone.

FAO – Was heißt das?

Food and Agricultural Organization of the United Nations = Ernährungs- und Landwirtschaftsorganisation der Vereinten Nationen mit Sitz in Rom. Ihre Aufgabe ist die weltweite Förderung der landwirtschaftlichen Erzeugung und die Verbesserung der Ernährungsgrundlagen.

OECD – Was heißt das?

Organization for Economic Cooperation and Developement = Organisation für wirtschaftliche Zusammenarbeit und Entwicklung. Ihr gehören alle westlichen Industrieländer einschließlich Türkei, Griechenland, Spanien und Portugal an; Jugoslawien ist assoziiert. Sie beschäftigt sich insbesondere mit Problemen des langfristigen Wirtschaftswachstums.

RGW – Was verstand man darunter?

Der Rat für gegenseitige Wirtschaftshilfe (auch Comecon genannt) war der wirtschaftliche Zusammenschluß der Ostblockländer. Er diente u.a. als Planungs- und Koordinationsorgan.

Europäischer Binnenmarkt – Was versteht man darunter?

Die Beseitigung aller Wirtschaftshindernisse innerhalb der EU, d.h. volle Freizügigkeit für Güter, Dienstleistungen, Kapital und Personen. Er ist am 1.1.1994 in Kraft getreten.

EU-Binnenmarkt: Welche Auswirkungen hat er?

Der Wissenschaftliche Beirat des BML kam im Mai 1990 zu dem Ergebnis, »daß die zur Verwirklichung des Binnenmarktes vorgesehenen Maßnahmen die Einkommensrelationen und Wettbewerbsverhältnisse zwischen den Landwirtschaften der Mitgliedsstaaten nur verhältnismäßig gering beeinflussen dürften und sich nicht feststellen läßt, ob sich durch die vorgesehenen Maßnahmen insgesamt die relative Einkommens- und Wettbewerbssituation der deutschen Landwirtschaft verbessern oder verschlechtern wird«. Das gilt jedoch nicht für den Abbau des bestehenden Währungsausgleichs.

Markt – Welche Aufgaben haben das Marktstrukturgesetz und das Absatzfondsgesetz?

Ziel ist, durch das Schaffen von Erzeugergemeinschaften, eines landwirtschaftlichen Absatzfonds und der CMA (**C**entrale **M**arketing-Gesellschaft der deutschen **A**grarwirtschaft) die Marktposition der landwirtschaftlichen Erzeugung zu festigen, die Qualitätserzeugung zu verbessern und den Auslandsabsatz zu steigern (Agrarexport).

Welche Aufgaben hat die CMA?

Die Centrale Marketing-Gesellschaft der deutschen Agrarwirtschaft fördert durch geeignete Maßnahmen mit Mitteln des landwirtschaftlichen Absatzfonds den Absatz landwirtschaftlicher Erzeugnisse auf den Märkten des In- und Auslandes.

Handelsklassengesetz: Was beinhaltet es?

Das Handelsklassengesetz verlangt die Klassifizierung und Kenntlichmachung landwirtschaftlicher Erzeugnisse. Es fördert so die Qualitätserzeugung, verbessert die Markttransparenz für Erzeuger und Verbraucher und erleichtert damit den Absatz landwirtschaftlicher Erzeugnisse.

Handelsklassen: Wozu dienen sie?

Die Handelsklassen werden mit den Buchstaben E-U-R-O-P bezeichnet. In diese Klassen sind die Schlachtkörper einzuordnen. Als Kriterium dient beim Schwein der Muskelfleischanteil und beim Rind hauptsächlich die Ausprägung der wertbestimmenden Körperteile wie Keule, Rücken und Schulter. Es handelt sich dabei um äußere Qualitätsmerkmale.

Klassifizierung: Was ist das?

Das ist die Einreihung der Schlachttiere oder Schlachtkörper in die gesetzlichen Handelsklassen.

Klassifizierungsgeräte: Wozu dienen sie?

Mit Hilfe von elektronischen Klassifizierungsgeräten werden die Rinder- und Schweineschlachtkörper entsprechend den Handelsklassenverordnungen »klassifiziert«, d. h. in eine Handelsklasse eingeordnet. Die Klassifizierung wird von Fleischprüfringen und Spezialfirmen vorgenommen.

Zentrale Markt- und Preisgerichtsstelle (ZMP): Welche Aufgaben hat sie?

Die ZMP führt für die landwirtschaftlichen Erzeugnisse die Marktbeobachtung und -berichterstattung durch. Sie versorgt über Presse und Rundfunk alle am Markt Beteiligten, vor allem Erzeuger und Verbraucher, mit den neuesten Marktdaten.

Was bedeutet Ausschlachtung?

Sie gibt das Schlachtgewicht in Prozent des Lebendgewichtes an. Sie schwankt bei Rindern zwischen 54 und 57% (Kälber bis 60%), bei Schweinen zwischen 78,5 und 81%.

Was ist das fünfte Viertel?

Es umfaßt die Teile des Schlachtkörpers, die nach dem Vieh- und Fleischgesetz vor dem Wiegen des Schlachtkörpers entfernt werden dürfen.

Wann erfolgt das Wiegen des Schlachtkörpers?

Nach dem Vieh- und Fleischgesetz muß die Wiegung unmittelbar nach dem Schlachten im Anschluß an die Fleischbeschau vor dem Kühlen erfolgen.

Bundesanstalt für landwirtschaftliche Marktordnung (BALM): Welche Aufgaben hat sie?

Die BALM ist für die Durchführung von Interventionskäufen bei Überangebot auf den Märkten (z. B. Weideabtrieb), Einlagern von landwirtschaftlichen Erzeugnissen bzw. Vermitteln in private Lagerhaltung, Auslagern aus nationalen Vorratsbeständen bei Aufnahmefähigkeit der Märkte.

Reports: Was versteht man darunter?

Reports sind Zuschläge zum Interventionspreis, die zur Abgeltung von Lager- und Finanzierungskosten bei Weizen-, Roggen- und Gerstelieferungen im Laufe des Getreidewirtschaftsjahres vom September bis Mai ansteigend gewährt werden.

Erzeugergemeinschaften: Was versteht man darunter?

Dies sind Zusammenschlüsse von Landwirten nach dem Marktstrukturgesetz zur Erzeugung von Qualitätsprodukten und zur Verbesserung ihrer Marktstellung. Anerkannte Erzeugergemeinschaften erhalten Start- und Investitionsbeihilfen.

Welche Voraussetzungen müssen Erzeugergemeinschaften nach dem Marktstrukturgesetz erfüllen?

Sie müssen eine bestimmte Mindesterzeugung erreichen:
Bei *Schlachtvieh*: 2000 Mastrinder, oder 2000 Mastkälber, oder 20 000 Mastschweine, oder 20 000 Ferkel, oder 5000 Schafe.
Bei *Qualitätsgetreide*: 400 t Weizen für Backzwecke, oder 300 t Roggen zur Brotherstellung, oder 300 t Braugerste.
Bei *Kartoffeln*: 2000 t Speisekartoffeln, oder 5000 t Speisefrühkartoffeln, oder 3000 t Kartoffeln zur Herstellung von Stärke, oder 5000 t bei Produktion von Speise- und Frühkartoffeln in einer Gemeinschaft, oder 2000 t Kartoffeln für die Herstellung von Veredelungsprodukten für die menschliche Ernährung.
Bei *Wein*: 100 ha bestockte Rebfläche.

Direktvermarktung: Was kann sie?

Der Ab-Hof-Verkauf ist bei günstiger Lage des Betriebes zu größeren Ballungszentren eine lohnende, aber auch Arbeitskraft beanspruchende Vermarktungsform. Beim Verkauf von Fleisch, Milch und Eiern gelten strenge Gesundheits- und Hygieneanforderungen. Es erfordert Zeit und Mühe, sich einen Abnehmerkreis aufzubauen.

Erzeugerringe: Was versteht man darunter?

Zusammenschlüsse von Landwirten, die nach gemeinsamen Erzeugungsregeln (z. B. einheitliches Zuchtmaterial, Abstimmung in Düngung, Pflanzenschutz, Fütterung) eine wirtschaftliche Qualitätsproduktion anstreben.

»Horizontale Integration«: Was versteht man darunter?

Zusammenschluß von Landwirten in Erzeugerringen oder Erzeugergemeinschaften.

»Vertikale Integration«: Was versteht man darunter?

Den Abschluß von Abnahme- und Lieferverträgen zwischen einzelnen Landwirten oder Gruppen von Landwirten (Erzeugergemeinschaften) mit genossenschaftlichen oder privaten Unternehmen (Vertragslandwirtschaft).

Selbstversorgung – **Wie weit deckt die Eigenerzeugung in der Bundesrepublik Deutschland den notwendigen Bedarf an Nahrungsgütern?**

Einschließlich der Erzeugung aus eingeführten Futtermitteln betrug sie 1993 = 95% des Bedarfs. Ohne eingeführte Futtermittel deckt die Eigenerzeugung 90% (EU 1992/93: Getreide 117%, Milch 1992 102%).

Preis – Wie bildet sich der Marktpreis?

Der Marktpreis bildet sich aus Angebot und Nachfrage. Dies gilt grundsätzlich auch für die EU-Marktordnungen. Allerdings wird zum Schutz der Erzeuger und der Verbraucher mit den Instrumenten der Marktorganisationen (z. B. Interventionen, Außenschutz) verhindert, daß es zu extremen Marktpreisschwankungen kommt.

Weltmarktpreis – Was ist davon zu halten?

Der Weltmarktpreis ist nach dem früheren Bundeslandwirtschaftsminister KIECHLE »im Regelfall entweder das Ergebnis von Produktionskosten in ›Kuli-Ländern‹ mit Ausbeutung der menschlichen Arbeitskraft einerseits oder das Ergebnis von subventionierten Überschüssen andererseits, die auf den Binnenmärkten – seien es die USA, Kanada, Australien oder Neuseeland – eben nicht abgesetzt werden können und dann mit Zuschüssen direkter oder indirekter Art auf den sog. Weltmarkt kommen«.

Politischer Preis: Was versteht man darunter?

Der Brotpreis hat – als der Preis für das wichtigste Grundnahrungsmittel – in der Vergangenheit eine große Rolle gespielt. Er wurde von den staatlichen Stellen möglichst niedrig festgesetzt (daher politischer Preis), um Brot für die Masse der Bevölkerung erschwinglich zu machen. Wo das nicht geschah, kam es zu großen sozialen Unruhen.
In den westlichen Industriestaaten hat die Entwicklung der Massenkaufkraft politische Preise weitgehend entbehrlich gemacht. In den Staaten des früheren Ostblocks und in den Entwicklungsländern sind die Nahrungsmittelpreise vorwiegend politische Preise.

Kostendeckende Preise: Was versteht man darunter?

Preise, die die Erzeugungskosten decken und einen angemessenen Unternehmergewinn sichern.

Warum erhalten Landwirte oft kostendeckende Preise?

Weil die Kosten von Betrieb zu Betrieb stark unterschiedlich sind; weil die Weltmarktpreise infolge oft hoher Marktüberschüsse keine echten, sondern beeinflußte Preise sind; weil die Nahrungsmittelpreise immer noch eine gewisse politische Bedeutung haben.

Loco-Hof-Preis: Was versteht man darunter?

Den Preis, den der Landwirt für seine Erzeugnisse ab Hof erzielt bzw. für Betriebsmittel (Dünger, Futtermittel usw.) bis zur Lieferung auf den Hof bezahlen muß. Bei Verkaufsprodukten ist der loco-Hof-Preis demnach der Marktpreis abzüglich Transportkosten und sonstige Kosten; beim Ankauf von Betriebsmitteln ist es der Listenpreis zuzüglich Transportkosten zum Hof.

cif-Preis: Was versteht man darunter?

Der cif-Preis ist der Preis z. B. für Getreide aus Drittländern am Einfuhrhafen. Er beinhaltet den Warenwert sowie Versicherung und Frachtkosten.

EU-Agrarmarktordnungen: Welche Preise kennen sie?

Der *Richtpreis* ist der Preis, den der Erzeuger am Markt möglichst erzielen soll. Er wird bei Schweinefleisch Grundpreis, bei Rindfleisch und Wein Orientierungspreis genannt.

Der *Interventionspreis* ist der Preis, zu dem staatliche Interventionsstellen (in der Bundesrepublik Deutschland die BALM) das im Preis gesunkene Erzeugnis aufkaufen müssen. Richtpreise und Interventionspreise werden für jedes einzelne landwirtschaftliche Erzeugnis zu Beginn des Wirtschaftsjahres vom EU-Ministerrat beschlossen.

Damit verbunden ist die Festlegung von *Schwellenpreisen*. Unter diesen Preisen darf keine Ware aus Drittländern in die EU eingeführt werden, damit die landwirtschaftlichen Märkte funktionsfähig bleiben.

Einschleusungspreis: Was versteht man darunter?

Der Einschleusungspreis ist der Mindestangebotspreis, den Waren, die der Marktordnung für Schweine, Eier und Geflügel unterliegen, an der EU-Grenze nicht unterschreiten dürfen. Er wird anhand der Produktionskosten außerhalb der EU nach Weltmarktpreisen ermittelt und soll Dumping-Angebote verhindern.

Exporterstattungen: Was versteht man darunter?

Exporterstattungen sind Subventionen, die gewährt werden, um Agrarprodukte aus der EU in Drittländern zu Weltmarktpreisen absetzen zu können.

Grundpreis: Was versteht man darunter?

Der Grundpreis ist bei Schweinen sowie bei Obst und Gemüse für den Beginn von Entlastungskäufen maßgeblich, die beschlossen werden können, wenn die Marktpreise die festgelegten Grundpreise unterschreiten.

Intervention: Was versteht man darunter?

Unter Intervention versteht man Eingriffe zur Regulierung des Marktes durch Ankäufe der Interventionsstellen (bei Getreide, Ölfrüchten,

Fleisch, Butter) oder der Erzeugerorganisationen (bei Obst und Gemüse). Sie sind obligatorisch bei Getreide, Ölsaaten, Zucker und Butter, fakultativ, d. h. nach entsprechendem Beschluß bei Schweinen sowie bei Obst und Gemüse; bei Rindern gibt es beide Interventionsformen.

Interventionspreis: Was versteht man darunter?

Den Preis, zu dem die Interventionsstellen die Waren aus dem Markt nehmen. Er liegt um einen bestimmten Prozentsatz unter den Richtpreisen (bei Getreide, Ölsaaten, Zucker), den Grundpreisen (bei Schweinen, Obst und Gemüse), dem Schwellenpreis (bei Butter) oder dem Orientierungspreis (bei Rindern).

Orientierungspreis: Was versteht man darunter?

Der Orientierungspreis dient bei der Marktordnung für Rinder zur Festsetzung der Preisschwelle für den Beginn der Abschöpfung und der Intervention.

Richtpreis: Was versteht man darunter?

Bei Getreide, Ölfrüchten und Zucker die obere Grenze des Preisniveaus auf der Großhandelsstufe. Er ist wichtig für die Ermittlung des Schwellenpreises und damit für die Preishöhe für eingeführtes Getreide bzw. Zucker.

Bei Milch ist er der Erzeugerpreis frei Molkerei für Milch mit 3,7 % Fett. Er ist weder ein Festpreis noch ein Garantiepreis, sondern er soll im Durchschnitt der Gemeinschaft durch die Verkaufserlöse auf dem Markt erwirtschaftet werden.

Referenzpreis: Was versteht man darunter?

Den Preis, mit dem die Entwicklung der Marktpreise verglichen wird. Er bezieht sich auf einen bestimmten Zeitraum und auf bestimmte Märkte. Wenn er unterschritten wird, beginnt z. B. bei Obst und Gemüse die Erhebung von Ausgleichsbeträgen.

Schwellenpreis: Was versteht man darunter?

Den Preis, zu dem eingeführte Waren nach Erheben der Abschöpfung (Getreide, Butter, Käse) auf den Binnenmarkt gelangen.

Zusatzabschöpfung: Was versteht man darunter?

Sie wird zum Schutz gegen Einfuhren, die unter dem Einschleusungspreis angeboten werden, erhoben und entspricht der Differenz zwischen dem Einschleusungspreis und dem Angebotspreis (bei Schweinen, Eiern und Geflügel).

Ordnungsgemäße Landbewirtschaftung – Was versteht man darunter?

Nach einem Beschluß der Agrarminister des Bundes und der Länder von 1987 hat »die ordnungsgemäße Landbewirtschaftung das Ziel, gesundheitlich unbedenkliche und qualitativ hochwertige sowie kostengünstige landwirtschaftliche Produkte zu erzeugen. Dabei sind gleichzeitig die Bodenfruchtbarkeit und die Leistungsfähigkeit des Bodens als natürliche Ressource nachhaltig zu sichern und gegebenenfalls zu verbessern.«

5b-Gebiete – Was versteht man darunter?

Es handelt sich dabei im Rahmen der EU-Förderungsmaßnahmen um Regionen mit hohem Anteil der in der Landwirtschaft beschäftigten Personen, niedrigem Agrareinkommen und niedrigem Brutto-Inlandsprodukt. Es fehlen außerlandwirtschaftliche Arbeitsplätze, die Arbeitslosigkeit ist überdurchschnittlich hoch. Die Landwirtschaft ist strukturschwach und hat Absatzprobleme. Um die Abwanderung und Entleerung dieser Gebiete zu vermeiden, werden sie besonders hoch gefördert.

Warenterminbörse – Wie funktioniert sie?

Eine Warenterminbörse ist ein zentralisierter organisierter Markt, auf dem Terminkontrakte gehandelt werden. Er wird auch als »Papiermarkt« bezeichnet, weil keine physische Ware gehandelt wird. Der Terminkontrakt ist ein standardisierter, börsengehandelter, rechtlich bindender Vertrag zwischen zwei Parteien. Er verpflichtet zu einem vereinbarten Preis an einem bestimmten Termin die Ware auszutauschen. In den Spezifikationen des Vertrages sind Menge, Qualität, Erfüllungsort und Erfüllungszeit festgelegt.

Dumping – Was versteht man darunter?

Unter Dumping versteht man Angebote zu Preisen, die unter den Produktionskosten der Anbieter liegen.

Handelsverträge – Was heißen »bilateral« und »multilateral«?

Bilateral = zweiseitig = zwischen zwei Staaten,
multilateral = mehrseitig = zwischen mehreren Staaten.

Meistbegünstigung: Was versteht man darunter?

Man versteht darunter die Verpflichtung eines Landes, sämtliche handelspolitischen Vergünstigungen, die es irgendeinem Staat eingeräumt hat, auch allen anderen Ländern zu gewähren, mit denen Meistbegünstigung vereinbart wurde.

Kontingente – Was versteht man darunter?

Kontingente sind wert- oder mengenmäßige Quoten zur Begrenzung eines Warenangebotes, z. B. im Rahmen von Handelsverträgen.

Präferenz – Was versteht man darunter?

Mitglieder einer Zoll- oder Wirtschaftsunion räumen sich auf Gegenseitigkeit handels- und zollpolitische Vergünstigungen im Warenverkehr gegenüber Drittländern ein, die man als Präferenzen bezeichnet.

Preisschere – Was versteht man darunter?

Wenn die Preise für die landwirtschaftlichen Betriebsmittel rascher steigen als die Preise der landwirtschaftlichen Erzeugnisse, dann spricht man von einer zu Ungunsten der Landwirtschaft geöffneten Preisschere. Der Aussagewert der Preisschere ist begrenzt.

Ausgleichszahlungen: Was sind das?

Für die starken Preisreduzierungen durch die Agrarreform werden für bestimmte Produkte (Getreide, Ölsaaten, Eiweißpflanzen und Flächenstillegung) Ausgleichszahlungen gewährt. Es handelt sich dabei nicht um Subventionen.

Subventionen – Was versteht man darunter?

Staatliche Leistungen in Form von direkten Zuwendungen aus dem Haushalt oder von Einnahmeverzichten, z. B. bei der Steuer. Sie dienen zur Unterstützung einzelner Wirtschaftsbereiche (z. B. Kohle, Stahl, Landwirtschaft) wie auch des Verbrauchers (z. B. Sicherung der Versorgung mit Nahrungsmitteln, Förderung des Erwerbs von Eigenheimen, Gewährung von Wohngeld, BAFöG). Subventionen (in gezielter und dosierter Form) sind Bestandteil der sozialen Marktwirtschaft und Wirtschaftspolitik aller Staaten.

Zölle – Was versteht man darunter?

Es sind Abgaben für Waren, die aus dem Ausland eingeführt werden und dort billiger als im Inland sind bzw. billiger angeboten werden. Dadurch wird die einheimische Produktion gegen übermäßige Konkurrenz geschützt. Zölle werden im wesentlichen nur bei gewerblichen Erzeugnissen erhoben (siehe Gegensatz bei Abschöpfungen). Der Staat hat dadurch zusätzliche Einnahmen.

Wodurch wird deren Höhe bestimmt?

Die Höhe des Zolles ist entweder nach Gewicht oder Wert im Zolltarif festgelegt.

GATT – Was versteht man darunter?

GATT = **G**eneral **A**greement on **T**arifs and **T**rade = Allgemeines, internationales, multilaterales Zoll- und Handelsabkommen mit Sitz in Genf. Es wurde 1957 zum Abbau internationaler Handelsbeschränkungen abgeschlossen, es verbietet Diskriminierungen aller Art im Welthandel. Dem GATT gehören 122 wichtige Welthandelsstaaten an. GATT soll 1995 durch die mit größeren Vollmachten ausgestattete »Welthandelsorganisation« (WTO) ersetzt werden.

Wirtschaftssysteme – Welche kennen wir?

Marktwirtschaft (freie Marktwirtschaft, soziale Marktwirtschaft), Zentralverwaltungswirtschaft (Planwirtschaft).

Welches System hat die Bundesrepublik Deutschland?

Die soziale Marktwirtschaft. Sie sichert durch ein Mindestmaß an staatlichen Eingriffen und gesetzlichen Regelungen die Funktionsfähigkeit des Marktes. Darüber hinaus gewährleistet sie, daß alle an der Einkommens- und Wohlstandsentwicklung in gerechter Weise teilhaben.

Was ist die Grundlage unseres Wirtschaftssystems?

Garantie und soziale Verpflichtung des Eigentums, freie Wahl des Arbeitsplatzes, Tarifautonomie der Sozialpartner (Unternehmer und Gewerkschaften) sowie möglichst wenig Eingriffe des Staates in die Wirtschaft.

Agrarstabilisatoren – Was versteht man darunter?

Mit Hilfe von »Agrarstabilisatoren« in Form von »Garantieschwellen« versucht die EU-Kommission bei Überschreitung gewisser Erzeugungsmengen die Agrarpreise zu senken und so die Überschüsse einzudämmen.

Vorruhestand – Was versteht man darunter?

Eine ab 1989 geplante Aktion der EU zum Eindämmen der Überschüsse; dabei wird die gesamte LF eines Betriebes gegen eine bestimmte Entschädigung auf 10 Jahre stillgelegt. Der Vorruhestand ist begrenzt auf Landwirte, die 58 Jahre oder älter sind. Die Flächen müssen gepflegt, dürfen aber selbst nicht genutzt werden.

Flächenstillegung – Was versteht man darunter?

Eine Aktion der EU zum Eindämmen der Überschüsse. Die Flächen müssen gepflegt, dürfen aber nicht oder nur begrenzt genutzt werden. Die Bestimmungen ändern sich laufend.

Grünbrache – Was versteht man darunter?

Eine bestimmte Art der Flächenstillegung im Rahmen der EU-Programme.

Nachwachsende Rohstoffe – Was versteht man darunter?

Nachwachsende Rohstoffe sind im Gegensatz zu den begrenzt verfügbaren fossilen Rohstoffen wie Erdöl, Erdgas und Kohle, organische Stoffe pflanzlichen oder tierischen Ursprungs, die ständig neu gebildet werden. Natur- und Umweltschutz lehnen eine Förderung der Erzeugung nachwachsender Rohstoffe ab, obwohl diese zur Minderung des Treibhauseffektes beitragen.

C_4-Pflanzen – Wodurch zeichnen sie sich aus?

C_4-Pflanzen weisen eine höhere Produktivität der CO_2-Assimilation auf als unsere Getreide- und Gräserarten, die als C_3-Pflanzen bezeichnet werden. Als wichtige C_4-Pflanze gilt der Chinaschilf *(Miscantus sinensis giganteus)*.

Elefantengras: Was ist das?

Als Elefantengras wird Chinaschilf wegen seines hohen Wuchses bezeichnet. Es kann unter entsprechenden guten Bedingungen im dreijährigen Aufwuchs 20–30 dt/ha Trockenmasse bringen. Es eignet sich daher für die Erzeugung von Biomasse.

Natur- und Umweltschutz

Naturschutz und Landschaftspflege – Was versteht man darunter?

Das Bundesnaturschutzgesetz von 1976 in der Fassung von 1987, geändert 1990 und die entsprechenden Gesetze der Länder enthalten die grundlegenden Regelungen und Bestimmungen zur Erhaltung einer vielfältigen Tier- und Pflanzenwelt und einer intakten Naturlandschaft. Von Bedeutung sind außerdem das Wasser-, Pflanzenschutz-, Düngemittel- und Abfallrecht, das Bundeswaldgesetz, das Bundesjagdgesetz, die Artenschutzverordnung für die am meisten gefährdeten Tiere und Pflanzen, die Erhaltung von Feuchtgebieten für Watt- und Wasservögel sowie die Förderung von Naturparken.

Landschaftsplan: Was versteht man darunter?

Der Landschaftsplan weist alle im öffentlichen Interesse zu schützenden Flächen und Landschaftsbestandteile aus, z. B. Bäume, Baumgruppen, Hecken, Quellen, Felsen.

Ökologie: Was versteht man darunter?

Das ist die Lehre von Wechselwirkungen der Lebewesen untereinander und zu ihrer Umwelt.

Ökosystem: Was versteht man darunter?

Man versteht darunter die Wechselwirkungen der natürlichen Faktoren und der Pflanzen und Tiere eines Standorts.

Agrarökosystem: Was versteht man darunter?

Das ist das Zusammenspiel der landwirtschaftlichen Nutzpflanzen und Nutztiere mit den natürlichen Gegebenheiten eines Standorts.

Biotop – Was versteht man darunter?

Einen geschlossenen Lebensraum, in dem bestimmte Tiere und Pflanzen vorkommen, aber auch den Lebensraum einer einzelnen Art.

Feuchtbiotop: Was ist das?

Feucht- und Streuwiesen und kleine Teiche; sie sind besonders wichtig für die Erhaltung zahlreicher bedrohter Tier- und Pflanzenarten.

Feuchtgebiet: Was versteht man darunter?

Gewässer, Sümpfe, Moore, Brüche und Feuchtwiesen (auch nach teilweiser Entwässerung).

Umweltschutz – Was versteht man darunter?

Alle Maßnahmen zum Schutz der natürlichen Lebensgrundlagen und zur Erhaltung einer lebenswerten Umwelt.

Welche Bereiche des Umweltschutzes sind für die Landwirtschaft von Bedeutung?

Naturschutz, Landschaftspflege, Pflanzen- und Tierschutz, Immissions- und Gewässerschutz, Abfallbeseitigung.

Emission – Was versteht man darunter?

Luftverunreinigungen, Geräusche, Erschütterungen, Licht, Wärme und Strahlen, die von einer Anlage ausgehen.

Immission – Was versteht man darunter?

Unter Immission versteht man auf Menschen, Tiere, Pflanzen oder andere Sachen (z. B. Gebäude) einwirkende Luftverunreinigungen (u. a. Rauch, Staub, Gase, Dämpfe, Geruchsstoffe), Geräusche, Erschütterungen und ähnliche Einwirkungen.

Immissionsschutz: Inwieweit betrifft er die Landwirtschaft?

Grundlage ist das Bundes-Immissionsschutzgesetz von 1974. Es enthält keine Spezialregelungen für die Landwirtschaft, seine allgemeinen Bestimmungen betreffen aber auch von landwirtschaftlichen Betrieben ausgehende Geruchs- oder Lärmbelästigungen. Wegen solcher Belästigungen sind nach einer Verordnung zu diesem Gesetz genehmigungsbedürftig:
– Anlagen zum Halten oder zur Aufzucht von Hennen oder Mastgeflügel mit mehr als 7000 Hennenplätzen oder 14 000 Mastgeflügelplätzen, ausgenommenen Anlagen, in denen Geflügel ausschließlich zu Zuchtzwecken gehalten wird;
– Anlagen zum Halten oder zur Aufzucht von Schweinen mit mehr als 700 Mastschweineplätzen oder 280 Sauenplätzen, ausgenommen Anlagen mit Einstreu (Festmistverfahren), die weniger als 900 Mastschweineplätze oder 360 Sauenplätze haben.

Durch die geänderte Technische Anleitung zur Reinhaltung der Luft (TA-Luft) und den Erlaß einer Großfeuerungsanlagenverordnung soll u. a. die Hauptursache des sog. sauren Regens beseitigt, der Schutz von Pflanzen und Tieren vor Luftverunreinigungen verbessert werden.

Recycling: Was versteht man darunter?
Die Rückgewinnung und Wiederverwendung von Rohstoffen aus Abfällen aller Art.

Bodenschutzgesetz – Was versteht man darunter?
Im Bundesinnenministerium laufen seit Jahren Vorbereitungen zum Erlaß eines Bodenschutzgesetzes. Ein solches Gesetz soll u. a. beinhalten:
Vorschriften zur Verminderung negativer Einwirkungen (z. B. Schadstoffe in Düngemitteln, insbesondere Gülle) auf den Boden;
Vorschriften zur Verminderung von Einwirkungen von Pflanzenschutzmitteln;
Vorschriften zur Begrenzung negativer Einwirkungen auf die Bodenstruktur (Melioration, Fruchtfolgen, Bodenerosion).

Gewässerschutz – Betrifft er die Landwirtschaft?
Für den Gewässerschutz bedeutsam ist das Wasserhaushaltsgesetz. Danach bedarf das Einleiten von Stoffen in Gewässer (z. B. von Gülle) der Genehmigung. Unbefugtes Einleiten wird u. a. mit Geldbußen geahndet. Die Veränderung der physikalischen, chemischen oder biologischen Zusammensetzung der Gewässer verpflichtet zum Schadenersatz. In Wasserschutzgebieten kann zur Verringerung der Nitratbelastung das Düngen beschränkt oder verboten werden. Die Verwendung von Pflanzenschutzmitteln kann generell verboten werden.

Wasserschutzzonen: Was sind das?
Im Wasserhaushaltsgesetz von 1990 wurden Schutzzonen festgelegt:
Zone I ist der sog. Fassungsbereich, in dem keinerlei Nutzung stattfinden darf.
Zone II umfaßt einen Bereich, von dem das Grundwasser 50 Tage bis zum Erreichen des Fassungsbereichs benötigt. Hier gibt es starke Nutzungseinschränkungen.
Zone III umfaßt das gesamte Wassereinzugsgebiet bis zur unterirdischen Wasserscheide. Sie ist in die *Zone IIIa* und *IIIb* mit unterschiedlichen Einschränkungen gegliedert.

Entschädigungsbedürftige Einflüsse der Wasserschutzzonen: Was sind das?
Gülle muß u. U. auf weiter entfernte Flächen als bisher ausgebracht werden. Der organische Dünger kann u. U. nicht mehr voll im eigenen Betrieb verwertet werden. Es sind u. U. zusätzliche Investitionen für spezifische Sicherheit in Gebäuden erforderlich. Die betriebliche

Flexibilität wird eingeschränkt. Die einschränkenden Auflagen bedeuten eine Wertminderung und damit einen Vermögensverlust.

Eutrophierung der Gewässer: Was ist das?

Sie entsteht durch zunehmende Anreicherung unserer Gewässer mit Pflanzennährstoffen. Hauptursache: Fehlende Kläranlagen in den im Einzugsbereich gelegenen Siedlungen. Die Landwirtschaft ist bei Düngungsfehlern Mitverursacher.

Trinkwasserverordnung: Was beinhaltet sie?

In 1 l Trinkwasser dürfen höchstens 50 mg Nitrat bzw. 0,1 mg Nitrit enthalten sein. Die Grenzwerte für jeden einzelnen Wirkstoff betragen 0,0001 mg/l Trinkwasser; alle Wirkstoffe insgesamt dürfen 0,0005 mg/l nicht überschreiten.

Nitratauswaschung: Wie kann man sie vermindern?

Durch Anpassen der Stickstoffdüngung an den Bedarf der Pflanze und Vermeiden von Überdüngung;
durch Berücksichtigung des Stickstoffvorrates im Boden;
durch Düngen zur richtigen Zeit in der richtigen Menge (geteilte Düngergaben);
durch die Wahl der richtigen Düngerform;
durch das richtige Verwenden der Wirtschaftsdünger;
durch den Anbau von Zwischenfrüchten und Vermeiden von Schwarzbrache.

Gülleverordnung: Was beinhaltet sie?

In Nordrhein-Westfalen und Niedersachsen wurden »Gülleverordnungen« erlassen, um in den Gebieten mit sehr starker Viehhaltung ein Überdüngen mit Stickstoff und eine Gefährdung des Grundwassers zu verhindern.
Nach der Gülleverordnung von Nordrhein-Westfalen dürfen Jauche und Gülle nur in der Zeit von 15. Februar bis 15. Oktober ausgebracht werden. Auf Grünland und Ackerland mit bodendeckender Winterfrucht ist das Verbot nur zwischen 31. Oktober bis 1. Februar wirksam. Geflügelkot darf zwischen 31. August und 15. Oktober auf Ackerland nur ausgebracht werden, wenn danach eine weitere Frucht folgt. Die Ausbringungsmenge ist auf 3 Düngereinheiten (DE) je ha (= 240 kg Stickstoff) beschränkt.

Dungeinheit: Was versteht man unter einer DE?

Das ist in den einzelnen Bundesländern sehr unterschiedlich. Nach der Gülleverordnung von Nordrhein-Westfalen versteht man unter 1 DE 1,5 Kühe oder 1,5 Rinder über 2 Jahre oder 3 Jungrinder

(3 Monate bis 2 Jahre) oder 9 Mastkälber bis 3 Monate oder 3 Sauen mit Ferkeln bis 20 kg oder 7 Mastschweineplätze oder 100 Legehennen oder 300 Junghennen oder 300 Masthähnchen oder 150 Mastenten oder 100 Mastputen.

Landwirtschaftsklausel – Was ist das?

In § 1 des Naturschutzgesetzes ist die Formulierung enthalten, daß »ordnungsgemäßer Landwirtschaft« für die Erhaltung der Kultur- und Erholungslandschaft eine zentrale Bedeutung zukomme, weil sie in der Regel dem Naturschutz diene. § 8 des Naturschutzgesetzes besagt, daß »ordnungsgemäße Landwirtschaft« nicht als Eingriff in die Natur und Landschaft anzusehen sei. Diese heftig umstrittenen Formulierungen werden als »Landwirtschaftsklausel« bezeichnet.

Ordnungsgemäße Landwirtschaft: Was versteht man darunter?

Im Pachtrecht, im Naturschutz- und im Wasserhaushaltsgesetz kommt dieser oder ein ähnlicher Begriff vor. Es hat sich erwiesen, daß eine ins einzelne gehende Definition für das gesamte Bundesgebiet infolge der großen natürlichen Verschiedenheiten nicht möglich ist.

»Gute fachliche Praxis«: Was ist das?

Sie wird in § 6 des Pflanzenschutzgesetzes von 1986 bei der Anwendung von Pflanzenschutzmitteln verlangt. Sie fordert große Sorgfalt, insbesondere bei den Geräten. Ziel ist es, Schaden von Mensch, Tier und Naturhaushalt abzuwenden.

Verursacherprinzip – Was versteht man darunter?

Den für Produzenten und Konsumenten in allen Umweltbereichen geltenden Grundsatz, daß derjenige die Kosten für die Folgen seines umweltbelastenden Verhaltens tragen soll, der sie verursacht hat.

Verbraucherschutz – Was versteht man darunter im Ernährungsbereich?

Seit der Gesamtreform des Lebensmittelrechts im Jahre 1975 gilt in der Bundesrepublik Deutschland eines der strengsten Lebensmittelgesetze Europas. Der Schutz des Verbrauchers vor Schadstoffen bzw. Rückständen in Lebensmitteln ist in sog. Höchstmengenverordnungen festgelegt.
Auch nach dem Futtermittelgesetz von 1975 dürfen den Futtermitteln nur ausdrücklich zugelassene Zusatzstoffe zugesetzt werden sowie nur bestimmte Schadstoff-Höchstgehalte in diesen enthalten sein.

Toleranzwert: Was versteht man darunter?

Den durch die Höchstmengenverordnung in ppm (parts per million) festgelegten Rückstandswert, der nicht überschritten sein darf, wenn die Ware in den Verkehr kommt.

ADI-Wert: Was versteht man darunter?

Das ist die »täglich erlaubte Dosis« (accetable daily intake) z. B. eines Wirkstoffes, der während eines Menschenlebens ohne Risiko aufgenommen werden darf.

»Qualität« von Nahrungsmitteln: Was versteht man unter diesem Begriff?

Zur Qualitätsbestimmung von Nahrungsmitteln werden folgende Kriterien herangezogen:
Genußwert, z. B. Form, Farbe, Festigkeit, Geruch und Geschmack;
Nährwert;
Gebrauchswert, dazu gehören insbesondere Verarbeitungs- und Lagerungsverhalten;
Gesundheitswert, das ist Freiheit von schädlichen Rückständen;
Mineralstoff- und Vitamingehalt;
ideeler Wert, der sich nicht messen läßt.

Pflanzenschutz – Welche Ziele hat er?

Das Pflanzenschutzgesetz verfolgt zwei Ziele: Den Schutz der Pflanzen vor Schädigungen und Krankheiten sowie den Schutz der Menschen, der Tiere und Pflanzen vor schädlichen Auswirkungen von Pflanzenschutzmitteln.

Tierschutz – Welche Ziele hat er?

Das Tierschutzgesetz dient dem Schutz des Lebens und Wohlbefindens der Tiere. Es setzt u. a. auch den Rahmen für die tierschutzgerechte Haltung der Nutztiere in der Landwirtschaft.

LD 50: Was versteht man darunter?

Die letale (tödliche) Dosis eines Präparates, bei der bei einmaliger Behandlung 50% der Versuchstiere sterben.

Integrierter Landbau – Was versteht man darunter?

Der integrierte Landbau ist die Zielsetzung einer Landbewirtschaftung unter ausgewogener Beachtung ökologischer und ökonomischer Erfordernisse. Dabei sind alle Maßnahmen des integrierten Pflanzenschutzes und der integrierten Pflanzenproduktionssysteme in eine gesamtbetriebliche Betrachtungsweise einzuordnen und in die Praxis umzusetzen.

Ökologischer Landbau – Was versteht man darunter?

Dieser Begriff ist durch die EU-Verordnung vom 22. 7. 91 geschützt. Die Bezeichnung »ökologisch« tritt an die Stelle von »alternativ« und »biologisch«. In der Bundesrepublik Deutschland wird er im Rahmen der Verbände praktiziert:

Den ANOG-Landbau (Arbeitsgemeinschaft für naturgemäßen Qualitätsanbau von Obst und Gemüse);
den Biologisch-dynamischen Landbau nach RUDOLF STEINER;
Bioland, Verband für organisch-biologischen Landbau;
Naturland, Verband für naturgemäßen Landbau;
den Organischen Landbau nach Migros (Schweiz);
den Organisch-biologischen Landbau nach MÜLLER (Schweiz).

Alle diese Formen des Landbaus sind nicht einheitlich; einige Anleitungen sind nur weltanschaulich zu erklären.

Sie arbeiten entweder ohne oder mit geringem Einsatz von mineralischen Düngemitteln und chemischen Pflanzenschutzmitteln. Sie versuchen die mit dem wachsenden Einsatz von chemischen Betriebsmitteln verbundenen tatsächlichen oder vermeintlichen Nachteile für die Bodenfruchtbarkeit, die Qualität der Nahrungsmittel und die Umwelt zu vermeiden.

Kontrollierter Anbau – Was versteht man darunter?

Vertragsanbau mit genauen Regelungen und Kontrollen hinsichtlich Düngung und Pflanzenschutz. Spritzen ist verboten.

Landwirtschaftliche Buchführung und Steuer

Buchführung – Wozu dient die landwirtschaftliche Buchführung?

Als Grundlage für betriebswirtschaftliche Kalkulationen, Betriebsüberwachung und Betriebsvergleich,
als Hilfsmittel für Beratung und Agrarpolitik,
als Voraussetzung für die Gewährung von Förderungsmitteln,
als Nachweis für die Kreditfähigkeit,
als Richtmaß zur steuerlichen Veranlagung.

Buchführungspflicht: Wann besteht sie?

Wenn der Wirtschaftswert   40 000 DM
oder der Umsatz   500 000 DM
oder der Gewinn   36 000 DM
überschritten hat und das Finanzamt dies dem Landwirt mitteilt.
Betriebe mit einem Ausgangswert von mehr als 32 000 DM und einem Wirtschaftswert von nicht mehr als 40 000 DM unterliegen der Einnahmen-Ausgaben-Überschußrechnung   (»Schuhkarton-Buchführung«).

»Schuhkarton-Buchführung«: Wie funktioniert sie?

Es werden alle Betriebseinnahmen erfaßt und davon alle durch (gesammelte) Belege nachweisbaren Ausgaben abgezogen. Die Differenz ist der zu versteuernde Gewinn bzw. Verlust des Betriebes. Diese sog. »Einkommens-Überschußrechnung« ist anzuwenden bei Betrieben mit einem Wirtschaftswert von 32 000–40 000 DM.

Schätzungslandwirt: Was ist das?

Bei Landwirten, die ihre Buchführungspflicht nicht oder nicht ordnungsgemäß erfüllen, kann die Finanzbehörde den Gewinn gem. § 162 AO durch Schätzung ermitteln.

»Einfache Buchführung«: Was versteht man darunter?

Bei einfacher Buchführung wird jede Einnahme oder Ausgabe nur einmal (einfach) gebucht. Eine Einnahme aus z. B. Getreideverkauf wird entweder nur im Finanzkonto (Bank usw.) oder nur im Sachkonto (Getreide) gebucht.

»Doppelte Buchführung«: Was versteht man darunter?

Bei der doppelten Buchführung wird jeder Vorgang zweimal (doppelt) gebucht. Einnahmen aus z. B. Getreideverkauf werden im Konto »Bank« wie auch im Konto »Getreide« gebucht. Dadurch wird festgehalten *woher* das Geld gekommen ist (Getreideverkauf), und *wohin* es geflossen ist (Bankkonto).

Wirtschaftswert: Was ist das?

Das ist der Einheitswert der selbstbewirtschafteten Flächen (einschließlich Pachtflächen) abzüglich des Wohnungswerts.

Ausgangswert: Was versteht man darunter?

Das ist der Wirtschaftswert der Eigenfläche (ohne Forst) zuzüglich Zuschläge für Zupacht und verstärkte Tierhaltung abzüglich Abschläge für Verpachtung.

Buchführung: Wer hilft dem Landwirt dabei?

Die landwirtschaftlichen Buchstellen, die im **H**auptverband der **l**andwirtschaftlichen **B**uchstellen und **S**achverständigen (HLBS) zusammengeschlossen sind.

Buchführungsjahr: Wann beginnt es?

Es beginnt in den meisten landwirtschaftlichen Betrieben am 1. Juli,
in Grünlandbetrieben teilweise am 1. Mai,
in Gartenbaubetrieben überwiegend am 1. Januar.
Die Zeitpunkte liegen so, daß die Vorräte jeweils am geringsten sind.

Ordnungsgemäße Buchführung: Welche Unterlagen sind dafür erforderlich?

Vermögensausweis, der das landwirtschaftliche Vermögen enthält und jährlich einmal, jeweils zu Beginn des Buchführungsjahres, aufgestellt wird. Er enthält auch das Grundstücks-, Anbau- und Ernteverzeichnis.
Natural- und Viehbericht, der die Naturalentnahme für die Besitzerfamilie und fremde Arbeitskräfte festhält sowie die monatlichen Veränderungen der Naturalien und des Viehbestandes aufzeichnet.
Kassenbericht, in dem die täglichen baren und unbaren Einnahmen und Ausgaben verbucht werden.
Haushaltsbuch und ein Buch für private Einnahmen und Ausgaben als Ergänzung.

Aktivvermögen: Wie wird es aufgegliedert?
1. *Anlagevermögen:* Boden- und Grundverbesserungen (Bodenvermögen), Gebäude, Maschinen, Dauerkulturen;
2. *Viehvermögen;*
3. *Umlaufvermögen:* Vorräte (Feld- und Hofvorräte), Geld (Forderungen, Bankguthaben, Bargeld);
4. *Rechnungsabgrenzung.*

Passivvermögen: Wie wird es aufgegliedert?
1. *Eigenkapital:* Entnahmen/Einlagen, Gewinn/Verlust;
2. *Rücklagen, Rückstellungen, Wertberichtigungen;*
3. *Fremdkapital:* kurz-, mittel- und langfristige Verbindlichkeiten;
4. *Rechnungsabgrenzung.*

Buchführungsstufen: Welche gibt es?
Stufe 1: Vermögensstatus
Stufe 2: Geldüberschußrechnungen und Gewinn- und Verlustrechnung
Stufe 3: Erfolgsrechnung mit teilweiser Mengenrechnung
Stufe 4: Erfolgsrechnung mit laufender Mengenrechnung
Stufe 5: Erfolgsrechnung mit Teilkostenrechnung für einzelne Betriebszweige
Stufe 6: Erfolgsrechnung mit leistungsbezogener, erweiterter Teilkostenrechnung oder Vollkostenrechnung

Buchführungsstufen: Welche hat die größte Bedeutung und was beinhaltet sie?
Stufe 3; sie wird von den meisten landwirtschaftlichen Buchführungen erfüllt und bei gewissen staatlichen Förderungsmaßnahmen verlangt.
Bei Stufe 3 besteht der Abschluß aus Untergliederung des Erfolgskontos nach Ertrags- und Aufwandsarten; Berechnung von Rohertrag und Aufwand; Erfassen des Anbaues, des durchschnittlichen Viehbestandes, der Erträge, Leistungen, Verkaufsmengen und Naturalentnahmen.

Buchführungsabschluß: Was bedeutet er für den Betrieb?
Der Buchführungsabschluß eröffnet die Möglichkeit,
– Schwachstellen in der Unternehmensführung aufzudecken;
– Ansatzpunkte für Rationalisierungsreserven zu finden;
– Daten für zukunftsorientierte Entscheidungen zu gewinnen.

Steuer – Welche Steuern sind vom Landwirt zu entrichten?

Einkommenssteuer, Kirchensteuer,
Grundsteuer, eventuell Erbschaftssteuer,
Vermögensteuer, Hundesteuer,
Kfz-Steuer.

Einkommensteuer: Wie wird sie errechnet?

1. Gewinnermittlung aufgrund einer ordnungsgemäßen Buchführung.
2. Gewinnermittlung durch Einnahme-Überschußrechnung.
3. Gewinnermittlung nach Durchschnittssätzen.
4. Gewinnermittlung durch Schätzung.

Gewinn nach Durchschnittssätzen: Wie wird er ermittelt?

Aus Grundbetrag, Wert der Arbeitsleistung der Familie, Betriebsleiterzuschlag und eventuell Pachteinnahmen (§ 13b).

Vorsteuerpauschale: Was versteht man darunter?

Landwirte, die nicht für die Anwendung des normalen Mehrheitssteuersystems »optiert« haben, werden nicht zur Mehrwertsteuer veranlagt. Sie müssen die bezahlten »Vorsteuern« nicht nachweisen und dürfen ihren Abnehmern eine pauschalierte Mehrwertsteuer (Vorsteuerpauschale) berechnen.

Grundsteuer: Wer erhebt sie und wie wird sie errechnet?

Die Grundsteuer erhebt die Gemeinde. Sie wird aus dem Einheitswert errechnet.

Wer hebt die anderen Steuern ein?

Das zuständige Finanzamt.

Welche sonstigen öffentlichen Abgaben sind vom landwirtschaftlichen Betrieb zu entrichten?

Beitrag für die landwirtschaftliche Berufsgenossenschaft,
Beitrag für die landwirtschaftliche Alterskasse,
Beitrag zur landwirtschaftlichen Krankenkasse.

Stabilität eines Unternehmens: Was versteht man darunter?

Die Erhaltung der Existenzfähigkeit durch Vermeiden von Überschuldung und Verlust von Eigenkapital.

Liquidität: Was versteht man darunter?
Die Fähigkeit, den Zahlungsverpflichtungen fristgemäß nachkommen zu können.

Insolvenz – Was versteht man darunter?
Das ist die Zahlungsunfähigkeit eines Betriebes. Sie führt zu einem Vergleichs- oder Konkursverfahren und damit zur Umwandlung oder Auflösung eines Unternehmens.

Geld und Kredit – Geldanlage: Welche Möglichkeiten gibt es?

Sparkonto, Sparbriefe
Pfandbriefe,
Aktien, Investmentzertifikate
Kauf von Grundstücken,
Bau von Wohnungen,
Kauf von Fondsanteilen.

Kredit: Welche Formen gibt es?
Kontokorrentkredit (laufende Rechnung, tägliche Kündigung),
kurzfristige Kredite (Laufzeit unter 1 Jahr),
mittelfristige Kredite (Laufzeit 1 bis unter 10 Jahre),
langfristige Kredite (Laufzeit mehr als 10 Jahre),
Personal- und Hypothekarkredit.

Kredite: Welche eignen sich für die Landwirtschaft?
Langfristige für Gebäude und Kauf von Grundstücken.
Mittelfristige für den Maschinenkauf (dabei ist aber schon Vorsicht geboten).
Von kurzfristigen Krediten sollte der Landwirt wegen des relativ hohen Zinssatzes nur in begrenztem Umfang Gebrauch machen.

Kreditfinanzierung: Wie hilft der Staat dabei?
Im Rahmen verschiedener Programme gewährt der Staat Hilfen in Form von Zinsverbilligung für Kapitalmarkt- bzw. öffentliche Darlehen oder in besonderen Fällen als Zuschüsse. Am bedeutungsvollsten ist das Einzelbetriebliche Förderungsprogramm im Rahmen der Gemeinschaftsaufgabe »Verbesserung der Agrarstruktur und des Küstenschutzes«.
Daneben können Kredite aus dem neuen Agrarkreditprogramm in Anspruch genommen werden. Außerdem können die Landwirte Investitionskredite aus den Mitteln der Kreditanstalt für Wiederaufbau, der Landwirtschaftlichen Rentenbank und der Siedlungs- und Rentenbank in Anspruch nehmen. Auskunft erteilen die Landwirtschaftsämter bzw. Landwirtschaftskammern und Wirtschaftsberatungsstellen.

Kapitaldienstgrenze: Was versteht man darunter?

Die Kapitaldienstgrenze ist die nachhaltig tragbare Belastung des Betriebes zur Verzinsung und Tilgung aufgenommenen Fremdkapitals. Dabei sind die festen Ausgaben des Betriebes einschließlich der Privatentnahmen sowie ein Risikozuschlag für Einkommensschwankungen während der gesamten Belastungsperiode zu berücksichtigen.

Rentabilitätsgrenze: Was versteht man darunter?

Die jeweilige Rentabilitätsgrenze von Investitionsvorhaben wird im wesentlichen bestimmt durch das Investitionsvolumen, das Verhältnis des dafür eingesetzten Fremd- und Eigenkapitals, die Zinsen bzw. Zinssätze für das Fremd- und Eigenkapital und das Mehreinkommen durch die Investition. Eine Investition kann nur dann rentabel sein, wenn die dadurch zu erwartenden Mehreinnahmen höher sind als die kalkulierten Mehrausgaben.

Beleihungsgrenze: Was versteht man darunter?

Die dingliche Sicherheit eines Kredites unabhängig von der Einkommenslage des Kreditnehmers. Für landwirtschaftliche Betriebe liegt sie bei etwa 50% des Verkehrswertes; sie ist flexibel.

Degressive Abschreibung: Was ist das?

Dabei werden bewegliche Güter nicht gleichmäßig über die ganze Nutzungsdauer, sondern mit von Jahr zu Jahr verringerten Beträgen abgeschrieben, weil mit dem gleichen Prozentsatz nicht von den Anschaffungskosten, sondern vom jeweiligen Buchwert abgeschrieben wird.

Lineare Abschreibung: Was ist das?

Dabei wird Jahr für Jahr mit dem gleichen Prozentsatz von den Anschaffungskosten abgeschrieben.

Buchwert: Was ist das?

Das ist der Wert, mit dem die Vermögens- und Schuldteile in den Geschäftsbüchern erscheinen. Er liegt zwischen dem Verkehrswert und dem meist wesentlich niedrigeren Ertragswert. Er richtet sich beim Landwirt nach den Anschaffungskosten der einzelnen Wirtschaftsgüter (Grund und Boden, Gebäude, Maschinen), verändert um die Abschreibungen. Grundstücke, die am 1. 1. 1970 zum Betrieb gehörten, werden meist pauschal mit der achtfachen Ertragsmeßzahl bewertet.

Flurstück, Feldstück, Schlag: Was versteht man darunter?
Flurstücke sind die im Grundbuch und in der amtlichen Flurkarte des Vermessungsamtes mit einer »Flurstücksnummer« eingetragenen Grundstücke.
Zu einem *Feldstück* werden oft mehrere Flurstücke, zu einem *Schlag* im Rahmen der Fruchtfolge häufig mehrere Flurstücke, öfters aber auch mehrere Feldstücke zusammengefaßt.

Warenwechsel: Was ist das?
Diese Wechsel sind eine von der Landwirtschaft wenig benutzte, aber nicht immer ungünstige Finanzierungsmöglichkeit. Sie laufen in der Regel 90 Tage und müssen nach Ablauf mit absoluter Sicherheit eingelöst werden können.

Tilgungsdarlehen: Wie läuft das ab?
Sie werden über die ganze Laufzeit mit der gleichen Rate getilgt, während der Zinsanteil jährlich fällt, wodurch die jährliche Gesamtbelastung für den Schuldner mit zunehmender Laufzeit zurückgeht.

Annuitätsdarlehen: Was ist das?
Sie werden über die ganze Laufzeit mit dem gleichen Betrag (Zinsen und Tilgung) bedient. Dabei ist der Zinsanteil anfangs sehr hoch und die Tilgung sehr niedrig. Mit der Zeit kehren sich die Anteile um.

Festdarlehen: Wie wird es getilgt?
Es wird am Ende der Laufzeit in einem Betrag getilgt. Der Kreditbetrag muß daher über die ganze Laufzeit in voller Höhe verzinst werden.

Lastschriftverfahren: Was versteht man darunter?
Der Inhaber eines Bank- oder Postscheckkontos gestattet durch das Erteilen einer »Einzugsermächtigung« ständig wiederkehrende Zahlungen, z. B. Telefon-, Strom- und andere Rechnungen, von seinem Konto zugunsten des Zahlungsempfängers abzubuchen. Diese Ermächtigung kann jederzeit und bis zu 6 Wochen rückwirkend widerrufen werden.

Fremdkapital: Wann ist es kritisch?
Die Fremdkapitalbelastung der deutschen Landwirtschaft beträgt derzeit rund 4000 DM/ha. Übersteigt das Fremdkapital in einem Betrieb 8000 DM/ha, so kann der Betrieb gefährdet sein, weil u. U. zur Tilgung Flächenverkauf erforderlich ist. Ab 12 000 DM/ha Fremdkapital besteht Existenzgefährdung.

Testament – Was ist zu beachten?

Man kann das Testament beim Notar erstellen lassen, man kann es aber auch eigenhändig schreiben. Es muß dann aber ganz handschriftlich gefertigt, mit vollem Namen unterschrieben und handschriftlich mit Ort und Datum versehen sein. Ein maschinengeschriebenes Testament ist ungültig. Man kann das Testament selbst aufbewahren oder beim Notar, beim Amtsgericht, bei der Gemeindeverwaltung oder bei einem Rechtsanwalt hinterlegen.

Telefax – Was ist das?

Beim »Faxen« werden über die Telefonleitung schriftliche Vorlagen als Bilder übertragen; es handelt sich dabei um »Fernkopieren«.

Computer – Braucht das ein Landwirt?

Ein moderner landwirtschaftlicher Betrieb kann künftig nur noch mit Hilfe von Computerprogrammen erfolgreich geführt werden.

Bits und Bytes: Was sind das?

Bit ist die konstante technische Einheit im Rahmen des Computerrechensystems mit 0 und 1. 8 Bits bilden ein *Byte*. Das Byte 0100001 steht in diesem System für den Buchstaben A. Ein Kilobyte hat 1024 Byte, das ist die 10. Potenz von 2. Ein Megabyte hat 1 048 576 Byte; das ist die 20. Potenz von 2.

MS-DOS: Was ist das?

MS-DOS steht für das von der Fa. Microsoft entwickelte »Discoperating System«. Es ist das am weitesten verbreitete System von Software. Mit einem solchen System wird der Computer in Betrieb gesetzt. Erst dann können Anwendungsprogramme gestartet werden.

Windows: Was ist das?

Eine auf MS-DOS aufbauende sog. graphische Benutzeroberfläche, die der Arbeitserleichterung dient. Nachteil: Sehr speicherhungrig.

Anwendungsprogramme: Was sind das?

Das sind speziell für die jeweiligen Anwender für bestimmte Zwecke geschriebene Computer-Programme. In der Landwirtschaft z. B. Buchhaltungsprogramme, Programme für Düngung, Pflanzenschutz, Pflanzenbau, Tierhaltung und Fütterung.

Diskette: Was ist das?
Disketten sind das am meisten benutzte Speichermedium für Heim- und Personal-Computer (PC).

Hardware: Was ist das?
Alle elektronischen und mechanischen Bestandteile eines Computersystems bilden die Hardware, d. h. alles, was man am Computer anfassen kann ist Hardware.

Software: Was ist das?
Als Software wird, etwas grob gesagt, alles um den Computer bezeichnet, was man nicht anfassen kann, z. B. Programme, Daten, also die reinen Informationen.

Computerviren: Was versteht man darunter?
Computerviren sind einfache, kleine Programme, die von Menschen programmiert, anschließend in Wirtsprogramme eingesetzt und mit diesen durch Disketten oder über Festplatten verbreitet werden. Es gibt verschiedene Abwehrmöglichkeiten.

Bildschirmtext (Btx) – Was versteht man darunter?
Das ist ein Informations- und Kommunikationssystem, bei dem mit Hilfe des Telefons eine Fernseh-Verbindung mit dem Computer aufgenommen und gewünschte Informationen eingeholt werden können. Man kann den Computer abfragen und z. B. auch den Zahlungsverkehr mit der Bank abwickeln oder Bestellungen aufgeben.

Grundbesitz – Grundbuch: Wo wird es geführt und was enthält es?
Das Grundbuch wird beim zuständigen Amtsgericht (Grundbuchamt) geführt. Der Kauf oder Verkauf von Grundstücken ist nur gültig nach notarieller Beurkundung und Eintragung in das Grundbuch. Die einzelnen Grundbuchblätter sind nach Gemarkungen geordnet und in Bände zusammengefaßt. Jedes Grundstück hat ein eigenes Grundbuchblatt mit Titelblatt und den Abteilungen I, II und III.
Die Eintragungen im Grundbuch genießen öffentlichen Glauben, d. h. sie gelten ohne weitere Nachprüfung als vollständig und richtig.

Grundstücksverzeichnis: Was enthält es?
Das Grundstücksverzeichnis enthält sämtliche Grundstücke, die zu einem Betrieb gehören, mit Grundstücks-Nummer, Gewanne-Bezeichnung, Größe und zwar geordnet nach Nutzungs- und Eigen-

tumsverhältnissen. Buchführungspflichtige Betriebe sind gesetzlich verpflichtet, das Grundstücksverzeichnis stets zu aktualisieren.

Liegenschaftskataster: Wo wird er geführt und was enthält er?

Der Liegenschaftskataster wird beim zuständigen Vermessungsamt geführt. Er besteht aus:
dem *Flurbuch* mit Flurstücks-Nummern, Lage- und Gebäudebesatz, Nutzungsart, Größe der Einzelflächen, Klassenbeschrieb, Wertzahlen, Ertragsmeßzahlen und Gesamtfläche des Flurstückes für alle Grundstücke einer Steuergemeinde;
dem *Liegenschaftsbuch*, in dem die einem Eigentümer gehörenden Flurstücke auf Bestandsblättern zusammengefaßt sind.

Rechte und Lasten: Welche können auf Grundbesitz lasten?

Rechte: Forstrecht, Wegerecht, Weiderecht, Steuerrecht.
Lasten: Hypotheken und Grundschulden, Dienstbarkeiten.

Erbbaurecht: Was bedeutet das?

Mit dem Erbbaurecht räumt ein Grundeigentümer einem anderen das Recht ein, auf einem Grundstück ein Gebäude zu errichten. Die Einzelheiten werden im Erbbauvertrag geregelt. Die Laufzeit beträgt meist 99 Jahre.

Gutachten – Wer fertigt für den Landwirt Gutachten an und führt Schätzungen durch?

Die von den zuständigen amtlichen Stellen »öffentlich bestellten und vereidigten landwirtschaftlichen Sachverständigen«. Bei den Geschäftsstellen der Bauernverbände, den Landwirtschaftsämtern und den landwirtschaftlichen Beratungsstellen liegen Listen der Sachverständigen auf.

HLBS – Was ist das?

Der **H**auptverband **l**andwirtschaftlicher **B**uchstellen und **S**achverständiger ist der Zusammenschluß der zugelassenen landwirtschaftlichen Buchstellen und der öffentlich bestellten Sachverständigen.

Betriebswirtschaft

Betriebssysteme – Wie teilt man die Betriebe nach Standarddeckungsbeiträgen ein?

Marktfrucht- betriebe (M),	M-Spezialbetriebe (M 1, MIM, MIX), M-Verbundbetriebe (M 2, M-F, M-V, M-D)
Futterbau- betriebe (F),	F-Spezialbetriebe (F 1, FMI, FR), F-Verbundbetriebe (F 2, F-M, F-V, F-D)
Veredlungs- betriebe (V),	V-Spezialbetriebe (V 1, VSW, VGE), V-Verbundbetriebe (V 2, V-M, V-F, V-D)
Dauerkultur- betriebe (D),	D-Spezialbetriebe (D 1, DOB, DWE, DHO), D-Verbundbetriebe (D 2, D-M, D-F, D-V)

Landwirtschaftliche Gemischtbetriebe (XLA mit XLM, XLF, XLV, XLD)

Welche Betriebstypen kennen wir?

Hackfrucht-, Getreidebau-, Futterbau- und Sonderkulturbetriebe.

Produktionsfaktoren – Welche sind entscheidend im landwirtschaftlichen Betrieb?

Güter (Sachgüter): Boden, Bodenverbesserung, Gebäude und bauliche Anlagen, Maschinen und Geräte, Dauerkulturen, ein- und mehrjährige Kulturen, Vieh, Materialien.
Dienste: Dienstleistungen und Arbeit
Rechte: Weide- und Nutzungsrechte, Lizenzen, Brenn- und Lieferrechte (Kontingente) u. a.

Welche Faktoren beeinflussen die Erzeugung außerdem?

Innere und äußere Verkehrslage,
Markt- und Absatzmöglichkeiten,
Stand der volkswirtschaftlichen Entwicklung,
Stand der landwirtschaftlichen Produktionstechnik,
agrarpolitische Maßnahmen.

Innere Verkehrslage: Was versteht man darunter?

Das ist die Lage der Grundstücke zueinander und zum Hof und wird als innere Verkehrslage bezeichnet. (Arrondierte Betriebe haben eine sehr gute innere Verkehrslage.)

Äußere Verkehrslage: Was versteht man darunter?

Das ist die Entfernung des Betriebes zu Stadt, Bahn, Schule, vor allem aber zu seinen Bezugs- und Absatzmärkten, z. B. Lagerhaus.

Klima – Wie wirkt es sich aus?

Durch die vier Komponenten Wärme, Feuchtigkeit, Luft und Licht wird weitgehend die Art der landwirtschaftlichen Nutzung bestimmt, z. B. Ackerland, Grünland, Sonderkulturen (Wein, Tabak).

Klimazonen: Welche herrschen in Deutschland vor?

Alpenklima: 190–200 Wachstumstage, 3–5 °C mittlere Jahrestemperatur und über 1400 mm Jahresniederschläge.
Voralpen- und *Mittelgebirgsklima:* 190–210 Wachstumstage, 5–7 °C mittlere Jahrestemperatur, 800–1400 mm Jahresniederschläge.
Flachlandklima: 200–220 Wachstumstage, 7–8 °C mittlere Jahrestemperatur, 650–900 mm Jahresniederschläge.
Seeklima: Hohe Niederschläge, mehr als 1100 mm und lange Wachstumszeit, 220–260 Wachstumstage, viel Wind.

Klimatypen: Welche sind wichtig?

Maisklima, 10 °C mittlere Jahrestemperatur, ca. 290 frostfreie Tage, mittlere Julitemperatur 19 °C,
Weinklima, 9 °C mittlere Jahrestemperatur, ca. 260 frostfreie Tage, mittlere Julitemperatur 18 °C,
Wintergetreideklima, 8 °C mittlere Jahrestemperatur, ca. 180 frostfreie Tage, mittlere Julitemperatur 16 °C,
Sommergetreideklima, 6 °C mittlere Jahrestemperatur, ca. 120 frostfreie Tage, mittlere Julitemperatur 15 °C.

Bodennutzung – Betriebsfläche: Was gehört zur BF?

Als Betriebsfläche gilt die gesamte von einem landwirtschaftlichen Betrieb bewirtschaftete Fläche.
Betriebsfläche = Eigentumsfläche + Pachtfläche ∕ verpachtete Fläche.

Kulturfläche: Was gehört zur KF?

Zur Kulturfläche gehören die landwirtschaftliche und die forstwirtschaftliche Nutzfläche sowie bewirtschaftete Gewässer.

Landwirtschaftliche Nutzfläche: Was wird als LN bezeichnet?

Das ist die landwirtschaftlich genutzte Fläche, Ziergarten- und Rasenfläche, die nicht genutzte, aber landwirtschaftlich nutzbare Fläche (Sozialbrache). Sie errechnet sich aus der LF, HF, ZF und GF.

Landwirtschaftlich genutzte Fläche: Wie errechnet sich die LF?

LF = LN ∕ Sozialbracheflächen (ein Jahr nicht bewirtschaftet).

HF: Was versteht man darunter?

Die Hauptfutterfläche; dazu gehören Dauergrünland (ohne Streuwiesen) und Ackerfutter (z. B. Klee, Mais).

ZF: Was versteht man darunter?

Die Zusatzfutterfläche, dazu gehören Marktfrüchte, die als Nebennutzung Futter liefern (z. B. Zuckerrüben, Grassamenbau) und Zwischenfrüchte.

GF: Was versteht man darunter?

Die Gesamtfutterfläche, bestehend aus HF und ZF.

Nutzflächen-Verhältnis: Was versteht man darunter?

Den Anteil der einzelnen Flächen (z. B. Acker, Dauergrünland-, Obstfläche) an der gesamten landwirtschaftlich genutzten Fläche (LF).

Kulturflächen-Verhältnis: Was drückt es aus?

Es gibt Auskunft über den Anteil der einzelnen Flächen (z. B. landwirtschaftliche Nutzfläche, forstwirtschaftliche Nutzfläche) an der gesamten Kulturfläche.

Anbau-Verhältnis: Was wird so bezeichnet?

Das ist der prozentuale Anteil der auf dem Ackerland angebauten Feldfrüchte: z. B. 66% Getreide, 20% Hackfrucht, 14% Feldfutterbau.

Grünlandanteil: Was versteht man darunter?

Das ist der prozentuale Anteil des Grünlandes an der LF in Prozenten: z. B. 33% eines Betriebes ist Dauergrünland.

Ödland (Unland) – Was versteht man darunter?

Nicht kultiviertes, ertragsloses und daher nicht genutztes Land.

Bewertung – Wie wird die Ertragsmeßzahl ermittelt?

Durch folgende Rechnung:

$$\text{Fläche in } m^2 \times \frac{\text{Ackerzahl bzw. Grünlandzahl}}{100}$$

Landwirtschaftliche Vergleichszahl: Was ist die LVZ?

Das ist die Reinertragsverhältniszahl bezogen auf 1 ha der landwirtschaftlichen Nutzung einschließlich anteiliger Hof- und Gebäudeflächen, die alle natürlichen und wirtschaftlichen Ertragsbedingungen des Bewertungsobjektes berücksichtigt.

Vergleichswerte je ha: Wie wird der Hektarsatz ermittelt?
Durch Multiplikation der LVZ mit dem 100 Vergleichszahlen entsprechenden Ertragswert (= 37,60 DM für die Hauptfeststellung zum 1. Januar 1964).

Ertragswert: Wie wird er berechnet?
Der Ertragswert ergibt sich aus der Ertragsfähigkeit des Betriebes. Bei der Berechnung ist »der bei ordnungsgemäßer und schuldenfreier Bewirtschaftung mit entlohnten fremden Arbeitskräften gemeinhin und nachhaltig erzielbare Reinertrag« zugrunde zu legen. Entscheidend für die Höhe des Ertragswertes ist der Kapitalisierungsfaktor.

Einheitswert: Was versteht man darunter?
Das ist ein steuerrechtlicher Begriff; siehe Bodenschätzung Seite 67.

Verkehrswert: Was versteht man darunter?
Das ist der Wert, den eine Sache für »Jedermann« hat; er ist schwierig zu ermitteln, da er von Angebot und Nachfrage abhängt. Dabei spielen Bodenspekulation und Bautätigkeit eine wichtige Rolle. Außerdem wird seine Höhe stark vom jeweiligen Standort und den konjunkturellen Entwicklungen beeinflußt.

Erfolgsbegriffe – Wie wird der Arbeitsertrag der nichtentlohnten AK des Betriebes berechnet?
Er berechnet sich aus dem Betriebsertrag ./. Betriebsaufwand ./. Zinsansatz (eventuell Pachtansatz) für das gesamte Kapital des Betriebes.

Betriebsaufwand: Wie setzt er sich zusammen?
Betriebsmittelaufwand = Ausgaben für Materialien und Vieh, Minderbestand an zugekauftem Material und Vieh abzüglich Mehrbestand an zugekauftem Material und Vieh, Ausgaben für Unterhalt an Gebrauchsgütern und Abschreibungen für Gebrauchsgüter.
Aufwand für Dienstleistungen:
Lohnaufwand = Ausgaben für Löhne und Gehälter, Wert der Naturallöhne und Mietwert der Werkwohnungen;
Aufwand für Versicherungen und Rechte;
Aufwand für Steuern und andere Abgaben;
zeitraumfremder Aufwand.

Betriebsertrag: Wie setzt er sich zusammen?
Hauptertrag = Einnahmen für Verkaufsgüter und Mehrbestand an selbsterzeugten Gütern und Vieh abzüglich Minderbestand an selbsterzeugten Gütern und Vieh sowie aktivierte Eigenleistungen und Zuschreibungen;
Ertrag an Dienstleistungen;
Wert der Naturallöhne;
Ertrag aus Versicherungen und Rechten;
Wert der Naturalentnahmen;
zeitraumfremder Ertrag.

Betriebsertrag: Wie hoch ist er je ha?
Niederer Betriebsertrag   unter 4000 DM/ha,
mittlerer Betriebsertrag   4000–10 000 DM/ha,
hoher Betriebsertrag   über 10 000 DM/ha.

Betriebskontrolle: Wodurch wird sie möglich?
Durch Buchführung und durch Betriebsvergleich.

Reineinkommen (Gewinn): Was versteht man darunter?
Das Reineinkommen wird auch als Gewinn bezeichnet. Es umfaßt das Entgelt für nichtentlohnte Arbeit des Unternehmens und seiner mitarbeitenden Familienangehörigen, für eingesetztes Eigenkapital und für unternehmerische Tätigkeit. Es steht für die Privatentnahme des Unternehmers (persönliche Steuern, Lebenshaltung, Altersversicherung, Altenteilslasten, Erbabfindungen, private Vermögensbildung usw.) und für die Eigenkapitalbildung des Unternehmens (Nettoinvestitionen, Tilgung von Fremdkapital) zur Verfügung.

Reineinkommen: Wie wird es berechnet?
Betriebseinkommen abzüglich Fremdlöhne einschließlich der Beiträge zur Sozial- und Unfallversicherung, Betriebshaushalt und Wert des Naturallohns, Aufwendungen für zugepachtete Flächen und Gebäude, Zinsen für Fremdkapital des Unternehmens zuzüglich vom Verpächter getragener Aufwand, Einnahmen aus verpachteten Flächen und Gebäuden des Unternehmens und Zinsen und Dividenden für Finanzvermögen des Unternehmens.

Roheinkommen: Wie setzt es sich zusammen?
Roheinkommen = Betriebsertrag ∕ Betriebsaufwand.

Roheinkommen: Eignet sich der Begriff auch als Vergleichsmaßstab?

Dem Familienbetrieb entspricht das Roheinkommen als Maßstab am besten, weil es sowohl den Lohnanspruch als auch den Unternehmergewinn (Reinertrag) umfaßt und eine tatsächliche Leistungssteigerung ausweist.

Reinertrag: Wie setzt er sich zusammen?

Der Reinertrag wird berechnet: Betriebsertrag ∕ Betriebsaufwand ∕ Lohnansatz für nichtentlohnte AK des Betriebes.

Reinertrag: Wie hoch soll er sein?

Mindestens 10–15% des Betriebsertrages.

Vergleichsgewinn: Was versteht man darunter?

Er errechnet sich aus dem Gewinn zuzüglich 35% Zuschlag zum Wert des Eigenverbrauchs.

Gewinnrate: Was ist das?

Sie ist das Verhältnis von Gewinn zum Ertrag, ausgedrückt in Prozent des Ertrages.

Betriebseinkommen: Wie wird es berechnet?

Wert der landwirtschaftlichen Produktion nach Abzug landwirtschaftlicher und industrieller Vorleistungen Dritter.
Berechnung: Betriebsertrag ∕ Sachaufwand.

Eigenkapitalbildung: Wie wird sie berechnet?

Sie errechnet sich aus dem Eigenkapital (= Vermögen ∕ Fremdkapital) am Ende, abzüglich Eigenkapital am Beginn eines Wirtschaftsjahres. Die Berechnung des Eigenkapitals ist oft problematisch, da die Vermögensbewertung, besonders bei Grund und Boden, noch nicht einheitlich geregelt ist.

Eigenkapitalbildung: Was sagt sie aus?

Sie ist ein wesentlicher Maßstab für die Beurteilung der Unternehmensentwicklung; sie sagt jedoch nur etwas über die Situation und Entwicklung des Unternehmens, aber nichts über die Entwicklung des Unternehmerhaushalts aus.

Eigenkapitalquote: Was versteht man darunter?

Das Eigenkapital in % des Bilanzkapitals.

Produktivität – Flächenproduktivität: Was ist das?

Das ist die Erzeugungsleistung je ha LF.

Arbeitsproduktivität: Was ist das?

Das ist die Erzeugungsleistung je AK.

Intensive Wirtschaft: Was versteht man darunter?

Das bedeutet hohe Aufwendungen an Betriebsmitteln und Arbeit, um hohe Erträge zu erzielen, z. B. intensivste Ackernutzung durch Feldgemüsebau.

Extensive Wirtschaft: Was versteht man darunter?

Das Gegenteil von intensiv, d. h. geringe Aufwendungen und dadurch meist auch geringere Erträge. Das gilt vor allem für Betriebe, die großflächig wirtschaften können, z. B. die Weidebetriebe der Prärie in den USA.

Planungsbegriffe – Programmplanung: Was versteht man darunter?

Unter diesem Namen werden mehrere Systeme der modernen Betriebsplanungsmethoden, die mit Deckungsbeiträgen arbeiten, zusammengefaßt.

Deckungsbeitrag: Was versteht man darunter?

Wenn man von der Marktleistung eines Produktionsverfahrens alle veränderlichen (variablen) Kosten, die man ihm zuordnen kann, abzieht, erhält man den Deckungsbeitrag.

Nutzungskosten: Was versteht man darunter?

Dieser Begriff wird bei der Bewertung der innerbetrieblichen Wettbewerbskraft der einzelnen Betriebszweige verwendet. Soll eine Frucht durch eine andere ersetzt werden, dann bezeichnet man den Deckungsbeitrag der aufzugebenden Frucht als Nutzungskosten, die durch die neue Frucht mindestens gedeckt, besser übertroffen werden sollen.

Erlösdifferenz: Was ist das?

Man versteht darunter den Unterschied zwischen dem Verkaufserlös (z. B. eines Mastbullen) und dem Einkaufspreis für das Kalb oder den Fresser. Zum Erfolgsvergleich wird sie auf einen Masttag umgerechnet.

Veredlungswert: Was ist das?

Zur Errechnung des Veredlungswertes des verfütterten Getreides werden die variablen Kosten, z. B. eines Mastschweines, ohne die Kosten des verfütterten Getreides und die Festkosten vom Verkaufserlös des Schweines abgezogen. Die Differenz, umgerechnet auf 1 dt, ergibt den Veredlungswert, der mit dem Marktpreis des verfütterten Getreides zu vergleichen ist. Der Unterschied ergibt den positiven oder negativen Veredlungsgewinn.

Standarddeckungsbeitrag: Was bedeutet er?

Der **St**andard**d**eckungs**b**eitrag (StDB) ist eine Rechengröße, die speziell für die Eingruppierung der Betriebe nach Betriebssystemen ermittelt wird. Er gibt an, welcher Deckungsbeitrag bei ordnungsgemäßer und standortgerechter Bewirtschaftung im Durchschnitt der Betriebe erzielt werden kann.

Standardbetriebseinkommen: Wie wird es berechnet?

Das **St**andard**b**etriebs**e**inkommen (StBE) wird nicht für einzelne Betriebszweige, sondern nur für den Gesamtbetrieb ermittelt. Die Berechnung geht von durchschnittlichen Erträgen und Aufwendungen aus. Das StBE ist ein kalkuliertes Betriebseinkommen, das vom tatsächlich erzielten abweichen kann. Das StBE ergibt sich, indem man vom Standarddeckungsbeitrag des Betriebes die festen, nicht zurechenbaren Spezialkosten und die Gemeinkosten abzieht und die »sonstigen Erträge«, wie Aufwertungsausgleich u. a. nicht betriebsgebundene Einnahmen, hinzurechnet.

Pacht – Pachtvertrag: Wie lange soll er laufen?

Mindestens 9 Jahre; 9–12 Jahre Pachtdauer war Voraussetzung für die Gewährung der Landabgaberente.

Grenzertrag – Was versteht man darunter?

Den durch die jeweils zuletzt gegebene Aufwandseinheit erzielten Mehrertrag bezeichnet man als Grenzertrag, in Geld ausgedrückt als Grenzgewinn.

Grenzkosten – Was vesteht man darunter?

Jede zusätzlich erzeugte Ertragseinheit (z. B. 1 dt/ha Getreide) ist mit (steigenden) Grenzkosten z. B. für Dünger belastet. Eine Steigerung der Düngerintensität ist solange richtig, als der in Geld bewertete Grenzertrag über den Kosten der letzten Düngereinheit liegt.

Boden-Melioration – Was versteht man darunter?

Ödlandkultivierung, Ent- und Bewässerung, Entsteinungen, Planierung.

Kosten: Wie setzen sie sich zusammen?

Verzinsung, Abschreibung, Betriebs- und Unterhaltungskosten. Sie können bei Flußkorrekturen (Pumpwerke), Wildbachverbauung sehr hoch sein.

Bodenschätzung – Bodenbewertung: Wie hat sie sich entwickelt?

1861–1864 wurden die ersten Grundlagen für eine Bodenbewertung geschaffen. Das Reichsbewertungsgesetz vom 10. August 1925 schuf eine einheitliche Bewertungsgrundlage. Mit dieser Bewertungsgrundlage wird der Einheitswert ermittelt. Der Einheitswert ist die Grundlage für die steuerliche Veranlagung (z. B. Grund-, Vermögens-, Erbschafts- und Schenkungssteuer). 1934 wurde das Gesetz über die Schätzung des Kulturbodens (= Bodenschätzungsgesetz), 1965 ein Änderungsgesetz zum Reichsbewertungsgesetz erlassen. Auf Grund dieses Änderungsgesetzes wurden die neuen Einheitswerte ab 1. Januar 1974 eingeführt.

Einheitswert: Wie wird er ermittelt?

Es wird von Bewertungsstützpunkten (Haupt-, Landes- und Ortsbewertungsstützpunkten) ausgegangen. Als Spitzenwert (= 100) ist ein nachhaltig erzielbarer Reinertrag von 207 DM/ha festgelegt. Dieser Spitzenwert erhält die Wertzahl 100.
Dieser Reinertrag wird mit dem Faktor 18 multipliziert (kapitalisiert): $207 \times 18 = 3726$ DM; das ist der Einheitswert je ha beim Spitzenbetrieb. Der Faktor 18 ergibt sich aus dem Zinsfuß von 5,56%.

Bodenschätzung: Wie erfolgt sie?

Die Schätzung erfolgte als Reinertragsschätzung. Dabei erhielt jedes Grundstück eine Wertzahl. Diese Wertzahl gibt an, in welchem Verhältnis der Reinertrag des geschätzten Grundstückes zum Reinertrag des Vergleichsbodens mit der höchsten Wertzahl (100) liegt.
Grundlage für die Schätzung war der Acker- und Grünlandschätzungsrahmen. Zur Wertermittlung benutzten die Schätzer Bodenbohrer und Grablöcher.

Schätzungsrahmen – Was enthält er?

Bodenart: S – Sl – lS – SL – sL – L – LT – T – Mo,
Entstehung: Diluvial (D), Löß (Lö), Aluvial (Al) – Verwitterung (V), Verwitterungsgestein (Vg).
Zustandsstufen: Es werden 7 Zustandsstufen = Tiefe der Ackerkrume, Humusgehalt usw. unterschieden.

Ackerzahl: Was besagt sie?

Die Wertzahlen (Ackerzahl) liegen zwischen 7–100.
Zu- und Abschläge gibt es für Ertragsunterschiede, die auf Klima, Geländegestaltung und anderen natürlichen Ertragsbedingungen beruhen.

Grünlandzahl: Was berücksichtigt sie?

Bei der Ermittlung der Grünlandzahlen werden berücksichtigt: Bodenart, Bodenstufe, Klima und Wasserführung.
Die Grundzahlen reichen von 7–88.

Bodenklimazahl: Was sagt sie aus?

Sie ist die Summe der Ertragsmeßzahlen geteilt durch die Gesamtfläche des Betriebes; sie bringt die natürlichen Ertragsbedingungen im Verhältnis zum Spitzenbetrieb zum Ausdruck.

Ertragsmeßzahlen: Was sagen die EMZ aus?

Sie sind die betriebsgebundenen Wertzahlen. Zur Berechnung wird die Acker- bzw. Grünlandzahl mit der Fläche der in einem Klassenbeschrieb liegenden Parzelle in Ar vervielfacht.

Ackerbau – Schlagkartei: Was versteht man darunter?

Über jeden Schlag werden auf einem eigenen Karteiblatt genaue Aufzeichnungen über alle Vorgänge im Laufe eines Jahres und über Jahre hinweg gemacht. Die Auswertung solcher langjähriger Aufschreibungen ermöglicht interessante Aufschlüsse (vertikaler Schlagvergleich) und den Vergleich mit anderen Schlägen (horizontaler Schlagvergleich). Für das Grünland wird eine Grünlandschlagkartei geführt.

Getreidebau: Welche Bedeutung hat er?

Der Getreidebau (Brot-, Industrie-, Futtergetreide) bringt eine hohe Marktleistung und hohe Deckungsbeiträge je AK. Er läßt sich leicht mechanisieren, so daß der Arbeitsaufwand stark zurückgegangen ist. Das Stroh dient im viehhaltenden Betrieb als Einstreu, sonst verbessert es direkt die Humusversorgung.

Hackfruchtbau: Welche Bedeutung hat er?
Der Hackfruchtbau liefert eine sehr hohe Marktleistung und hohe Deckungsbeiträge je ha. Er verlangt jedoch hohen Arbeits- und Betriebsmittelaufwand. Außerdem ist er aus Gründen der Fruchtfolge und Bodenfruchtbarkeit wichtig. Intensive Betriebe haben 25–40% Hackfruchtanteil.

Zwischenfruchtbau: Welche Bedeutung hat er?
Zusätzliche Futterbeschaffung, Gründüngung, Erhaltung der Bodengesundheit, insbesondere Erhaltung der Gare und Vermeidung von Fußkrankheiten.

Crop-Sharing: Was ist das?
Das ist ein in den USA übliches Verfahren der Zusammenarbeit zwischen Landwirten. Dabei verrichtet ein anderer Landwirt die gesamten Arbeiten auf einer bestimmten Ackerfläche gegen Beteiligung am Ertrag dieser Fläche, während der Besitzer dieser Fläche völlig auf eigene Maschinen verzichtet. Es wird in Form eines Werkvertrages abgewickelt.

Fruchtfolge – Welche Systeme sind üblich?
1. Fruchtwechsel: Blattfrucht – Halmfrucht (je 50%);
2. Dreifelderwirtschaft: Blattfrucht – Halmfrucht – Halmfrucht (67% Halmfrüchte);
3. Vierfelderwirtschaft: Blattfrucht – Halmfrucht – Halmfrucht – Halmfrucht (75% Halmfrüchte);
4. Fünffelderwirtschaft: Blattfrucht – Halmfrucht – Halmfrucht – Halmfrucht – Halmfrucht (80% Halmfrüchte);
5. Körnerfruchtfolgen: Nur Getreide oder Getreide im Wechsel mit Raps oder Mais (75–100% Halmfrüchte).

Fruchtfolge: Was ist bei der Aufstellung zu beachten?
Ausnutzung und Erhaltung der Bodenfruchtbarkeit,
Arbeitsverteilung,
Vorfruchtwirkung,
Unkraut- und Schädlingsbekämpfung.

Dreifelderwirtschaft: Beispiel!
1. Hackfrucht (Kartoffel oder Rüben)
2. Roggen
3. Hafer mit Klee-Einsaat
4. Klee
5. Weizen
6. Futtergerste

Fruchtwechselfolge: Beispiel!
1. Rotklee (½), Winterraps (½)
2. Weizen
3. Zuckerrüben, Kartoffeln, Futterrüben, Mais
4. Sommergerste (½), Gersthafer mit Klee-Einsaat (½).

Grünlandnutzung – Welche Möglichkeiten gibt es?

Mähnutzung (einschürig = extensiv, mehrschürig = intensiv); Weidenutzung (Hutung, Standweide = extensiv, Umtriebs-, Portionsweide = intensiv).

Getreideeinheit (GE) – Was versteht man darunter?

Die Getreideeinheiten werden nach einem Umrechnungsschlüssel berechnet, bei dem insbesondere der Netto-Energiewert berücksichtigt wird; sie ermöglichen eine Umrechnung der landwirtschaftlichen Produkte in naturale Gesamtzahlen. Ein Mensch verzehrt jährlich etwa 11,2 GE.

Arbeitswirtschaft – AK-Besatz: Was versteht man darunter?

Die Zahl der vorhandenen Arbeitskräfte (AK) auf 100 ha LF, z. B. 5 AK/100 ha.

Wie wird eine AK berechnet?

Betriebsleiter	1,0 AK
1 Person 14–16 Jahre	0,7 AK
1 Person 16–65 Jahre	1,0 AK
älter als 65 Jahre	0,3 AK

Wie werden Arbeitsstunden (Akh) in AK umgerechnet?

Teilbeschäftigte fremde AK: 2200 entlohnte bzw. geleistete Akh = 1 AK; teilbeschäftigte Familien-AK: 2300 Akh = 1 AK.

Jahresarbeitseinheit: Was versteht man unter JAE?

2200 Arbeitsstunden (Akh) sind in der EU-Statistik eine JAE.

AK-Besatz: Wie ist er zu beurteilen?

Über 6 AK/100 ha = hoher AK-Besatz,
    2–6 AK 100 ha = mittlerer Besatz,
unter 2 AK/100 ha = niedriger AK-Besatz.

AK-Besatz: Was bedingt ihn?
Zahl der vorhandenen Arbeitskräfte und ihre Leistung,
Mechanisierung und Organisation,
Betriebsgröße und Betriebstyp.

Formen der Arbeit: Welche gibt es im landwirtschaftlichen Betrieb?
Produktive Arbeiten, z. B. Melken.
Unproduktive Arbeiten, z. B. Rüstarbeit, Reinigen von Geräten.

Leistungsfähigkeit des Arbeiters: Was beeinflußt sie?
Können und Ausbildung,
geistige und körperliche Frische,
Zeitpunkt der Arbeit,
Arbeitsfreude und Arbeitswille,
Beschaffenheit des Arbeitsplatzes,
Arbeitsgeräte,
Arbeitsvorbereitung, Arbeitseinteilung, Arbeitsverfahren.

Arbeitsanfall: Wie kann er berechnet werden?
Anhand der arbeitswirtschaftlichen Richtzahlen läßt sich der Arbeitsanfall errechnen und ein Arbeitsvoranschlag machen. (Wertvolle Daten hierfür im KTBL-Taschenbuch für Arbeits- und Betriebswirtschaft.)

Zeitspannen: Was versteht man darunter?
Das ist die Zahl der Arbeitstage, in denen bestimmte Arbeiten zu erledigen sind (z. B. Frühjahrsbestellung, Hackfruchtpflege, Heuernte).

Lohnhöhe in der Landwirtschaft: Wodurch wird sie bestimmt?
Durch Tarifverträge, die zwischen dem landwirtschaftlichen Arbeitgeberverband und den landwirtschaftlichen Gewerkschaften geschlossen werden.

Lohnanspruch der Besitzerfamilie: Was versteht man darunter?
Die im Betrieb tätigen Angehörigen der Besitzerfamilie haben, wenn sie nicht wie fremde Arbeitskräfte entlohnt werden, einen Lohnanspruch für ihre geleistete Arbeit.
Um die Vergleichsbasis der Betriebe untereinander aufrecht zu halten, wird dieser Lohnanspruch nach bestimmten Richtlinien alljährlich dem allgemeinen Lohnspiegel angeglichen. Maßgebend sind

Alter, Geschlecht und Arbeitszeit der jeweiligen familieneigenen Arbeitskraft.
Für die Tätigkeit im Privathaushalt erfolgt bei den weiblichen Arbeitskräften ein Abzug.

Lohnformen: Welche sind üblich?
Naturallohn als Deputat,
Geldlohn als Zeitlohn (Stunden-, Wochen- oder Monatslohn),
Stücklohn (Akkord).

Maschineneinsatz – Welche Gesichtspunkte sind bei der Maschinenanschaffung zu beachten?

Abstimmen auf die Betriebsgröße, Angebote von Maschinenring und Lohnunternehmern berücksichtigen; auf die natürlichen Standortbedingungen achten; den vorhandenen Maschinenpark berücksichtigen; die Bearbeitungsfläche und die Anzahl der verfügbaren Arbeitstage miteinander abstimmen; auf DLG-Anerkennung, Einhalten der Normen, Sicherheitsbestimmungen und Wiederverkaufswert achten.

Maschinenwerte je ha: Wie hoch sind sie?
Sie liegen meist zwischen 2000–4000 DM/ha und erreichen in Kleinbetrieben oft 4500 DM/ha und mehr.

Überbetrieblicher Maschineneinsatz: Welche Formen kennen wir?
Nachbarschaftshilfe, gemeinschaftliche oder genossenschaftliche Maschinenerhaltung, Maschinenringe, Maschineneinsatz der Lohnunternehmen.

Maschinenring: Was ist das?
Das ist ein freiwilliger Zusammenschluß von Landwirten zum gegenseitigen Vermitteln und Ausleihen ihrer Maschinen für eine bestmögliche Ausnutzung freier Kapazitäten mit bargeldloser Verrechnung der Kosten. Grundvoraussetzungen: Hauptamtlicher Geschäftsführer und Telefonanschluß der Mitglieder.

Traktorenkosten: Wie hoch sind sie?
Das hängt von der Größe (kW- bzw. PS-Zahl), dem Anschaffungspreis, der jährlichen Auslastung und Nutzungsdauer des Traktors ab.
Bei einem 44-kW-Traktor (60 PS) mit 12jähriger Nutzungsdauer und einer jährlichen Einsatzzeit von 600–800 Stunden kann mit etwa 30–35 DM Kosten je Traktorstunde (ohne Fahrer) gerechnet werden.

Maschinenkosten: Wie hoch sind sie?

Kapitalkosten:
Abschreibung etwa 10% ⎫
Zinsanspruch etwa 4% ⎬ des Anschaffungswertes
Betriebsstoffkosten (z. B. Kraftstoff, Strom)
Reparaturkosten
Unterbringungs- und Versicherungskosten (etwa 1–2%).
Die festen Kosten einer Maschine belaufen sich jährlich auf etwa 15% des Anschaffungswertes.

Maschinenkosten: Wie lassen sie sich senken?

Durch gute Wartung und Pflege,
durch überlegten Maschineneinsatz,
durch überbetriebliche Maschinennutzung (Maschinenring, Gemeinschaftsmaschinen, Lohnunternehmen).

Maschinen: Welche rentieren sich am wenigsten?

Maschinen, die zeitlich nur sehr begrenzt einsetzbar sind, z. B. Mähdrescher und andere Vollerntemaschinen für wenige ha Fläche.

Leasing: Was versteht man darunter?

Unter Leasing versteht man die Vermietung oder Verpachtung von im wesentlichen gewerblich genutzten beweglichen und unbeweglichen Anlagegütern (Autos, Gebäude, Maschinen usw.) durch Spezialunternehmer oder durch den Hersteller. Die Anlagegüter werden durch die Leasingfirma finanziert. Der Leasingnehmer spart dadurch Eigenkapital und meist auch Steuern.

Lebensdauer einer Maschine: Wie läßt sie sich verlängern?

Holz- und Metallteile schützen (Farbe, Lack, unterstellen),
regelmäßig warten und pflegen,
zweckentsprechend einsetzen (d. h. nicht überlasten),
Abstimmen auf Betriebsgröße.

Sachgemäße Pflege: Welche Vorteile bringt sie?

Nach langjährigen Erfahrungen können durch gute Maschinenpflege 25% der Reparaturkosten eingespart werden.

Arbeitskette: Was versteht man darunter?

Die Vollmechanisierung bestimmter Arbeitsgänge, z. B. Heuernte mit Ladewagen und Rollboden, Automatikwagen, Annahmegebläse und Unterdachtrocknung.

Zugkrafteinheit: Was versteht man unter ZK?

Einen Begriff, den es offiziell nicht mehr gibt, früher: die Leistung eines mittleren Pferdes bzw. 700–800 kg Treibstoffverbrauch.

Veredlungswirtschaft – Welche Bedeutung hat die Viehhaltung?

Die Viehhaltung ist in einem Großteil der landwirtschaftlichen Betriebe (bäuerliche Vollerwerbsbetriebe) sehr bedeutend, da auf sie etwa 75–80% der Verkaufserlöse entfallen. Sie dient zur Verwertung der Bodenproduktion (Veredelung) und liefert über den Wirtschaftsdünger (Jauche, Gülle, Stallmist) Humus und Nährstoffe.

Viehbesatz: Was versteht man darunter?

Der Viehbesatz bezeichnet die Anzahl GV auf 100 ha LF.
Es ist bei über 200 GV/100 ha = sehr hoch,
150–200 GV/100 ha = hoch,
100–150 GV/100 ha = mittel,
50–100 GV/100 ha = schwach,
unter 50 GV/100 ha = sehr schwach.

Viehbesatz: Wonach richtet er sich?

Nach Betriebsgröße und Betriebsform (Grünlandbetriebe starker, Getreidebetriebe schwacher Besatz, reiner Veredlungsbetrieb) sowie nach Arbeitskräften und Marktlage.

Vieheinheiten: Was sind VE?

1 VE nach dem Bewertungsgesetz entspricht einem Tier mit einem Futterbedarf von etwa 20 Getreideeinheiten (GE).

Mastkälber je Platz	0,30	Läufer	0,06[2]
Kälber und Jungvieh unter 1 Jahr	0,30	schwere Läufer	0,08[2]
Kühe, Färsen, Masttiere	1,00	Mastschweine, eigene Ferkel	0,16[2]
Schafe, 1 Jahr und älter	0,10	Mastschweine, zugekaufte Ferkel	0,14[2]
Schafe unter 1 Jahr	0,05		
Ziegen	0,08	Legehennen	0,02
Damhirsche, 1 Jahr und älter	0,08	Junghennen, Jungmasthühner	0,0017[1]
Damhirsche unter 1 Jahr	0,04	Mastputen, Mastgänse	0,0067[1]
Zuchtschweine	0,33	Mastenten	0,0033[1]
leichte Ferkel	0,01[2]	Pferde 3 Jahre und älter	1,1
Ferkel	0,02[2]	Pferde unter 3 Jahren	0,7

[1] Je Standplatz.
[2] Jahreserzeugung, sonst Jahresdurchschnittsbestand.

Wieviele VE sind steuerunschädlich?

Für die ersten 20 ha LF = 10 VE/ha,
für die nächsten 10 ha LF = 7 VE/ha,
für die nächsten 10 ha LF = 3 VE/ha,
für jedes weitere ha = 1,5 VE/ha.

Großvieheinheit: Was ist eine GV?

Eine Großvieheinheit = 500 kg Lebendgewicht eines Tieres.

1 Kuh	1	GV
1 Bulle	1,2	GV
1 Kalbin/Färse	1,0	GV
Kälber bis 1 Jahr	0,3	GV
Zuchtschweine	0,3	GV
Schlachtschweine	0,16	GV
Schafe über 1 Jahr	0,1	GV

Bei der Futterplanung wird nach dem Gewicht der Tiere gerechnet.

Milcherzeugung – Ab wann wird sie wirtschaftlich?

Etwa ab 5000 Liter Milch je Kuh und Jahr; betriebliche Gegebenheiten sind aber sehr entscheidend.

Milcherzeugungskosten: Wodurch lassen sie sich senken?

Durch leistungsfähige Kühe (Zucht),
durch gutes, wirtschaftseigenes Futter,
durch ausgeglichene Fütterung,
durch gute Vorbereitungsfütterung,
durch überlegte Leistungsfütterung,
durch gezielten Einsatz von Kraftfutter,
durch arbeitsparenden Stall,
durch ausreichende Bestandsgröße.

Was wird von einer guten Milchkuh erwartet?

Hohe Milch-, Fett- und Eiweißleistung,
gute Futterverwertung,
Langlebigkeit, Fruchtbarkeit und Gesundheit.

HF je GV: Wie groß ist sie?

Zwischen 30–60 a/GV.

Arbeitsbedarf je Kuh und Jahr: Wie hoch ist er?

Er schwankt je nach Aufstallung und technischer Ausstattung zwischen 50–150 Arbeitsstunden (Akh).

Rindermast – Was kennzeichnet sie?

Geringer Arbeitsaufwand,
geringere Ansprüche an den Stall,
langsamer Kapitalumsatz.

Mutterkuhhaltung: Was bedeutet das?

Eine extensive Form der Landnutzung mit Hilfe dafür besonders geeigneter Rinderrassen. Dabei bleiben die Tiere möglichst lange, teilweise auch im Winter, auf der Weide. Die Milch wird nicht gemolken, sondern von den Kälbern direkt gesaugt. Die Mutterkuhhaltung erfordert geringen Arbeitsaufwand; sie wird derzeit von der EU gefördert.

Schweinemast – Welche Bedeutung hat sie im Betrieb?

Verwertung des wirtschaftseigenen Getreides (Veredelung) und z. T. der Kartoffeln (Bedeutung nimmt ab). In der Mastschweinehaltung 2–2,4facher Umtrieb/Jahr und damit relativ rascher Kapitalumsatz.

Rentabilität: Wovon hängt sie ab?

Vom Ferkelpreis,
von Qualitätsklassifizierung,
vom Marktpreis,
von den Futter- und Betriebskosten,
von der täglichen Zunahme.

Scharrel-Schweine: Was sind das?

Scharrel-Schweine werden unter mehr natürlichen Bedingungen – beginnend von der Ferkelerzeugung bis zur Mast – unter Kontrolle erzeugt. Sie erzielen bei einem eng begrenzten, aber wachsenden Verbraucherkreis einen höheren Preis. Ihr Marktanteil ist allerdings minimal.

Vorräte – Warum sind sie wichtig?

Zur reibungslosen Bewirtschaftung, Krisenfestigkeit, Frühbezug und Bezug größerer Mengen ergibt Rabatte (z. B. Handelsdünger).

Eiererzeugung – Wovon hängt die Rentabilität ab?

Ausreichende Bestandsgröße
geringe Verluste,
hohe Eierleistung,
guter Absatz,
niedrige Kosten.

Damtierhaltung – Was ist das?

Das ist eine – wie es in den Verordnungen heißt – nutztierartige Wildtierhaltung, die bei einem entsprechenden Besatz einen höheren Deckungsbeitrag ergeben kann als Mutterkuh- oder Koppelschafhaltung.

Versicherungen – Welche sind unbedingt erforderlich oder Pflicht?

Gebäudebrandversicherung,
Haftpflichtversicherung,
Unfallversicherung (Berufsgenossenschaft),
Kranken- und Altersversicherung,
Kraftfahrzeug-Haftpflichtversicherung,
Tierseuchenkasse.

Welche sind außerdem nötig?

Betriebshaftpflicht,
Hagelversicherung, Sturm- und Glasversicherung,
Hausratversicherung,
Familien-Unfallversicherung,
Viehversicherung,
Schlachtviehversicherung,
Versicherung von Traktoren und Maschinen,
Kraftfahrzeug-Teilkaskoversicherung,
Einbruchs- und Diebstahlversicherung,
Waldversicherung.

Voranschläge – Welche sind notwendig?

Anbau- und Düngungsplan,
Futter-, Vieh- und Naturalvoranschlag,
Arbeitsvoranschlag,
Geldvoranschlag,
Investitionsvoranschlag.

Gebäude – Was bedingt deren Umfang?

Klima, Betriebsgröße, Betriebstyp (Futterbau- oder Getreidebaubetrieb), Absatzverhältnisse.

Wirtschaftsgebäude: Welche sind im herkömmlichen Betrieb notwendig?

Ställe, Bergeräume für Erntegüter (Scheunen, Silos usw.), Maschinenhallen und Garagen, Werkstätten.

Welche Anforderungen sind zu stellen?
Sie sollen zweckmäßig sein,
sie dürfen nicht zu teuer sein,
sie sollen arbeitssparend und -erleichternd sein,
sie sollen Betriebsumstellungen ohne große Umbauten und Kosten zulassen.

Siloraum: Wieviel soll zur Verfügung stehen?
8–12 m^3/RGV

Neubaukosten für landwirtschaftliche Betriebsgebäude 1994: Wie hoch sind sie? – Richtwerte in DM/m^3; Quelle: KTBL und LBA-München

Rinderställe:
  (je nach Aufstallungsart; Warm- oder Kaltstall;
  Fest- oder Flüssigmist; Futtertisch)
  Anbindeställe für Kühe   180–300 DM/m^3
  Laufställe für Kühe   150–300 DM/m^3
  Mastbullenställe   150–230 DM/m^3
Schweineställe:
  (je nach Aufstallungsart; Fütterung; Entmistung)
  Zuchtschweineställe   160–230 DM/m^3
  Mastschweineställe   160–280 DM/m^3
Bergeräume bzw. Futterlager
  für Rauhfutter   70–130 DM/m^3
  Flachsilos   70–120 DM/m^3
  Hochsilos   100–170 DM/m^3
  Tiefsilos   100–160 DM/m^3
  Einstreulager   50– 90 DM/m^3
Dunglager:
  (je nach Lagerdauer)
  Güllegrube oberirdisch   70–140 DM/m^3
  Güllegrube mit befahrbarer Decke 100–160 DM/m^3

Neubaukosten je Stallplatz 1994 – Richtwerte in DM/Platz; Quelle: KTBL und LBA-München. Schwankungen in Abhängigkeit von den Kostenblöcken: Stall, Milchgewinnung, Fütterung, Entmistung, Güllelagerung – je nach Bestandsgröße.

Kuhplatz im Anbindestall – Warmstall   10 000–13 000 DM
Kuhplatz im Boxenlaufstall – Warmstall   13 000–15 000 DM
Bullenmastplatz im Ganzspaltenbodenlaufstall   4 000– 6 000 DM
Zuchtsauenplatz mit Futtergang   5 000– 7 000 DM
Mastschweineplatz   900– 1 200 DM
Pferdestall – warm   14 000–16 000 DM

Hennenplatz bei Bodenhaltung
(500–6000 Tiere) 100– 200 DM
Hennenplatz bei Käfighaltung
(1000–12 000 Tiere) 160– 180 DM

Baukosten-Index: Wie hoch ist er?

Der Baupreis-Index für die »Verbundene Wohngebäudeversicherung« des Verbandes der Sachversicherer, berechnet auf der Basis von 1914, betrug 1993 = 19,3, der Prämienfaktor 24,1, die Baukostenrichtzahl stieg auf 24,4.

Gebäudekosten: Wie berechnen sie sich?

Abschreibung 2–4 % (bei Spezialgebäuden der Vieh-
Zinsanspruch 4 % haltung etwa 6%)
Unterhaltung, Reparatur 1 %
Versicherung 0,2%
Das sind etwa 7–10% des Neubauwertes.

Wie hoch ist der Wert der Wirtschaftsgebäude je ha LF im landwirtschaftlichen Bilanzvermögen?

Er schwankt zwischen 3000,– und 12 000,– DM/ha.

Restgebäudeverwertung: Was versteht man darunter?

Das ist die Möglichkeit, vorhandene Betriebsgebäude bei Änderung der Betriebsorganisation (z. B. Spezialisierung oder Übergang zum Nebenerwerbsbetrieb) durch eine der Umstellung angepaßte Nutzviehhaltung ohne größere Investitionen weiter zu nutzen.

Bodenkunde

Bodenbeurteilung – Welche Bedeutung hat der Boden für den Landwirt?

Der Boden ist die natürliche Grundlage für die landwirtschaftliche Produktion.
Wir kennen verschiedene Böden, z. B. leichte, schwere, humose, lehmige, tonige usw. und meinen damit die Bodenarten.
Erfolg und Mißerfolg in der Landwirtschaft sind auch oft von der natürlichen Fruchtbarkeit eines Standortes abhängig.

Muttergestein: Was ist das?

Der Boden entsteht aus dem Muttergestein, das ist das jeweils anstehende geologische, bodenbildende Ausgangsgestein. Es sind dies Mineralien wie Feldspat, Apatit, Quarz, Glimmer oder Calcium- und Magnesiumkarbonate.

Verwitterungsarten: Welche kennen wir?

Die *physikalische Verwitterung*: Durch Einwirken von Hitze, Frost und Wasser entstehen Risse im Gestein.
Die *chemische Verwitterung*: Durch die lösende Wirkung des Wassers, das Kohlensäure und Salze gelöst enthält, werden die Mineralien angegriffen; auch die salpetrige und schweflige Säure der Luft und des Regens wirken mit. Sehr leicht löst sich Kalkstein. Kalkgebirge verwittern rascher als Urgestein (z. B. Granit).
Die *organische Verwitterung*: Sie entsteht durch Pflanzen; Wurzeln scheiden Säuren aus und setzen sich in feinen Spalten fest.

Bodenbestandteile: Wie werden sie bezeichnet?

Bestandteil	Gruppe	Durchmesser
Blöcke	Bodengerüst	über 200 mm Durchmesser
Geschiebe, Steine, Kies	Bodengerüst	200 bis 6 mm
Feinkies, Grus	Bodengerüst	6 bis 2 mm
Grobsand	Feinboden	2 bis 0,6 mm
Mittelsand	Feinboden	0,6 bis 0,2 mm
Feinsand	Feinboden	0,2 bis 0,02 mm
Schluff } abschlämmbare	Feinboden	0,02 bis 0,002 mm
Ton } Bestandteile	Feinboden	unter 0,002 mm

Hauptbodenarten: Wie werden sie eingeteilt (Bodenschätzung)?

Bodengruppe	Bodenart	Zeichen	abschlämmbare Bestandteile (unter 0,02 mm, in %)	mittlere Bodenzahl
Sandböden	Sand	S	unter 10	25
	anlehmiger Sand	Sl	10–13	30
	lehmiger Sand	lS	14–18	45
Lehmböden	stark lehmiger Sand	SL	19–23	55
	sandiger Lehm	sL	24–29	65
	Lehm	L	30–44	85
Tonböden	schwerer Lehm	LT	45–60	65
	Ton	T	über 60	55
Humusböden	Moor	Mo		30

Humus: Was ist das?

Alle im Boden abgebauten oder noch nicht zersetzten organischen Stoffe. Er entsteht aus abgestorbenen Wurzeln und tierischen Ausscheidungen, die den Bodenorganismen als Nahrung dienen.
Der Humusanteil schwankt bei den einzelnen Böden außerordentlich (Löß 2%, Schotterböden 4%, Kalkhumusböden bis etwa 8%, Moorböden ab 15%). Durch Humus werden schwere Böden lockerer und sandige Böden bindiger.

Kolloide: Was sind das?

Kolloide sind Bodenteilchen von 0,0001–0,000001 mm Größe mit der Eigenschaft, im Wasser aufzuquellen;
sie haben eine große Oberfläche und vermögen damit Pflanzennährstoffe festzuhalten, aber auch wieder frei zu setzen;
sie werden schmierig, gallertartig, knetbar und zerfließen, verhalten sich ähnlich wie Leim;
sie spielen beim Basenaustausch eine große Rolle und haben für die Struktur der Böden große Bedeutung (Krümel- und Einzelkornstruktur).

Bodenuntersuchung – Was wird durch sie erreicht?

Die chemische Bodenuntersuchung gibt Auskunft über die Nährstoffverhältnisse des Bodens; daraus lassen sich Schlüsse für die Düngebedürftigkeit ziehen.

Wer führt sie durch?

Die Landwirtschaftlichen Forschungs- und Untersuchungsanstalten; sie sind im VDLUFA (**V**erband **D**eutscher **L**andwirtschaftlicher **U**ntersuchungs- und **F**orschungs**a**nstalten) zusammengeschlossen.

Bodenreaktion – Wie wird sie bezeichnet?

pH von 3,0–3,9	sehr stark sauer,
pH von 4,0–4,9	stark sauer,
pH von 5,0–5,9	sauer,
pH von 6,0–6,9	schwach sauer,
pH von 7,0	neutral,
über 7,1–8,0	alkalisch.

Bodenreaktion: Was versteht man darunter?

Die Bodenreaktion zeigt den Basen- oder Säuregehalt des Bodens an.
Sie wird vom Kalkgehalt wesentlich beeinflußt und in pH-Werten ausgedrückt.

pH-Wert: Was versteht man darunter?

Er zeigt die Wasserstoffionenkonzentration im Boden und damit den Reaktionszustand an. Ein hoher pH-Wert bedeutet alkalische, ein niederer pH-Wert sauere Bodenreaktion.

Kalk im Boden: Wie läßt er sich nachweisen?

Durch Aufträufeln von Salzsäure; Aufbrausen zeigt Kalkgehalt an; durch chemische Bodenuntersuchung.

N_{min}-Methode – Was versteht man darunter?

Bei dieser Methode wird der Boden auf mineralisierten, d. h. pflanzenverfügbaren Stickstoff (daher N_{min}) bis 90 cm Tiefe untersucht. Kurz vor dem ersten Düngetermin (Ende Februar) soll festgestellt werden, welchen Vorrat der Boden an direkt aufnehmbaren, mineralisiertem Stickstoff aus dem letzten Winter mitbringt. Diese Methode hat sich in der Praxis zur gezielten Stickstoffdüngung sehr bewährt.

Bodenproben – Wann und wie sollen sie genommen werden?

Am besten nach der Ernte oder im zeitigen Frühjahr eine Mischprobe (größere Schläge sind zu unterteilen) aus ca. 20–30 Einzelproben, vom Ackerland aus Pflugtiefe, vom Grünland aus den oberen 10 cm. Die Proben im Umfang von 250–500 g luftgetrocknet und sorgsam verpackt mit einheitlichem Vordruck an die zuständige landwirtschaftliche Untersuchungsanstalt senden.

Was bedingt die Qualität des Bodens?

Die Zusammensetzung und Mächtigkeit der Krume,
der Untergrund und seine Beschaffenheit,
die Gleichmäßigkeit des Bodens,
die Lage des Bodens,
der Nährstoffgehalt,
der Humusgehalt.

Bodenverbesserung – Was versteht man darunter?

Ent- und Bewässerung, Durchlüftung (Tiefbodenbearbeitung, Tiefenkalkung, Einbringung von Styropor), Humusanreicherung, Nährstoffanreicherung.

Drainage (Drainung): Was bewirkt sie?

Das wichtigste und zuverlässigste Verfahren zur Senkung des Grundwasserstandes im Ackerland ist die *Rohrdrainung*. Auf schweren Böden hat auch die rohrlose *Maulwurfsdrainung* eine gute Wirkung; sie hält allerdings nicht so lange vor. Auf Böden mit verdichteten, wasserstauenden Schichten, hat die *Tieflockerung* eine gute Wirkung.

Bodentypen – Was versteht man darunter?

Der Bodentyp kennzeichnet den entwicklungsbedingten Zustand des Bodens einschließlich der klimatisch bedingten Verwitterungs-, Umwandlungs- und Wanderungsvorgänge.

Bodentypen: Welche wichtigen Typen kennen wir?

Bleicherde (Podsol): Sie kommt im feuchtkühlen Klima auf basenarmen Gestein vor und hat stark saure Reaktion. Auf saurem Gestein, vor allem auf Granit, trifft man meist bewaldete Podsolböden (Bayerischer Wald).
Braunerde: Sie ist in Mitteleuropa der am meisten verbreitete Bodentyp. Braunerde entsteht im niederschlagreichen Klima auf sehr verschiedenen, jedoch nicht ganz basenarmen Gestein. Die Bodenreaktion ist neutral bis schwach sauer.
Steppenschwarzerde (Tschernosem): Dies ist der wertvollste Bodentyp. Er entsteht nur bei einem Klima mit weniger als 500 mm Jahresniederschlägen, bei kaltem, schneereichem Winter und trockenem Sommer. Bekannt sind die Schwarzerdeböden der Ukraine und in der Magdeburger Börde.
Kalkböden:
I. Als Rendzinen, schwärzlichgraue, flach-krumige Böden,

II. als Kalksteinbraunlehm, toniger Verwitterungsrückstand des Kalkes.
Naß- oder *Gleyböden*: Sie entstehen im Bereich der Wasserstauung, entweder bei Grundwasser oder bei oberflächlicher Wasserstauung. Wir unterscheiden deshalb Oberwassergleyböden oder Grundwassergleyböden.
Außerdem: *Parabraunerden* und *Pelosole*.

Bodenprofil: Was ist das?

Das ist die Schichtung, die beim senkrechten Anschnitt des Bodens sichtbar wird. Die verschiedenen Schichten werden Horizonte genannt.
A-Horizont = Krume
B-Horizont = Unterboden
C-Horizont = Untergrund (Muttergestein)
D-Horizont = weitere Gesteinsschicht.

Bodennährstoffe – Welche sind die wichtigsten?

Stickstoff (N), Calcium (Ca),
Phosphor (P), Magnesium (Mg),
Kalium (K), verschiedene Spurenelemente.

Nährstoffe: Wie verhalten sie sich im Boden?

Der *Stickstoff* durchwandert den Boden. Von den Pflanzen nicht aufgenommene Stickstoffmengen gehen teils durch Denitrifikation in die Luft und teils durch Auswaschen in den Untergrund verloren. Die Geschwindigkeit dieser Wanderung ist nach Bodenart (Lehmboden – Sandboden, Luft- und Wasserhaushalt) sowie nach Düngeform (Kalkstickstoff – Kalksalpeter) und Niederschlagsmengen unterschiedlich.
Phosphor und *Kalium* sind im Boden nur wenig beweglich. Sie werden im Boden gespeichert, weshalb die Düngung mit Phosphor und Kali nachhaltig wirkt. Bei Phosphor treten praktisch keine Verluste durch Auswaschen auf. Kali wird ebenfalls im Boden gebunden und daher vor Auswaschen geschützt (außer auf sehr leichten und anmoorigen Böden).
Der *Kalk* stumpft (puffert) die Säuren im Boden ab und trägt zur Krümelung bei. Dabei wird ein Teil der zugeführten Kalkmenge gebunden, ein anderer Teil durch Umsetzungen in eine leicht lösliche und auswaschbare Form überführt.
Auch in den Mehrnährstoffdüngern haben die einzelnen Nährstoffe die aufgeführten Eigenschaften.

Nährhumus: Was ist das?

Als Nährhumus bezeichnet man organische Stoffe, die im Boden als Nahrungsquelle durch die Bodenorganismen rasch abgebaut werden. Dazu gehören z.B. eingearbeitete Ernterückstände, wirtschaftseigener Dünger, Gründünger.

Dauerhumus: Was ist das?

Er entsteht aus organischen Stoffgruppen durch die Tätigkeit der Bodentiere und Mikroorganismen. Er bildet zusammen mit dem Ton die Koloidsubstanz des Bodens und wird nur langsam abgebaut.

Pufferung: Was versteht man darunter?

Das ist die Fähigkeit kolloid- und humusreicher Böden, einen schädlichen Überfluß an Säuren oder Basen unwirksam zu machen.

Bodenlebewesen – Was versteht man darunter?

Die *Kleintiere* (am wichtigsten sind die Regenwürmer) zerkleinern organische Abfälle und verarbeiten sie zu Humus. Des weiteren tragen sie wesentlich zur Lockerung und Durchlüftung des Bodens bei.

Die *Mikroorganismen* (Bakterien, Pilze, Algen). Am wichtigsten sind die Bakterien. Unter günstigen Bedingungen befinden sich in 1 g Erde bis zu einigen Milliarden Bakterien. Durch Bakterien werden die Humusstoffe vollständig zersetzt. Es gibt stickstoffsammelnde Bakterien, z.B. den frei lebenden Azotobakter und die Knöllchenbakterien an den Wurzeln von Leguminosen. Schimmelpilze und Algen sind wichtig für sog. Lebendverbauung (Krümelstruktur-Gare).

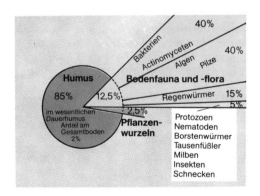

Mittlere Zusammensetzung des Bodenlebens bis 20 cm Tiefe (in Gew.-%).

Regenwurmkot – Bereicherung der Bodenfruchtbarkeit.

Regenwurmröhren im Untergrund (hier ca. 400/m^2).

Zeigerpflanzen – Was versteht man darunter?

Das sind Pflanzen, die auf bestimmte Eigenschaften oder Zustände eines Bodens hinweisen; sie geben jedoch nur einen Anhalt, eine Groborientierung! Genaue Werte gibt nur die Bodenuntersuchung.

Stickstoffmangel: Welche Pflanzen zeigen das an?

Schachtelhalm, Blaues Kopfgras, Pfeifengras, Zittergras, Aufrechte Trespe, Fiederzwenke, Ruchgras, Gemeines Borstgras, Riedgräser, Kleiner Sauerampfer, Blutwurz, Kleine Bibernelle, Arnika, Habichtskräuter, Senf, Wucherblume, Heidekrautgewächse.

Stark saurer Boden: Welche Pflanzen zeigen das an?

Acker-Spörgel, Kleiner Knäuel, Weiches Honiggras, Kleiner Sauerampfer, Preiselbeere, Heidelbeere.

Saurer Boden: Welche Pflanzen zeigen das an?

Hederich, Acker-Hundskamille, Krötenbinse, Dreiteiliger Ehrenpreis, Heidekraut.

Schwach saurer bis alkalischer Boden: Welche Pflanzen zeigen das an?
Ackersenf, Persischer Ehrenpreis, Erdrauch, alle Saudistelarten, Akkerwinde.

Neutraler bis alkalischer Boden: Welche Pflanzen zeigen das an?
Haftdolde, Feld-Rittersporn, Venuskamm, Adonisröschen.

Staunässe: Welche Pflanzen zeigen das an?
Die Pflanzen der Kriechhahnenfußgruppe weisen auf Staunässe im Bereich der Pflugsohle hin: Kriechender Hahnenfuß, Ackerminze, Sumpfziest, Gemeine Rispe, Wasserpfeffer, Gänsefingerkraut.
Nässe in 1–2 m Tiefe zeigt der Acker-Schachtelhalm an.
Huflattich wächst sowohl auf feuchtem, tonigem wie auf kalkreichem Untergrund.

Bodenbearbeitung

Bodenbearbeitung – Was ist ihre Aufgabe?

Ein krümeliges Saatbett zu bereiten,
für Durchlüftung zu sorgen,
Wärme und Feuchtigkeit zu regulieren,
die Gare zu fördern und zu erhalten,
das Unkraut zu bekämpfen,
Düngemittel und Pflanzenrückstände unterzubringen.

Links: Bodenverkrustung, der größte Feind der jungen Pflanzen.
Rechts: Boden in Krümelstruktur, Ergebnis optimaler Landbewirtschaftung.

Bodengare: Was ist das?

Ist ein Boden locker und krümelig, dann spricht man von Gare. Das Entstehen und Erhalten der Gare ist im wesentlichen von den Kleinlebewesen sowie dem Kalk- und Humusgehalt im Boden abhängig. Es gibt die Frostgare, Schattengare, Bearbeitungsgare.

Bodenbearbeitungsgeräte – Was ist beim Einsatz grundsätzlich zu beachten?

Nur bei richtigem Feuchtigkeitszustand (nie bei Nässe) arbeiten, wenn möglich mehrere Geräte koppeln, um die Fahrspuren zu verringern, im Frühjahr den Boden nur so oft und so tief wie unbedingt nötig bearbeiten (wasserschonend).

Welche Geräte werden verwendet?

Pflüge, Grubber, Eggen, Scheibeneggen, Schleppen, Walzen, Fräsen, Kreiseleggen und Walzeggen in den verschiedensten Formen und Kombinationen.

Oben links: Scheibenschälpflug mit gezackten Scheiben.

Oben rechts: Ackerfräse (Rotorkrümler) – Werkzeugmesserplatte.

Drehpflug mit Streifenpflugkörper und Paarpflug.

Pflügen: Worauf ist dabei besonders zu achten?

Auf gleichmäßige Furchen,
Einhalten der Furchentiefe,
richtiges Einsetzen und Ausheben,
vollkommenes Wenden, sauberes Unterbringen von Stoppeln und dergleichen,
gute Bröckelung (höhere Geschwindigkeit bringt bessere Bröckelung),
guten Furchenschluß, zwischen den Furchenstreifen dürfen keine Spalten und Löcher klaffen,
Vermeiden von Verdichtungen in der Pflugsohle.

Scheibenegge: Wozu eignet sie sich?

Die Scheibenegge hat eine schneidende und mischende Wirkung.
Zur flachen Einarbeitung von gehäckseltem Stroh u. a.,
zum Stoppelsturz,
zur Saatbettbereitung auf schwerem Boden.

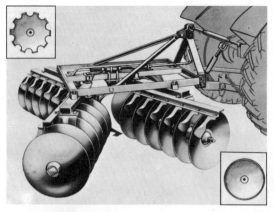

Scheibeneggen-Formen –
V-förmig: Kein Mitteldamm, seitlich verstellbar (z. B. Obstbau).
X-förmig: Leichtes Handhaben, gutes Anpassen an Bodenunebenheiten.
Gezackte Scheiben: Bessere Schneid- und Krümelwirkung bei trockener Stoppelbearbeitung und verfilzten Narben.
Glatte Scheiben: Günstig bei Strohrückständen und feuchten Verhältnissen.

Grubber mit Rüttelegge.

Spatenrollegge.

Links: Die gekoppelte Notzonegge (Sternwälzegge) spart Arbeitsgänge. Oben: beim Zerstören einer Bodenkruste; unten: als Pflugnachläufer verdichtet sie den Boden und schafft eine feinkrümelige Oberfläche.

Grubber: Welche Wirkung hat er?

Er.wühlt und ist deshalb eine gute Ergänzung zum Pflug (eventuell auch Ersatz), zerkleinert Schollen und beseitigt größere Hohlräume, er lockert und krümelt eine stark verdichtete Pflugsohle, wirkt unkrautbekämpfend und durchmischt die oberen Bodenschichten.

Egge: Welche Aufgaben hat sie?

Durch das Eggen wird die Verdunstung gemindert und die Bodenfeuchtigkeit erhalten. Die Egge ebnet die Ackeroberfläche ein; sie ist für die Herrichtung eines feinen Saatbettes unerläßlich und leistet gute Arbeit bei der Unkrautbekämpfung.

Schleppe: Wie wirkt sie?

Die Schleppe glättet und ebnet den Boden.
Durch die Schleppe wird ein schnelleres und gleichmäßigeres Abtrocknen des Bodens erreicht.

Walze: Welche Aufgaben hat sie?

Der Wert der Walze ist infolge ihrer verdichtenden Wirkung umstritten.
Walzen sind nützlich zum Zerschlagen grober Schollen (Kluten) und zur Förderung des durch Frost gestörten Bodenschlusses. Walzen zur unrechten Zeit kann einen großen Verlust von Bodenfeuchtigkeit nach sich ziehen.

Walzen schafft für aufgefrorene Pflanzen wieder Bodenschluß.

Zapfwellengetriebene Bodenbearbeitungsgeräte: Welche Wirkung haben sie?

Besserer Zerkleinerungserfolg,
besseres Anpassen an die Bodenverhältnisse,
Saatbettbereitung in einem Arbeitsgang,
intensives Vermischen der organischen Substanz mit dem Boden,
Traktorleistung wird über Zapfwelle zu mehr als 80% ausgenutzt,
Kombination mit Sä- und Pflanzmaschinen möglich.

Geräte-Kombination, ausgerüstet mit Löffeleggen und Walzenkrümlern, Arbeitsbreite 5,50 m.

»Pfluglose« Wirtschaft: Ist sie generell zu empfehlen?

Unter unseren Bedingungen ist ein völliger Verzicht auf den Pflug nicht empfehlenswert, wohl aber eine pfluglose Bestellung des Wintergetreides nach Hackfrüchten im Herbst, Maisanbau im Frühjahr oder auf erosionsgefährdeten Standorten.

Bodenerosion – Was versteht man darunter?

Den Bodenabtrag durch Wind (Winderosion) und durch Abschwemmung (Wassererosion; letztere richtet bei uns mehr Schäden an). Man bekämpft sie z. B.

durch Querpflügen am Hang und ständige Begrünung;
durch Kalkung und Zufuhr von organischer Substanz;
durch angepaßte Bodenbearbeitung und Fruchtfolge;
Windschutzstreifen gegen Winderosion.

Klimadaten – Welche sind wichtig?

Luftfeuchtigkeit, absolut und relativ,
Sonnentage,
Frosttage,
Eistage,
Tagesmitteltempeatur,
Jahresmitteltemperatur,
Mikroklima.

Strohdüngung – Wo ist sie angebracht?

In viehlosen Betrieben wird das Stroh, abgesehen von einer eventuellen Verwendung zu Heizzwecken und sofern es nicht lohnend verkauft werden kann, am besten zur Humusergänzung auf dem Acker gelassen. Bei technisch sachgemäßer Durchführung der Einarbeitung in den Boden und gesteuerter Stickstoff-Ausgleichsdüngung ist die Strohdüngung die beste Verwendung für nicht verwertbare Strohüberschüsse.

Strohverbrennung – Was ist davon zu halten?

Bei mehrfach wiederholter Strohdüngung kann es in Trockengebieten zu Verzögerungen im Strohabbau und damit zu Schwierigkeiten bei der Bestellung kommen; auch die Schädlingsvermehrung kann u. U. gefördert werden. In solchen Fällen kann bei Fehlen anderweitiger Strohverwertung die Strohverbrennung gerechtfertigt sein.

Strohverbrennung: Wann ist sie zulässig?

Nach Anmeldung und Genehmigung durch die Kreisverwaltungsbehörde. Dabei sind besondere Vorsichtsmaßnahmen und die Vorschriften der jeweiligen Landesbehörden zu beachten. Zur Vermeidung gefährlicher Feuer- und Rauchentwicklung ist zu empfehlen, das Stroh auf der Fläche verteilt zu verbrennen.

Düngung

Düngung – Was versteht man darunter?

Die Zufuhr von Nährstoffen in den Boden, um ein ungestörtes Pflanzenwachstum und damit möglichst optimale Pflanzenerträge zu erreichen;
Zufuhr von Humus zum Erhalten und Verbessern der Bodenfruchtbarkeit und des Garezustandes.
Die Düngemittel werden entsprechend ihrer Herkunft in Wirtschaftsdünger und Handelsdünger eingeteilt.

Düngebedarf: Wie hoch ist das?

Er richtet sich nach dem Nährstoffgehalt des Bodens, dem Nährstoffentzug durch die anzubauende Frucht bzw. der Früchte im Verlauf einer Fruchtfolge, den standorttypischen bzw. bewirtschaftungsabhängigen Faktoren und den Nährstoffverlusten.

Düngemittel: Was versteht man darunter?

Nach § 1 Absatz 1 Nr. 1 des Düngemittelgesetzes sind Düngemittel Stoffe, die dazu bestimmt sind, unmittelbar oder mittelbar Nutzpflanzen zugeführt zu werden, um ihr Wachstum zu fördern, ihren Ertrag zu erhöhen oder ihre Qualität zu verbessern.

»Gesetz vom Minimum«: Was besagt es?

Auch wenn mehrere Nährstoffe in unbeschränktem Umfang zur Verfügung stehen, ist eine Ertragssteigerung nur bis zu der Höhe

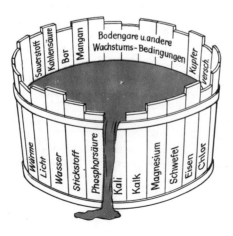

Gesetz vom Minimum.
Hier ist Kali im Minimum und begrenzt die Ertragssteigerung.

möglich, die ein anderer, in geringerem Umfang vorhandener Nährstoff zuläßt. Alle Nährstoffe müssen entsprechend ihrer Notwendigkeit in einem harmonischen Verhältnis im Boden vorhanden sein oder zugeführt werden. Mit anderen Worten: Einseitig hohe Handelsdüngergaben sind gleichbedeutend mit Geldverschwendung.

»Gesetz vom abnehmenden Bodenertrag«: Was besagt es?

Die Erträge auf Grünland und Acker können trotz bester Bearbeitung und höchster Wirtschafts- und Handelsdüngergaben nicht ins Unendliche gesteigert werden.

Ertragssteigerungen werden mit zunehmender Höhe der Düngergaben, nachdem ein gewisser optimaler Ertrag erreicht ist, immer geringer. Alle Aufwendungen, die über diese Höchstleistungen noch gemacht werden, sind unwirtschaftlich; sie werden nicht durch entsprechende Ertragssteigerungen gelohnt.

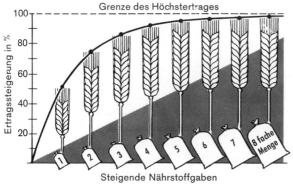

Ertragskurve: Der Ertrag wächst nicht gleichmäßig mit dem Aufwand.

Nährstoffmangel: Woran läßt er sich erkennen?

Stickstoffmangel: Hellgrüne Verfärbung, mangelhafte Bestockung, schwache Entwicklung der Halme, flache Körner.
Phosphormangel: Dunkelgrüne Blätter, die vom Rand her vertrocknen. (Die Blattadern der vertrockneten Blätter bleiben noch einige Zeit grün.)
Kalimangel: Bildung von roten Flecken (Trockenflecken), die sich vom Rand aus oder von der Spitze her über das ganze Blatt ausbreiten.

Harmonische Düngung – Was versteht man darunter?

Die Düngung darf nicht einseitig sein; sie soll alle Bodennährstoffe in ausreichender Höhe, in der zweckmäßigsten Form und zum richtigen Zeitpunkt ergänzen.

Grunddüngung – Was versteht man darunter?

Das Ausbringen der Pflanzennährstoffe Phosphat (P) und Kali (K) eventuell mit einer Stickstoffgabe (N) entweder im Herbst oder im Frühjahr; sie wird mit Egge, Grubber oder Krümler usw. gleichmäßig eingearbeitet und gut verteilt.

Kopfdüngung – Was versteht man darunter?

Sie wird in den wachsenden Bestand ausgebracht und soll die Pflanzen während eines bestimmten Entwicklungsabschnittes besonders gut mit den notwendigen Nährstoffen versorgen. Kopfdünger werden auf trockene Bestände gegeben, um Verätzungen zu vermeiden. Bei Verwenden von gekörnten Düngemitteln ist diese Gefahr geringer (Achtung: Mais!).
Kopfdüngung kann eine Grunddüngung nicht ersetzen, sie ist eine zusätzliche Düngungsmaßnahme.

Spätdüngung – Was versteht man darunter?

Eine Stickstoffgabe (30–50 kg N/ha) zum Ährenschieben bzw. zur Blüte bei Getreide. Sie trägt zur Ertrags- und Qualitätsverbeserung bei.

Banddüngung – Was versteht man darunter?

Das Ausbringen des Handelsdüngers direkt neben oder unter die Drill- und Saatreihen (Reihendüngung bzw. Unterfußdüngung) mit Spezialgeräten.

Blattdüngung – Was versteht man darunter?

Die Pflanzen können Nährstoffe auch über die Blätter aufnehmen und zwar wesentlich rascher als über die Wurzeln. Die Nährstoffe müssen jedoch vollständig wasserlöslich und chloridfrei sein. Am häufigsten wird Blattdüngung zum Beheben bereits sichtbarer Mangelerscheinungen (Mangan, Bor, Eisen) angewandt.

Abfallbeseitigung (Klärschlamm) – Klärschlammverordnung: Was bezweckt sie?

Die Klärschlammverordnung vom 1. März 1983 soll den Boden vor unerwünschter Belastung mit Schadstoffen (Schwermetallen) sowie Mensch und Tier vor der Aufnahme von Schadstoffen und Krankheitserregern mit der Nahrung schützen. Folgende Klärschlammmengen je ha dürfen nicht überschritten werden: 1,7 t TS (Trockensubstanz) = ca. 30 m^3 Naßschlamm jährlich oder 5 t TS = etwa 100 m^3 Naßschlamm alle 3 Jahre oder 15 t TS als entwässerter Schlamm alle 15 Jahre.

Wirtschaftsdünger – Was versteht man darunter?

Sie werden in der Landwirtschaft selbst erzeugt und enthalten organische Substanz und Nährstoffe, je nach Herkunft, Lagerung und Pflege.

Sie liefern vor allem Nahrungsstoffe für die Kleinlebewesen und tragen deshalb besonders zur Humus- und Garebildung bei.

Welche sind die wichtigsten?

Stallmist – Jauche – Gülle – Flüssigmist – Kompost – Gründüngung/ Stroh.

Stallmist – Woraus besteht er?

Der Stallmist ist ein Gemisch von Tierkot und Einstreu. Der Nährstoffgehalt hängt von der Art der Einstreu, der Tierart und dem Grad der Verrottung ab.

Stallmist: Wie setzt sich guter Stallmist zusammen?

Aus etwa 25% Trockensubstanz (besonders humusbildende Stoffe) und 75% Wasser.

Stallmist: Welche Nährstoffe sind in 100 dt enthalten?

Je nach Art und Rottezustand etwa 50 kg Stickstoff, etwa 25 kg Phosphat, etwa 60 kg Kali und etwa 40–80 kg Kalk.

Stallmist: Wie hoch ist der Ausnutzungsgrad der Nährstoffe?

Stickstoff etwa 25–30%, Phosphat etwa 30–35%, Kali etwa 50–70%.

Kann Stallmist allein die Nährstoffversorgung sichern?

Stallmistdüngung allein genügt für die Nährstoffversorgung nicht; Stallmist ist vorwiegend Humusdünger.

Wie hoch ist der Streustrohbedarf/GV bei Mittellangstand?

Rinder etwa 2–4 kg täglich = etwa 7–14 dt/Jahr
Pferde etwa 2–4 kg täglich = etwa 7–14 dt/Jahr
Schweine etwa 1 kg täglich = etwa 4 dt/Jahr

Frischmist: Wieviel Frischmist fällt durchschnittlich pro GV im Jahr bei mittlerer Einstreu an?

Kühe bei Stallhaltung	100–140 dt,
Kühe bei Weidehaltung	80–100 dt,
Schweine	20 dt,
Pferde	80– 90 dt,
100 Hennen	60 dt Feuchtkot.

Rotteverluste: Wie hoch sind sie?

Je nach Lagerung und Pflege 20–40% des Frischmistes.

Jauche – Woraus besteht sie?

Aus dem Harn der Haustiere und einem sehr unterschiedlichen Anteil von Wasser.

Jauche: Welche Nährstoffe sind in 10 m³ enthalten?

Je nach Zusammensetzung etwa: Stickstoff 10–30 kg, Phosphat 1 kg, Kali 40–80 kg.

Jauche: Wieviel fällt pro GV im Jahr durchschnittlich an?

Kühe bei Stallhaltung	etwa 3–4 m³ (360 Tage),
Kühe bei Weidehaltung	etwa 2–3 m³ (180 Tage),
Schweine	etwa 5 m³,
Pferde	etwa 1 m³.

Einseitige Jauchedüngung zu Grünland: Was ist die Folge?

Überhandnehmen von Korbblütler-Unkräutern (Kälberkropf, Kerbel, Bärenklau, Löwenzahn).

Flüssigmist – Wie hoch ist der Anfall?

Milchkuh	ca. 1,5 m³/Monat
Mastbulle	ca. 1,0 m³/Monat
Jungvieh	ca. 0,6 m³/Monat
Sau mit Ferkeln	ca. 0,4 m³/Monat
Mastschwein	ca. 0,2 m³/Monat

Gülle – Was versteht man darunter?

Gülle ist ein Gemisch aus Kot und Harn. Je nach Beigabe von Wasser und gegebenenfalls von Einstreu spricht man von Dick- (bis 10% TS) oder Dünngülle (bis 5% TS), Schwemmist oder Flüssigmist. Im Gegensatz zu Stallmist steht bei Gülle der größte Teil des Stickstoffs den Pflanzen unmittelbar zur Verfügung.

Gülle: Welche Mengen fallen an?

Die täglichen Ausscheidungen an Kot und Harn betragen beim Rind 8%, beim Schwein im Mittel der Mastperiode etwa 6% des Körpergewichts. Das natürliche Kot-Harn-Gemisch (ohne Wasserzusatz) hat einen durchschnittlichen Trockensubstanzgehalt von 10–11% beim Rind und beim Schwein von 9–10%. Der tatsächliche Gülleanfall hängt von der Wasserbeimischung ab.

Gülle: Welche Nährstoffe sind enthalten?

Der Nährstoffgehalt von Gülle schwankt je nach Tierart, Fütterung, Haltungsverfahren und Verdünnung in weiten Grenzen. Bei etwa 90% Wasser (10% TS) enthalten:

10 m^3 (in kg)	Stickstoff	Phosphat	Kali	Kalk
Rindergülle	53	27	80	27
Schweinegülle	80	60	40	40
Hühnergülle	100	90	50	150

Nach AID-Heft 149

Kompost – Woraus entsteht er?

Aus Wirtschafts- und Siedlungsabfällen (grünes Unkraut, Laub, Blätter, Stroh usw.) durch Verrottung. Verrotteter Kompost wird als Humusdünger im Garten- und Obstbau verwendet.

Welche Nährstoffe enthält er?

Das richtet sich nach den Bestandteilen der Komposterde. Als durchschnittlicher Anhalt gelten: Stickstoff etwa 0,10–0,30%, Phosphor etwa 1,20%, Kali etwa 0,25%, Kalk etwa 3,75%.

Ökologischer Landbau: Wie steht er zur Düngung?

Alle Systeme (siehe Seite 48) lehnen den üblichen Gebrauch von Handelsdüngemitteln und Pflanzenschutzmitteln ganz oder teilweise ab und arbeiten stark mit Kompost und Humusdüngern.
Bei der biologisch-dynamischen Wirtschaft haben noch gewisse Präparate eine bestimmte Bedeutung. Bei allen Systemen sind wasserlösliche Handelsdünger verboten; gewisse Mengen von Basaltmehl, Kohlensaurem Düngekalk, Hyperphosphat, Kalimagnesia und teilweise auch Chilesalpeter sind erlaubt.

Gründüngung – Was versteht man darunter und welche Bedeutung hat sie?

Gezielter Anbau und Unterpflügen grüner Pflanzenbestände.
Sie liefert organische Substanz und wertvolle Stoffe für die Ernährung der Mikroorganismen.
Gründüngung erfolgt vorwiegend in Form von Zwischenfruchtbau. Sehr wertvoll sind Leguminosen, das sie mit Hilfe von Knöllchenbakterien den Boden mit Stickstoff anreichern.

Gründüngungspflanzen: Welche sind üblich?

Stickstoffsammler wie Lupinen, Wicken, Serradella, Gelbklee, Bohnen, Weißklee, Schwedenklee, Wicken-Bohnengemenge.
Stickstoffzehrer wie Grünraps, Sommerraps, Winterraps, Senf.

Handelsdünger – Warum wird er benötigt?

Die Wirtschaftsdünger bringen in der Regel nur einen Teil der Nährstoffmengen in den Boden zurück, die ihm über die Ernten entzogen werden. Ein größerer Teil verläßt in Form von Fleisch, Milch und Verkaufsfrüchten den Hof und geht dem Boden verloren.

Handelsdünger: Welche Arten gibt es?

Stickstoffdünger,
Phosphatdünger,
Kalidünger,
Kalk- und Magnesiumdünger,
Mehrnährstoffdünger,
Düngemittel mit Spurennährstoffen,
organische und organisch-mineralische Düngemittel.

Stickstoffdünger

Stickstoffdüngemittel: Wie heißen die wichtigsten?

Bezeichnung	Nährstoff-gehalt	Form	wirksamer Kalk (CaO)
Kalkammon-salpeter	27% N	½ Ammoniak ½ Salpeter	ca. 30% CaO
Harnstoff	46% N	Amid	
Schwefelsaures Ammoniak	21% N	Ammoniak	
Kalkstickstoff	19,8–20,5% N	Cyanamid	60% CaO
Kalksalpeter	15,5% N	Salpeter	28% CaO

Außerdem gibt es viele stickstoffhaltige Mehrnährstoffdünger.

Was ist bei ihrer Anwendung zu beachten?

Salpeter ist rasch wirksam und eignet sich deshalb als Kopfdünger. Ammoniak wirkt langsamer, aber nachhaltiger. Am schwersten löslich ist die Cyanamidform im Kalkstickstoff.

Kalkstickstoff muß zur Vermeidung von Keimschäden mindestens 14 Tage vor der Saat ausgebracht werden, er eignet sich im ungeölten Zustand auch zur Unkrautbekämpfung.

Mehrnährstoffdünger enthalten Stickstoff in verschiedener Form.

Stickstoff: Welche Aufgabe hat er in der Pflanze?

Aufbau der Pflanzensubstanz; Stickstoff ist wichtiger Eiweißbaustein; ohne Stickstoff ist kein Pflanzenwachstum möglich.

Stickstoffnachlieferung des Bodens: Was versteht man darunter?

Die ca. 25 cm mächtige Krume eines normalen Ackerbodens (organische Substanz 1,8–2,2% bzw. 0,10–0,13% N) enthält ca. 4000–5000 kg N/ha. Davon werden jährlich im Durchschnitt 1–3% mineralisiert, d. h. freigesetzt. Diese Vorgänge beginnen erst bei 8–10 °C Bodentemperatur.

N-Stabilisatoren (Denitrifikationshemmer): Was machen sie?

Sie hemmen die Aktivität der Bakterien, die im Boden Ammonium in Nitrat verwandeln. Dadurch wird z. B. bei Gülledüngung die N-Auswaschung vermindert. Die Gülle kann bei Beigabe von Stabilisatoren einige Wochen früher ausgebracht werden.

Phosphatdünger – Welche Aufgabe hat der Phosphor in der Pflanze?

Phosphor ist ebenfalls ein wichtiger Bestandteil des Eiweißes. Bei Phosphormangel verzögern sich Wachstum und Reife. Die Ausbildung der Körner und Früchte wird ungünstig beeinflußt. Bei starkem Phosphormangel verfärben sich die Blätter schmutzig-grün.

Phosphatdüngemittel: Wie heißen die wichtigsten?

Bezeichnung	Nährstoff-gehalt	Form	wirksamer Kalk (CaO)
Thomasphosphat	12–16% P_2O_5	zitronensäure-löslich	45% $CaCO_3$
Superphosphat	18% P_2O_5	90% wasser-löslich	
Hyperphos	26% P_2O_5	–	45% CaO
Novaphos	23% P_2O_5	–	36% CaO
Stallsuper	18% P_2O_5		

Außerdem gibt es zahlreiche phosphathaltige Mehrnährstoffdünger.

Phosphatdüngemittel: Was ist bei der Anwendung zu beachten?

Das Phosphat ist in den verschiedenen Düngemitteln unterschiedlich löslich.
Am raschesten löslich und wirksam ist es im Superphosphat; es folgen Thomasmehl und schließlich Hyperphos und – je nach Form – die Mehrnährstoffdüngemittel.

Kalidünger – Welche Aufgaben hat das Kali in der Pflanze?

Die Umwandlung von Zucker in Stärke wird wesentlich von Kali beeinflußt.
Bei Kalimangel wird die Assimilation beeinträchtigt, das Wachstum wird gehemmt; Folge: Kümmerkorn und Notreife. Auf den Blättern treten rote Flecken auf, die braun und brüchig werden. Kalimangel gefährdet die Standfestigkeit bei Getreide, die Früchteausbildung und die Lagerfähigkeit beim Obst.

Kalidünger: Was ist bei der Anwendung zu beachten?

40-er und 50-er Kalistandard können zu allen Pflanzen verwendet werden, mit Ausnahme von chloridempfindlichen wie Kartoffeln,

Tomaten, Tabak, Wein. Für diese Pflanzen eignen sich besonders Kalimagnesia und Schwefelsaures Kali. Magnesia-Kainit, Kalimagnesia und 50-er Kali-Standard enthalten den wichtigen Pflanzennährstoff Magnesium.
Die Mehrnährstoffdünger mit Kali haben ein breites Anwendungsfeld.

Kalidüngemittel: Wie heißen die wichtigsten?

Bezeichnung	Nährstoffgehalt	Form	wirksame Nebenbestandteile
Magnesia-Kainit	11% K_2O	Chlorid	5% MgO, 20% Na, 4% S
Korn-Kali grob	40% K_2O	Chlorid	6% MgO, 3% Na, 4% S
60er Kali grob	60% K_2O	Chlorid	–
Kaliumsulfat	50% K_2O	Sulfat	18% S

Außerdem gibt es zahleiche Mehrnährstoffdünger mit K_2O-Gehalt.

Kalkdünger – Welche Aufgaben hat der Kalk?

Er ist wichtig für die Gesunderhaltung der Böden; er ist in erster Linie ein Bodendünger.
Er wirkt bei der Bildung von Eiweiß und der Kohlenhydratumsetzung in den Pflanzen mit.

Kalkdünger: Wie heißen die wichtigsten?

Bezeichnung	Nährstoffgehalt etwa
Kohlensaurer Kalk	50–55% CaO
Branntkalk (körnig oder gemahlen)	80–95% CaO
Magnesium-Branntkalk	85% CaO + 25% MgO
Konverterkalk	43% CaO
Kohlensaurer Magnesiumkalk	50–55% CaO + 7–20% MgO
Thomaskalk 6	45% CaO + 6% P_2O_5

Kalkdünger: Was ist bei der Anwendung zu beachten?

Kohlensaurer Kalk wirkt langsam und mild; er ist für Grünland und leichte Böden zu verwenden.
Branntkalk wirkt sehr rasch und intensiv und ist für schwere Böden geeignet.

Kalkung: Wie wird sie angewandt?
Als Gesundungs- und Erhaltungskalkung.

Gesundungskalkung: Wann ist sie anzuwenden?
Wenn auf Grund einer Bodenuntersuchung erheblicher Kalkmangel festgestellt wird.

Erhaltungskalkung: Welchen Zweck hat sie?
Die Ergänzung der durch die Ernten und die Auswaschung dem Boden entzogenen Kalkmengen. Schaffen eines Kalkvorrats für einen Fruchtfolge-Umlauf durch Kalkgabe zur geeignetsten Pflanze.

Spuren- oder Mikronährstoffe – Was sind Spurenelemente?

Elemente, die neben den in größeren Mengen in Boden und Pflanzen vorkommenden Kernnährstoffen nur in Spuren vorhanden sind; ihr Fehlen ruft Mangelkrankheiten und Wachstumsstörungen hervor. In größeren Mengen wirken sie meist giftig. Man nennt sie auch Mikronährstoffe.

Die wichtigsten sind Bor (B), Kupfer (Cu), Mangan (Mn), Molybdän (Mo), Kobalt (Co), Lithium (Li), Zink (Zn), Eisen (Fe), Jod (J).

Spurenelemente: Welche Bedeutung haben sie?
Spurenelemente sind wichtig für das Wachstum der Pflanzen und die Gesundheit von Mensch und Tier. Bei Auftreten oder zur Vorbeuge von Mangelkrankheiten werden Spuren-Nährstoffdünger ausgebracht (bei akutem Mangel auch gespritzt).

Bor: Welche Aufgabe hat es?
Es ist für die Pflanzenentwicklung unentbehrlich. Bormangel verursacht Herz- und Trockenfäule bei Zucker- und Runkelrüben, die Glasigkeit oder Braunherzigkeit bei Kohlrüben.

Kupfermangel: Was ist dabei zu beachten?
Auf Moor- und Heideböden wird Hafer infolge Kupfermangel weißspitzig, weil die Blattgrünbildung gestört ist.

Manganmangel: Was ist dabei zu beachten?
Mangan beeinflußt die Bildung des Blattgrüns. Bei Manganmangel erkrankt der Hafer an Dörrfleckenkrankheit.

Kieselsäure: Welche Bedeutung hat sie?

Kieselsäure wird in den letzten Jahren immer mehr positiv beurteilt. Sie macht die Nährstoffe im Boden besser pflanzenaufnehmbar, stärkt die Widerstandskraft der Pflanzen gegen Krankheiten und macht Getreide standfester. Damit werden Erfahrungen der alternativ wirtschaftenden Betriebe, die schon seit langem Urgesteinsmehl mit hohem Kieselsäuregehalt anwenden, genutzt.

Gesteinsmehle: Was sind das?

Als solche bezeichnet man Mehle, die durch Zerkleinern silikatischer Produkte aus Basalt oder Diabas entstehen. Sie werden als »Bodenhilfsstoffe« eingestuft. Ihr Nährstoffgehalt ist gering. Es werden ihnen zahlreiche, nicht immer nachweisbare Wirkungen auf Boden, Pflanzen, Futterqualität, Stallhygiene, Mist- und Kompostverbesserung sowie auf Tiergesundheit und Fruchtbarkeit zugesprochen.

Düngerbezug – Was ist beim Bezug von Handelsdünger zu beachten?

Den Frühbezugs- und Mengenrabatt ausnützen,
Handelsdünger rechtzeitig bereitstellen,
Preis je Nährstoffeinheit vergleichen,
Kostenvergleich von losem/abgesacktem Dünger anstellen.

Handelsdünger: Was ist bei der Lagerung zu beachten?

Handelsdünger trocken lagern, gegen Boden- und Wandfeuchtigkeit schützen, nicht in offenen Schuppen lagern, mit Folien abdecken, die einzelnen Düngerarten gut trennen (Brand- und Giftrauchgefahr, besonders bei ammoniumnitrathaltigen Düngern).

Flüssigdüngung – Was versteht man darunter?

Das Ausbringen von Düngerlösungen anstelle von festen Salzen ermöglicht ein genaues Dosieren. Man unterscheidet:

Einbringen von Ammoniak mit einem Spezialgrubber.

1. Ammoniumgas unter hohem Druck (bis 20 bar, wasserfreies Ammoniak mit ca. 80 Gew.-% N); Ausbringung nur mit Spezialgeräten.
2. Druckfreie Ammonnitrat-Harnstoff-Lösungen mit 28 Gew.-% N (¼ als Salpeter-N, ¼ als Ammoniak und ½ als Harnstoff-N); druckfreie NP-Lösung mit 10 Gew.-% N und 34 Gew.-% P_2O_5; Ausbringung mit korrosionsfesten Pflanzenschutzspritzen.

Lose-Düngerkette (LDK): Welche Vorteile hat diese?

Arbeitserleichterung,
Arbeitsersparnis,
Verbilligung durch Wegfall der Verpackungskosten.

Getreidebau

Anbau– Wo kann Getreide angebaut werden?

Der Getreideanbau stellt gewisse Anforderungen an Boden und Klima. In niederschlagsreichen Höhenlagen lohnt sich oft der Aufwand für die Getreideerzeugung nicht mehr. Roggen und Hafer stellen geringere Ansprüche an Boden und Klima als Weizen, Gerste und Mais.

Qualitätsgetreide: Was ist beim Anbau zu beachten?

Richtige Sorten-, Saatgut- und Standortwahl,
günstige Stellung in der Fruchtfolge,
Schutz vor Krankheiten und Schädlingen,
ausreichende und harmonische Düngung,
Ernte zur rechten Zeit.

Saat – Saatbett: Wie soll es beschaffen sein?

Gut abgesetzt, damit die Keimung nicht durch Störungen in der Wasserversorgung beeinträchtigt wird. Nicht zu grob, aber auch nicht zu fein, da sonst Verschlämmungen auftreten.

Fahrgassen: Was versteht man darunter?

Beim Drillen von Getreide werden »Gassen« freigelassen, mit deren Hilfe genaues Düngen und exakter Pflanzenschutz, vor allem das Vermeiden von Überlappen möglich ist.

Bandsaat: Was versteht man darunter?

Ein Saatverfahren mit speziellen Drillmaschinen oder Frässaatmaschinen, bei dem ein etwa 4 cm breites Saatband entsteht.

Minimalbestelltechnik MBT: Was versteht man darunter?

Das ist das Zusammenfassen von Bodenvorbereitung und Saat in einer Maschine oder Maschinenkombination und damit in einem Arbeitsgang.

Direktsaat: Was versteht man darunter?

Das ist ein Saatverfahren in weitgehend unbearbeiteten, ungepflügten Boden mit einer speziellen Scheibendrillmaschine. Der Pflanzenbewuchs muß vorher totgespritzt und Pflanzenreste entfernt oder feingehäckselt werden.

Aufgang der Saat: Wodurch wird sie ungleichmäßig?

Ungleichmäßiger Boden, ungenügende Feuchtigkeit und ungünstige Temperatur,
Bodenverkrustung,
schlecht keimfähiges Saatgut mit geringer Triebkraft,
Fehler in der Beizung,
Fehler bei der Saat (z. B. durch zu tiefe Saatgutablage).

Bestockung: Was versteht man darunter?

Das Verzweigen an der Basis der Getreidepflanzen. Die meisten der sich am Bestockungsknoten bildenden Halme tragen zur Reifezeit Ähren.

Was sind Keimwurzeln und was Kronenwurzeln?

Keimwurzeln (bei Getreide 5–7) bilden eine in größere Tiefe reichende, verzweigte, bis zur Reife funktionsfähige Hauptwurzel.
Kronenwurzeln (Sekundärwurzeln) bilden sich aus dem unteren Halmknoten (Bestockungsknoten); sie durchwurzeln die Krume horizontal.

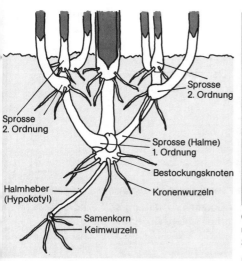

Oben: Die Keimprobe gibt über die Keimfähigkeit des Saatgutes Aufschluß.

Links: Bestockung des Getreides.

Keimfähigkeit: Was versteht man darunter?

Das Saatgut muß eine gute Keimfähigkeit besitzen, d. h. es sollen möglichst alle Getreidekörner in einer bestimmten Zeit keimen.

Bei zertifiziertem Getreidesaatgut muß die Mindestkeimfähigkeit 85% betragen.

Triebkraft: Was versteht man darunter?

Es ist die Fähigkeit des Keimlings, den Boden und eventuell oberflächliche Verkrustungen zu durchstoßen.

Sorten – Sortenwahl: Welche Gesichtspunkte sind von Bedeutung?

Standortverhältnisse,
Standfestigkeit,
Ertragssicherheit,
Qualität,
Widerstandsfähigkeit gegen Krankheiten und Schädlinge,
Winterfestigkeit,
Auswuchs- und Ausfallfestigkeit.

Auswinterung – Welches sind die Ursachen?

Schneeschimmelbefall bei zu dichter Saat und zu langandauernder Schneedecke,
ungenügende Kältefestigkeit der Sorte,
fehlende Frühjahrsfestigkeit (Zerreißen der Wurzeln bei Temperaturschwankungen.
Fehler bei den Bestellungsarbeiten.

Lagerfrucht – Wodurch kann dem Lagern vorgebeugt werden?

Keine zu hohe Saatmenge und Bestandsdichte,
geteilte Stickstoffgaben in richtiger Dosierung,
reichliche Kalidüngung zur Gewebestärkung,
Anbau standfester Sorten,
Anwendung von Halmverkürzungsmitteln,
rechtzeitige Unkraut- und Krankheitsbekämpfung.

Unkrautbekämpfung – Wie wird sie durchgeführt?

Vorbeugend durch gute Saatgutreinigung und sorgfältige Bodenbearbeitung.
Mechanisch durch entsprechende ackerbauliche Maßnahmen, z. B. Blindegge nach der Saat und Striegeln.
Chemisch mit Herbiziden, um andere Maßnahmen zu ergänzen.

Bekämpfungsmethoden: Wann werden sie angewandt?

Eggen vor und nach der Saat und ab 3. Blattstadium,
Kalkstickstoff ab 3. Blattstadium,
Boden- und Kontakt-Herbizide als Vorsaat-, Vorauflauf- und Nachauflaufmittel.

Wuchsstoffmittel: Worauf ist beim Anwenden zu achten?

Bei Abdrift durch Wind können Nachbarkulturen geschädigt werden. Es ist daher bei Windstille mit geringem Druck und niedrig gestelltem Düsenrohr zu arbeiten.

Quecke: Wie kann sie wirksam bekämpft werden?

Mechanisch mit Grubber und Egge,
durch Anbau von krautwüchsigen Kartoffelsorten,
mit chemischen Mitteln.

Krankheiten – Welche Maßnahmen dienen zur Verhütung der wichtigsten Krankheiten und Schädlinge im Getreidebau?

Verwenden von gesundem, gebeiztem Saatgut,
gutes Vorbereiten des Saatbettes,
richtige Aussaatzeit und richtige Saatstärke,
Anbau von widerstandsfähigen Sorten,
ausgeglichene Düngung,
geordnete Fruchtfolge,
Ausschalten von Zwischenwirten,
entsprechende Pflegemaßnahmen.

Beizverfahren: Welches sind die wichtigsten?

Die Trockenbeize,
die Naßbeize (Tauchverfahren, Benetzungsverfahren, Kurznaßbeizverfahren)
Puder- und Inkrustierungsverfahren.

Getreidekrankheiten: Welche lassen sich durch Trockenbeize bekämpfen?

Schneeschimmel,
Streifenkrankheit der Gerste,
Netzfleckkrankheit,
Brandkrankheiten (Weizensteinbrand, Gestenhartbrand, Weizen-, Gersten- und Haferflugbrand).

Schneeschimmelbefall: Welche vorbeugenden Maßnahmen lassen sich durchführen?

Abtöten des Pilzes durch Beizen,
Vermeiden einer zu frühen Saat im Herbst,
Saatstärke richtig bemessen (nicht zu dicht).

Fußkrankheiten: Welche Ursachen haben sie?

Überdauern von Schadpilzen auf Stoppelresten, ungünstige Fruchtfolge, schlechter Stoppelumbruch und -rotte, mangelhaftes Beseitigen des Ausfallgetreides, zu frühe und zu dichte Saat.

Rostkrankheiten: Welche treten bei Getreide auf?

Schwarzrost, Gelbrost, Braunrost und Kronenrost.

Rostbefall: Wie kann man ihm vorbeugen?

Vernichten des Ausfallgetreides, Sortenwahl, Trennen von Sommerung und Winterung, keine überhöhte N-Düngung, nicht zu dichte Bestände.

Viren: Was versteht man darunter?

Viren sind die Erreger zahlreicher Krankheiten bei Menschen, Tier, Pflanze und Bakterien. Sie gelten als die kleinsten und einfachsten, sich selbst reproduzierenden Einheiten in der Natur. Sie haben keinen eigenen Stoffwechsel und brauchen zu ihrer Vermehrung die lebende Zelle des Wirts. Sie sind nicht wie Bakterien mit chemotherapeutischen Mitteln zu bekämpfen.

Fritfliegenbefall: Wodurch kann ihm entgegengewirkt werden?

Richtiger Zeitpunkt der Aussaat (frühe Saat bei Sommerung, späte Saat bei Winterung),
gutes Vorbereiten des Saatbeetes,
richtige Sortenwahl
Pudern des Saatgutes.

Ernte – Welches sind die einzelnen Reifestadien?

Milchreife: Blattknoten sind noch grün, Körner enthalten milchige Flüssigkeit.
Gelbreife: Gelbfärbung der Blätter und Halme ist abgeschlossen, die Körner sind zäh und lassen sich über den Nagel brechen.
Vollreife: Die Pflanzenteile sind abgestorben, die Körner mehlig, glasig, hart, die Halmknoten abgetrocknet.
Totreife: Das Stroh ist brüchig und spröde, die Körner sind sehr hart und fallen leicht aus.
Notreife: Ähren sind nicht voll ausgereift, Körner sind klein und geschrumpft.

Mähdrusch: Worauf kommt es an?

Das Getreide soll voll- bis totreif sein, weil sonst der Drusch erschwert wird und der Feuchtegrad der Körner steigt.
Das Getreide soll möglichst trocken sein, weil bei zu hohem Wassergehalt Feuchtigkeitsabschläge gemacht werden oder künstliche Trocknung erforderlich wird.

Körnerverluste: Wodurch entstehen sie beim Mähdrusch?

Durch falsch eingestellte Mähbalken oder Haspel,
durch zu niedrige Drehzahl der Trommel oder Überlastung,
durch zu eng oder zu weit gestellten Dreschkorb,
durch Überlastung und Verstopfung der Reinigung,
durch zu späten Erntezeitpunkt.

Mähdruschreife: Wie kann man sie annähernd ermitteln?

Durch die Daumennagelprobe,
durch ein Feuchtigkeitsschnellmeßgerät,
durch die Backrohrprobe.

Strohbergung: Was ist dabei zu beachten?

Es ist zu prüfen, ob sich die Bergung lohnt oder ob sich Strohdüngung durch Unterpflügen empfiehlt.
Das Bergen ist mit geringstem Aufwand durchzuführen (Langgut- oder Häckselkette).
Strohverbrennen bedeutet Verlust organischer Masse (Auflagen strikt beachten!).

Wodurch lassen sich Schäden und Verluste beim Aufbewahren des Erntegutes vermeiden?

Schutzmaßnahmen gegen z. B. Kornkäfer und Kornmotte vor dem Einlagern anwenden,
Korn und Stroh trocken lagern,
frisches Korn häufig wenden oder im Silo belüften,
Getreide nicht zu hoch schütten (bis 1 m),
zu feuchtes Getreide künstlich trocknen.

Getreidekonservierung: Welche Verfahren gibt es?

Getreidetrocknung,
Getreidekühlung,
Feuchtgetreidekonservierung.

Trocknungsverfahren: Welche kommen zur Anwendung?
Die Belüftungstrocknung,
die Warmluft-Satztrocknung,
die Umlauftrocknung,
die Durchlauftrocknung.

Weizen

Sorten – Welche Arten von Weizen werden angebaut?
Winterweizen und Sommerweizen.

Hart-(Durum-)Weizen: Was versteht man darunter?
Hartweizen unterscheidet sich vom Winterweizen durch sein Genom und vom Backweizen vor allem durch die für die Teigwarenherstellung erwünschte Glasigkeit. Das bewirkt, daß der Teig nicht zerkocht. Dem Hartweizen fehlen im Unterschied zum Brotweizen die kleberbildenden Proteine, die die Backqualität bedingen.

Wechselweizen: Was versteht man darunter?
Sommerweizensorten, die auch für den Anbau im Spätherbst geeignet sind. Sie haben Bedeutung, wenn es zu einer stark verspäteten Winterweizenaussaat kommt.

Dinkel: Was ist das?
Eine der ältesten Brotgetreidearten mit sehr guten ernährungsphysiologischen Eigenschaften. Er wird von Naturkostanhängern hoch geschätzt und daher in den letzten Jahren wieder angebaut. Seine Erträge sind niedriger als die des Weizens.

Weizensorten: In welche Güteklassen werden sie eingeteilt?

		Volumenausbeute
Aufmischweizen	A7–A9	mittel–sehr hoch
Backweizen	B3–A6	niedrig–mittel

Backqualität des Weizens: Was ist dabei wichtig?
Der Klebergehalt und die Kleberqualität. Qualitätsweizen liefert ein Mehl besserer Backfähigkeit. Bäcker bevorzugen kleberreiche Weizen. Das Erzeugen von Backweizen ist deshalb für die Konkurrenzfähigkeit der deutschen Landwirte von Bedeutung.

Backversuch mit geringer (links) und hoher Backqualität (rechts).

Anbau – Was ist beim Weizenanbau zu beachten?

Weizen ist die anspruchsvollste Getreideart, sowohl hinsichtlich des Bodens als auch des Klimas.
Er verträgt Kälte weniger gut als Roggen.
Er braucht mehr Feuchtigkeit und Wärme, ist aber nicht empfindlich gegen lange Schneebedeckung.
Die besten Weizenböden sind kalkhaltige, humusreiche, milde Lehmböden (typische Weizenböden).
Weizen lohnt eine bevorzugte Stellung in der Fruchtfolge.

Sommerweizen: Wo verdient er den Vorzug?

Bei sehr später Herbstbestellung (z. B. nach spät geernteten Zuckerrüben) und in Auswinterungsfällen.

Saat – Was ist bei der Bestellung zu beachten?

Das Feld braucht nicht so fein hergerichtet zu werden wie bei Roggen. Eine gröbere Oberfläche bildet Schutz gegen Witterungsunbilden.

Weizen: Wann wird er gesät?

Winterweizen wird von Ende September bis Dezember (in der Regel Mitte Oktober bis Ende Oktober) gesät.
Sommerweizen wird möglichst zeitig gesät.

Saatmengen: Welche werden benötigt?

Winterweizen: 400–500 Körner/m^2 (TKG 40–50 g), das sind 180–220 kg/ha;
Sommerweizen: 400–500 Körner/m^2 (TKG 40–46 g), das sind 160–210 kg/ha.

Reihenentfernungen: Welche sind üblich?
12–16 cm (Ziel: möglichst eng drillen).

Saattiefen: Welche sind üblich?
2–4 cm.

Optimale Bestandsdichte: Welche ist anzustreben?
450–600 ährentragende Halme/m^2.

Düngung – Welche Mengen werden empfohlen?
120–200 kg N/ha,
 70–100 kg P_2O_5/ha,
120–160 kg K_2O/ha.

Handelsdünger: Wann wird er gegeben?
Zu *Winterweizen* wird die Stickstoffdüngung zur Hälfte im Frühjahr vor Vegetationsbeginn gegeben, die andere Hälfte in 2 Teilgaben als Spätdüngung im Frühjahr zum Schoßbeginn und vor dem Ährenschieben. Die Phosphat- und Kalidüngung wird in der Regel vor der Saat gegeben.
Zu *Sommerweizen* werden in der Regel Stickstoff, Phosphat und Kali vor der Saat verabreicht. Eine PK-Düngung ist aber auch schon im Herbst möglich. Die N-Düngung wie bei Winterweizen aufteilen.

Halmverkürzungsmittel – Was versteht man darunter?
Sie werden frühzeitig bei einer Bestandshöhe von 10–20 cm gespritzt, machen den Weizen standfester und ermöglichen höhere N-Gaben und höhere Erträge.

Krankheiten und Schädlinge – Welches sind die wichtigsten Krankheiten?
Halmbruchkrankheiten, Schwarzbeinigkeit, Stein-, Zwergstein- und Weizenflugbrand, Gelb- und Braunrost, Echter Mehltau, Helminthosporium-Blattdürre, Septoria-Blattdürre, Blatt- und Spelzenbräune, Fusarien.

Tierische Schädlinge: Welches sind die wichtigsten?
Blattläuse, Getreidezystenälchen, Gelbe Weizenhalmfliege, Brachfliege, Weizengallmücke, Sattelmücke, Getreidewickler, Ährenwickler, Drahtwürmer, Engerlinge, Feldmäuse.

Ernte – Wann wird der Weizen geerntet?
Beim Drusch ist mindestens die Vollreife, besser die Totreife abzuwarten.

Durchschnittserträge: Welche liefert der Weizen?
Winterweizen: 40–85 dt/ha Körner, 40–90 dt/ha Stroh.
Sommerweizen: 35–80 dt/ha Körner, 40–80 dt/ha Stroh.

Gerste

Anbau – Welche Arten von Gerste werden angebaut?
Wintergerste und Sommergerste.

Wintergerste: Wozu wird sie verwendet?
Zur Fütterung.

Sommergerste: Wozu wird sie verwendet?
Als Braugerste und zur Fütterung.

Sommergerste: Wie ist ihre Stellung in der Fruchtfolge?
Sommergerste ist mit sich selbst besser verträglich als Wintergerste und Winterweizen. Vor Weizen fördert sie die Fußkrankheiten. Am besten steht Gerste nach Hackfrüchten, in getreidestarken Fruchtfolgen am besten nach Weizen.

Wintergerste: Was ist beim Anbau zu beachten?
Winterfeste Sorten,
frühe Saat (erste Septemberhälfte),
gute Düngung, guter Kalkzustand des Bodens.

Saat – Saatmengen: Welche werden benötigt?
Wintergerste: 250–350 Körner/m^2 (TKG 30–50 g) oder 120–150 kg/ha;
Sommergerste: 350–400 Körner/m^2 (TKG 32–48 g) oder 140–160 kg/ha.

Saatweiten: Welche sind üblich?
Wintergerste 12–15 cm, Sommergerste 12–15 cm, möglichst eng.

Saattiefen: Welche sind üblich?

Winter- und Sommergerste 2–4 cm.

Optimale Bestandsdichte: Welche ist anzustreben?

Wintergerste: mehrzeilige Sorten 550–650 ährentragende Halme/m², zweizeilige Sorten 700–900 Halme/m²;
Sommergerste: 600–800 Halme/m².

Düngung – Welche Mengen werden empfohlen?

Wintergerste: Wie wird sie gedüngt?

120–180 kg N/ha (Gaben stets geteilt),
60–120 kg P_2O_5/ha,
120–160 kg K_2O/ha.

Braugerste: Wie wird sie gedüngt?

50– 80 kg N/ha,
75–120 kg P_2O_5/ha,
120–160 kg K_2O/ha.

Krankheiten und Schädlinge – Welches sind die wichtigsten?

Typhula-Fäule, Fusarien, Schwarzbeinigkeit, Netzflecken, Streifenkrankheit, Rhynchosporium-Blattfleckenkrankheit, Echter Mehltau, Gelb- und Zwergrost, Flugbrand, Gelbmosaikvirus, viröse Gelbverzwergung;
Fritfliege, Minierfliege, Blattläuse, Sattelmücke.

Ernte – Wintergerste: Wann wird sie geerntet?

In der Totreife.

Sommergerste: Wann wird sie geerntet?

Braugerste nur in der Totreife.

Durchschnittserträge: Welche liefert die Gerste?

Wintergerste   50–80 dt/ha,
Sommergerste   40–50 dt/ha.

Braugerste – Welche Eigenschaften werden verlangt?

Vollbauchigkeit,
gleichmäßiges Korn,
gute Keimenergie und Keimfähigkeit,

Braugerste weist eine deutliche Kräuselung der feinen Spelzen auf.

Oben: Ausstichgerste; unten: weniger gute Braugerste.

gute Spelzenbeschaffenheit,
beste Sortierung und Reinigung,
niedriger Eiweißgehalt (nicht über 11,5%),
gute Lagerfähigkeit (nicht über 16,0% Wassergehalt).

Braugerstenanbau: Was ist zu beachten?

Richtige Sortenwahl (Qualitätssorten),
frühe Saat (kurze Wachstumsdauer),
unkrautfreies, fein hergerichtetes Saatbett ist wichtig,
gute Kali-Phosphat-, richtig dosierte Stickstoffdüngung,
der Kalkzustand muß in Ordnung sein (neutrale Reaktion).

Bonitierung: Nach welchen Gesichtspunkten erfolgt sie?

Eiweißgehalt,
Vollgerstenanteil,
Spelzenbeschaffenheit,
Farbe, Glanz,
Verunreinigung,
Geruch,
Auswuchs,
Spelzenverletzungen.

Einheitssortenanbau: Was versteht man darunter?

Die Mälzereien und Brauereien benötigen größere Gerstenpartien gleicher Sorte und Qualität.
Um den Absatz der heimischen Erzeugung zu sichern, sollten deshalb die Betriebe einer Gemeinde oder eines Gebietes die gleiche Gerstensorte oder Sorten mit gleich hohen Qualitätseigenschaften anbauen (Erzeugerringe).

Roggen

Anbau – Welche Arten von Roggen kennen wir?

Winterroggen, Sommerroggen und Hybridroggen.

Hybridroggen: Welche Bedeutung hat er?

Geeignete Sorten sind seit 1984 auf dem Markt. Sie bringen bei entsprechender Düngung und richtigem Pflanzenschutz deutlich höhere Erträge. Die Stand- und Auswuchsfestigkeit wurde in den letzten Jahren deutlich verbessert. Die Saatgutkosten sind infolge des höheren Preises und des erforderlichen jährlichen Saatgutwechsels höher.

Roggenanbau: Worin liegt seine Bedeutung?

Er stellt geringe Ansprüche an Boden und Klima, ist frosthart und verträgt Kälte bis $-25\,°C$.
Roggen kann nach allen Früchten gebaut werden und ist mit sich selbst verträglich.
Seine Bedeutung als Brotgetreide ist wachsend; über 50% der Erntemenge wird als Futtergetreide verwendet.

Saat – Roggenbestellung: Was ist dabei zu beachten?

Frühzeitige Stoppelbearbeitung der Vorfrucht,
ein gut abgesetztes Saatbett (guter Bodenschluß),
eine gute Krümelstruktur, trockener Boden,
Saatstärke nicht zu hoch, da sonst Schneeschimmelgefahr,
flache Saat (»Roggen will den Himmel sehen«).

Roggen: Wann wird er gesät?

Winterroggen wird im September, spätestens anfangs Oktober gesät, bei Fritfliegengefahr ist ein späterer Saattermin vorzuziehen.
Sommerroggen soll wie jedes Sommergetreide möglichst früh ausgesät werden, damit die Winterfeuchtigkeit gut genutzt werden kann.

Roggen: Warum ist rechtzeitiger Saatgutwechsel nötig?

Roggen ist ein Fremdbefruchter und baut deshalb frühzeitig ab.

Saatmenge: Welche wird bei Roggen benötigt?

Winterroggen, 300–400 Körner/m^2 (TKG 30–36 g) oder 90–140 kg/ha;
Sommerroggen 400–420 Körner/m^2 (TKG 30–34 g) oder 140–170 kg/ha.

Saattiefe: Welche liebt der Roggen?
Winter- und Sommerroggen 1–2 cm.

Reihenentfernung: Welche ist für Roggen günstig?
Winter- und Sommerroggen 12–18 cm (möglichst eng).

Optimale Bestandsdichte: Welche ist anzustreben?
400–500 ährentragende Halme/m².

Düngung – Wie wird Roggen gedüngt?
100–160 kg N/ha, 75–100 kg P_2O_5/ha, 120–160 kg K_2O/ha.

Handelsdünger: Wann wird er zu Roggen gegeben?
Phosphat und Kali zweckmäßig vor der Saat (Winterfestigkeit). Stickstoffdüngung folgt zur Hälfte im zeitigen Frühjahr, der Rest in Teilgaben zum Schoßbeginn und kurz vor oder zum Ährenschieben.
Auf sehr leichten Böden ist eine Stickstoffdüngung (ca. 20–30 kg N/ha) im Herbst vor der Saat zu geben, das regt die Bestockung an.

Krankheiten – Welches sind die wichtigsten Krankheiten?
Schneeschimmel, Roggenstengelbrand, Halmbruchkrankheit, Echter Mehltau, Mutterkorn.

Ernte – Wann kann der Roggen geerntet werden?
Die höchste Backqualität hat Roggen in der Übergangsphase von der Gelb- zur Vollreife (Kornfeuchte 16–20%).

Durchschnittserträge: Welche liefert der Roggen?
Winterroggen: 35–60 dt/ha Körner, 50–70 dt/ha Stroh,
Sommerroggen: 25–45 dt/ha Körner, 40–60 dt/ha Stroh.

Hafer

Anbau – Welche Bedeutung hat der Haferanbau heute?
Hafer wird als Futtermittel sowie als Nahrungsmittel benötigt. In der Fruchtfolge getreidestarker Betriebe ist er fast unentbehrlich.

Haferarten: Welche haben Bedeutung?
Weißspelzige Hafersorten ⎫ heute meist Kreuzungen
Gelbspelzige Hafersorten ⎭ zwischen beiden.

Hafer hat eine lange Wachstumszeit und soll deshalb im Frühjahr zeitig gesät werden.

Fruchtfolge: Welche Bedeutung hat Hafer?

Hafer wird in der Regel als abtragende Frucht angebaut, er ist mit sich selbst nicht verträglich, er eignet sich als 3. Getreideart in der Fruchtfolge nach Weizen und Gerste; er ist für diese aber auch eine gute Vorfrucht.

Saat – Wann wird Hafer gesät?

Er wird in der Regel in der zweiten Märzhälfte bestellt.

Wie wird Hafer gesät?

Saattiefe 3–4 cm,
Reihenentfernung 12–18 cm
(möglichst eng),
Saatmenge 350–400 Körner/m^2
(TKG 30–39 g) oder
120–150 kg/ha;
optimale Bestandsdichte:
400–500 rispentragende
Halme/m^2.

Oben: Haferkörner; unten: Flughafersamen.

Düngung – Welche Düngergaben benötigt Hafer?

80–140 kg N/ha, 60–120 kg P_2O_5/ha, 120–160 kg K_2O/ha.

Krankheiten – Welches sind die wichtigsten Krankheiten?

Flugbrand, Kronenrost, Dörrfleckenkrankheit (Manganmangel), Heidenmoorkrankheit (Kupfermangel).

Schädlinge – Welches sind die wichtigsten Schädlinge?

Fritfliege, Getreidezystenälchen, Stockälchen.

Ernte – Wann wird Hafer geerntet?

Überreifer Hafer fällt beim Mähen und durch Wind stark aus. Mähdrusch erfolgt in der Voll- bis Totreife.

Durchschnittserträge: Welche bringt Hafer?
35–65 dt/ha Körner und 45–70 dt/h Stroh.

Welche Eigenschaften hat Hafer als Futtermittel?
Hafer ist bekömmlich und schmackhaft.
Hafer ist ein ausgezeichnetes Futtermittel für alle Tierarten und eignet sich vorzüglich für die Aufzucht.

Mais

Anbau – Welche Ansprüche stellt der Mais an das Klima?

Der Mais stellt hohe Ansprüche an die Temperatur (Keimtemperatur 9 °C),
er ist frostempfindlich,
die Ansprüche an die Niederschlagsmenge sind weniger hoch, er hat aber zur Zeit des Fahnenschiebens bis zur Milchreife einen hohen Wasserbedarf.

Wie sind seine Ansprüche an Boden und Bodenbearbeitung?
Der Mais gedeiht auf fast allen Bodenarten,
er verlangt eine gute Bearbeitung und tiefes Lockern des Bodens;
Bodenerosion muß aber verhindert werden.

Welche Gesichtspunkte müssen besonders beachtet werden?
Gute Düngung,
Sortenwahl nach Reifezeit (Länge der Vegetationszeit),
richtige Standweite,
entsprechende Pflege, besonders Unkrautbekämpfung,
richtiger Erntezeitpunkt.

Sorten – Sortenwahl: Welche Bedeutung hat sie?

Die Maissorten sind entsprechend ihrer Reifezeit in Reifegruppen eingeteilt,
je nach Reifegruppe und Klimazone kann der Mais als Silo- oder Körnermais geerntet werden.

FAO-Zahlen: Was bedeuten sie?
Die FAO-Zahlen (= **F**ood and **A**gricultural **O**rganization, Organisation für Ernährung und Landwirtschaft der Vereinten Nationen, Sitz in Rom) sind Relativzahlen. Sie geben nicht, wie oft vermutet, die Tageszahl zwischen Auflaufen und Reife an. Als Maßstab für das

Einstufen in Reifegruppen (jeweils 50 FAO-Einheiten) dient der Blühzeitpunkt und der Trockensubstanzgehalt im Maiskorn zur Zeit der Ernte.

FAO-Reifegruppen: Welche sind bei uns bedeutsam?
Die FAO-Zahlen als internationaler Maßstab reichen von 100–900. Für die Bundesrepublik Deutschland sind folgende Gruppen bedeutsam:

FAO-Zahlen: Sind sie übertragbar?
Die Bezeichnung der Reifegruppen (z. B. früh, spät) ist nicht international einheitlich. Darüber hinaus gelten FAO-Zahlen nur für bestimmte Klimaräume. So sind z. B. die FAO-Zahlen für französische Maissorten nicht uneingeschränkt auf unseren Klimaraum übertragbar.

Hybridmais: Was versteht man darunter?
Hybridmais entsteht durch kontrollierte Kreuzung von genetisch verschiedenen Erbkomponenten (meist Inzuchtlinien), nur die erste Kreuzungsgeneration (1. Bastardgeneration) hat die gewünschten Eigenschaften eines hohen Ertrages (siehe Seite 172).

Saat – Wir wird Silomais gesät?
Reihenentfernung 62,5–80 cm,
Pflanzenzahl/m^2: 8–11,
Saatmenge 25–45 kg/ha,
Saattiefe 4–6 cm.

Wie wird Körnermais gesät?
Reihenentfernung 62,5–80 cm,
Pflanzenzahl/m^2: 6–8,
Saatmenge 20–30 kg/ha,
Saattiefe 4–6 cm.

Düngung – Wie wird der Mais gedüngt?

Silomais	160–200 kg N/ha
	120–150 kg P_2O_5/ha
	160–220 kg K_2O/ha
Körnermais	140–180 kg N/ha
	120–180 kg P_2O_5/ha
	160–220 kg K_2O/ha.

Krankheiten und Schädlinge – Welche treten bei Mais auf?

Maisbeulenbrand, Stengelfäule; Maiszünsler, Fritfliege, Krähen und Fasanen.

Ernte – Wann ist Silomais reif?

Die Silomaisreife ist gegeben, wenn der Korninhalt teigartig und der obere Kornteil in einer dünnen Schicht fest geworden ist.
Der Wassergehalt soll 80% nicht übersteigen.

Wann wird Körnermais geerntet?

Körnermais wird möglichst in der Vollreife geerntet.

Wie wird Mais geerntet?

Mit dem Mähdrescher (Pflückvorsatz oder Mähvorsatz).
Mit der Kolbenpflückmaschine.
Mit dem Pflückrebbler.
Silomais mit dem Feldhäcksler.

Mais: Welche Erträge bringt er?

Silomais 6000–10 000 kg StE/ha,
Körnermais 50–80 dt Körner, 100–140 dt Maiskolben,
85–120 dt entlischte Kolben/ha.

Körnermais: Welche Verwertungsmöglichkeiten bestehen?

Fütterung,
Herstellung von Stärke, Alkohol, Sirup, Zucker, Öl u. a.,
Verarbeitung in der Nährmittel-Industrie.

Hackfruchtbau

Kartoffeln

Anbau – Kartoffelbau: Welche Bedeutung hat er?

Die Kartoffel liefert hohe Erträge an Stärkeeinheiten und relativ hohe Deckungsbeiträge je ha bzw. Roheinnahmen beim Verkauf; sie ist als Blattfrucht ein wichtiges Glied in der Fruchtfolge und fördert als Hackfrucht die Bodenkultur und Unkrautbekämpfung.

Welche Ansprüche stellt die Kartoffel an den Boden?

Leichtere, siebfähige Böden sagen ihr besonders zu, außerdem ist auf ihnen die Pflege und Ernte einfacher.

Die Kartoffel verträgt eine saure Bodenreaktion. Stark alkalische Reaktion ist für den Kartoffelanbau ungünstig und zeigt nachteilige Folgen (Schorfbildung).

Sorten – Sortengruppen: Welche gibt es?

Nach der *Reifezeit:* Sehr frühreife Vorkeimsorten, frühe, mittelfrühe, mittelspäte und spätreifende Sorten.

Nach der *Verwendung:* Speise-, Industrie- und Veredlungskartoffeln.

Nach der *Krankheitsresistenz:* Krebs- und nematodenresistente Sorten.

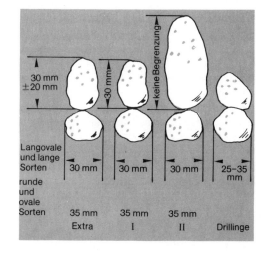

Die Handelsklassen für Speisekartoffeln weisen zwischen den kleinsten und größten Knollen zulässige Bandbreiten auf (= Größenunterschiede).

Sorten: Welche soll man anbauen?

Je nach Verwertung (Speise-, Industrie-, Futterkartoffeln),
Je nach örtlicher Anbaueignung (Sortenversuche der Landwirtschaftlichen Beratung beachten),
je nach Geschmacksrichtung der Verbraucher.

Welche Eigenschaften werden von einer guten Speisekartoffel verlangt?

Guter Geschmack,
gute Kocheigenschaften,
flache Augen, gesunde Schalenfarbe,
gute Form, gleichmäßige Sortierung,
Gelbfleischigkeit,
Freiheit von Zwiewuchs, Schorf, Eisenflecken.

Stärkegehalt: Wovon hängt er ab?

Von der Sorte,
von Klima, Witterung und Bodenbeschaffenheit,
von der Vorfrucht,
von Größe und Form der Knollen,
von der Düngung (zu hohe N-Gaben und chloridhaltige Dünger können senken, hohe P-Gaben können erhöhen),
vom Reifezustand bei der Ernte,
vom Knollenertrag.

Stärkegehalt: Warum ist er wichtig?

Die Stärkeindustrie bezahlt nach Stärkegehalt. Er schwankt zwischen 12–23%.
Der Masterfolg in der Schweinemast ist mit stärkereichen Kartoffeln um rund $1/3$ höher als mit stärkearmen.

Pflanzung – Welche Vorteile hat enger Standraum?

Hoher Gesamtertrag,
frühzeitige Reife,
gleichmäßige Knollen,
zeitiges Schließen des Bestandes.

Welche Nachteile hat ein enger Standraum?

Wüchsige Sorten kommen nicht voll zur Geltung,
Knollen bleiben kleiner,
hoher Pflanzgutbedarf.

Welche Pflanzweiten gelten als normal?
62,5 × 35–40 cm oder 75 × 30–35 cm.

Vorkeimsorten werden zu rascherer Entwicklung größerer Knollen weiter gepflanzt.

Pflanzzeit: Welche Auswirkung hat sie?
Zu frühes Pflanzen kann Auflaufschäden wegen Krankheitsbefall, aber auch Verluste durch Spätfrost zur Folge haben,
zu spätes Pflanzen führt zu Ertragsminderungen und ist krankheitsfördernd.

Vorkeimen: Was versteht man darunter und wozu dient es?
Durch entsprechende Lagerung in Vorkeimkästen oder Vorkeimhäusern (Folie) werden die Kartoffeln dem Licht ausgesetzt und so zu rascher Keimung vor dem Auspflanzen veranlaßt.
Durch das Vorkeimen werden schnellere Entwicklung, gesündere Bestände und höhere Erträge erzielt.

Entwicklung des Wurzelwerkes 10 Tage nach dem Auspflanzen (obere Reihe) in Abhängigkeit von der Pflanzgutvorbereitung (untere Reihe) bei gleichem Pflanztermin.

Düngung – Kartoffel: Wann verträgt sie eine Kalkung?

Nach dem Auflaufen als Kopfkalkung. Frische Kalkung vor dem Anbau führt zu verstärktem Schorfbefall.

Nährstoff: Welcher wird von der Kartoffel bevorzugt?

Die Kartoffel zählt zu den kaliliebenden Pflanzen.

Nährstoffgaben: Welche sind nötig?

	Saat- kartoffeln	Speise- kartoffeln
Stickstoffgabe kg N/ha	60–140	80–140
Phosphatgabe kg P_2O_5/ha	50–100	50–100
Kaligabe kg K_2O/ha	160–240	160–200
Magnesium	30– 40	30– 40

Welche weiteren Nährstoffe bzw. Spurenelemente sind wichtig?

Magnesium und Mangan.

Pflegemaßnahmen: Welche Aufgaben haben sie?

Sie dienen zum Lockern des Bodens und sorgen damit für einen guten Luft-, Wasser- und Wärmehaushalt,
sie vernichten das Unkraut,
sie fördern den Knollenansatz und schützen die Knollen vor dem Ergrünen,
sie schaffen günstige Voraussetzungen für die Erntearbeiten.

Krankheiten – Welches sind die wichtigsten Krankheiten?

Kraut- und Knollenfäule
(»Phytophthora«),
Eisenfleckigkeit,
Bakterienringfäule,
Dörrfleckenkrankheit,
Rhizoctonia,
Kartoffelkrebs,
Schwarzbeinigkeit,
Kartoffelschorf,
Trockenfäule (Fusarium),
Viruskrankheiten.

Viruskrankheiten: Welches sind die bekanntesten?

Blattrollkrankheit,
Mosaikkrankheiten,
Strichelkrankheit,
Bukettkrankheit,
Stengelbuntkrankheit
(Rattle-Virus).

Viruskrankheiten: Wodurch werden sie übertragen?

Durch mechanische Verletzungen,
durch Mensch, Tier und Arbeitsgerät (Verschleppung),
durch saugende Insekten, besonders die Pfirsichblattlaus.

Virusinfektion: Wie läßt sie sich einschränken?

Durch Entfernen aller viruskranken Pflanzen aus den Beständen,
durch Verhindern der Virusabwanderung vom Stock in die Knolle
(Frührodung, vorzeitiges Krautabtöten),
Gesundheitskontrolle beim Pflanzgut (Keimtest),
Pflanzgutwechsel.

Abbau: Was versteht man darunter?

Einen ständig fortschreitenden, durch wiederholtes Verwenden von nicht zertifiziertem Pflanzgut verursachten Ertragsrückgang, der auf zunehmender Krankheitsanfälligkeit beruht (Abbau durch Viruskrankheiten).

Herkunftswert: Warum hat er so große Bedeutung?

Die Kartoffel leidet in manchen Lagen (Anbaugebieten) sehr stark, in anderen Lagen dagegen nur wenig unter Abbauerscheinungen. Der Abbau ist abhängig von Klima und Boden, den Düngungs- und Kulturmaßnahmen und von den Infektionsmöglichkeiten durch Blattlausbefall.

Krautfäule: Wann besteht Gefahr durch sie?

Bei warmer Witterung (20–25 °C) und hoher Luftfeuchtigkeit (über 80%). Der Befall ist bei einzelnen Sorten unterschiedlich.

Krautfäule: Wie wird sie bekämpft?

Nur Kartoffelsorten mit gleicher Reifezeit nebeneinander anbauen,
Kartoffeln frühzeitig legen (eventuell vorkeimen),
widerstandsfähige Sorten anbauen,
ausreichende Kali- und Phosphatdüngung,
Warndienst beachten,
mehrmaliges Spritzen mit den vom Pflanzenschutzamt empfohlenen Mitteln.

Schädlinge – Tierische Schädlinge: Welches sind die wichtigsten?

Kartoffelkäfer, Blattläuse, Erdraupen und Kartoffelnematoden. Letztere sind anzeigepflichtig. Das Auftreten von Nematoden ist umgehend dem zuständigen Pflanzenschutzdienst zu melden.

Kartoffelnematoden: Wie sind sie zu erkennen?

Kümmerwuchs, meist nesterweise beginnend. Blätter sind klein, vergilben von der Spitze her und sterben ab. An den Wurzeln finden sich ab Mitte Juni stecknadelkopfgroße, zunächst helle, später goldbraune bis dunkelbraune rundliche Kügelchen (Zysten). Nach der Ernte sind die Zysten nur noch mit speziellen Nachweisverfahren zu finden. Nematodenherde vergrößern sich ständig.

Nematodengefahr: Wie kann ihr vorgebeugt werden?

Höchstens alle 3 Jahre auf derselben Fläche Kartoffeln anbauen, Kartoffeldurchwuchs verhindern,

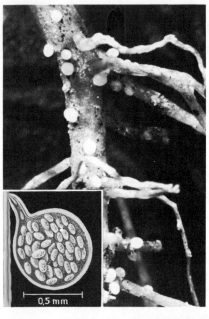

Zysten der Kartoffelnematoden (links unten Zystenanschnitt mit Eiern).

den Boden auf Nematoden untersuchen lassen,
Kartoffel nicht immer am gleichen Ort einmieten,
nematodenfeste Sorten anbauen.

Ernte – Wie wird gesundes Kartoffelpflanzgut erzeugt?

In geschlossenen Anbaugebieten mit geringem Läusebefall, um Virusinfektionen zu vermeiden,
Bekämpfung der Blattläuse,
Vermeiden zu hoher N-Gaben im Pflanzkartoffelbau,
Vorkeimen des Pflanzgutes.

Reife: Woran ist sie zu erkennen?
Am Absterben des Laubes und der Stolonen (unterirdische Stengel) sowie am Festwerden der Schale.

Erträge: Wie hoch sind sie?
200–400 dt Knollen/ha, je nach Reifegruppe.

Ernteverfahren: Welche werden angewandt?
Handlesen hinter Schleuder- oder Vorratsroder,
Sammelroder (Vollernter) mit oder ohne Bunker,
geteiltes Ernteverfahren.

Lagertemperatur: Welche ist am günstigsten?
Je nach Sorte und Verwendungszweck 3–7 °C.

Verluste beim Einlagern frischer Kartoffeln: Wie groß sind sie?
In der Miete 10–15%,
im Keller 20–30%,
in der Kartoffelscheune ca. 5%,
beim Silieren ca. 10%.

Einsäuerung: Was ist bei ihr zu beachten?
Sauberes Waschen,
ausreichendes Dämpfen,
nicht zu heiß einlagern,
luftdichte Abdeckung.

Süßwerden: Wodurch wird es hervorgerufen?
In der Kartoffel wird nach dem Einlagern fortlaufend Stärke in Zucker umgewandelt. Der Zucker wird dann bei Temperaturen über 4 °C durch Atmung weiter abgebaut.
Wird die Atmung bei niedriger Temperatur (zwischen 0° und 4 °C) behindert, so kann der Abbau nicht erfolgen. Die Kartoffel bekommt dadurch einen süßen Geschmack, der aber durch längeres Lagern bei höherer Temperatur wieder verschwindet. Kartoffeln sind sehr frostempfindlich.

Zuckerrüben

Anbau – Zuckerrübenanbau: Welche Bedeutung hat er?

Die Zuckerrübe bringt höchste Deckungsbeiträge je ha,
liefert wertvolles Zusatzfutter in Form von Blättern, Köpfen und Schnitzeln,
fördert die Bodenkultur und die Unkrautbekämpfung,
ist eine gute Vorfrucht für Getreide.

Zuckerrübenbau: Unter welchen Voraussetzungen ist er zweckmäßig?

Wenn ein Anbaukontingent bzw. Anbau- oder Liefervertrag mit einer Zuckerfabrik besteht und die Standortsvoraussetzungen (tiefgründige Böden) gegeben sind.

Bodenbearbeitung: Welche ist nötig?

Schälfurche im Sommer, gegebenenfalls Zwischenfruchtbau, tiefe Herbstfurche,
rechtzeitiges Abschleppen im Frühjahr,
sehr flaches Grubbern und Eggen zur Bestellung, eventuell ein Walzenstrich vor der Saat.

Düngung – Welche Nährstoffmengen sind nötig?

120–180 kg N/ha,
120–150 kg P_2O_5/ha,
180–240 kg K_2O/ha.

Welche Spurenelemente haben im Zuckerrübenbau eine besondere Bedeutung?

Bor; es verhindert die Herz- und Trockenfäule.
Auf leichten Böden kann auch Manganmangel auftreten.

Saat – Wie werden Zuckerrüben gesät?

Präzisionssaatgut	2,0–3,7 U^1)/ha Einzelkornsaat (pilliert oder kalibriert)
Monogermsaatgut (genetisch monogerm)	1–2,0 U/ha Einzelkornsaat

[1]) 1 U = 1 Unit = 100 000 Stück.

Präzisionssaatgut: Was versteht man darunter?
Ein Saatgut, bei dem die natürlichen Samenknäuel technisch zertrümmert wurden. Es besteht aus einzelnen Samenkörnchen (pilliert oder kalibriert).

Monogermsaatgut: Was versteht man darunter?
Genetisch einkeimig gezüchtetes Saatgut.

Monogermsaat: Welches sind ihre Vorteile?
Geringer Arbeitsaufwand beim Vereinzeln,
geringerer Saatgutbedarf.

Monogermsaat: Welche Voraussetzungen verlangt sie?
Guten Kulturzustand des Bodens,
Böden mit geringer Verschlämmungsgefahr,
geringe Verunkrautungsgefahr,
Saat mit Einzelkornsägerät.

Einzelkornsaat: Welche Vorteile hat sie?
Man erreicht die erwünschte Gleichstandsaat und eine wesentliche Erleichterung des Vereinzelns.

Einzelkornsägerät mit Bandspritzanlage.

Einkeimigkeit: Wie hoch ist sie?
Bei Präzisionssaatgut   mindestens 70%
bei Monogermsaatgut   mindestens 90%.

Saat auf Endabstand: Was versteht man darunter?
Rübenbau ohne Vereinzelung mit ca. 80 000 Rüben/ha.

Sorten – Welche Sorten (Typen) sind bekannt?

Die früher übliche Einteilung in E = Ertragsrüben, N = normale Zuckerrüben und Z = zuckerreiche Rüben hat ihre Bedeutung verloren. Bei der Sortenliste unterscheidet man heute monogerme (genetisch einkeimige) und multigerme (mehrkeimige) Sorten.

Sorten: Nach welchen Kriterien werden sie beurteilt?

Rübenertrag, Zuckergehalt und bereinigtem -ertrag, Gehalt an K und Na, schädlichem N, Blattertrag und Schosserneigung.

Pflege – Warum hat sie so große Bedeutung?

Sie erhält die Krümelstruktur und bewirkt damit eine gute Durchlüftung des Bodens,
mit Hacken werden auch Unkräuter vernichtet, die sonst den Bestand überwuchern, die eigentliche Unkrautbekämpfung erfolgt heute fast ausschließlich durch Herbizide.

Pflegearbeiten: Welche sind besonders wichtig?

Rechtzeitiges Hacken und Vereinzeln der Rüben,
Unkrautbekämpfung,
intensiver Pflanzenschutz.

Schossen: Wodurch wird es bei Rüben verursacht?

Schosser bilden sich vielfach als Folge von Entwicklungshemmungen (durch Kältereiz u. a.), können aber auch sortenbedingt sein.

Krankheiten – Welches sind die gefährlichsten Rübenkrankheiten?

Krankheiten: Gegen welche wird gebeizt?

Wurzelbrand und Blattfleckenkrankheit.

Blattfleckenkrankheit: Wie wird sie bekämpft?

Anbau von teilresistenten Sorten (Resistenzzüchtung),
Saatgutbeizung,
Anwendung systemischer oder kupferhaltiger Fungizide,
mehrmaliges Spritzen mit kupferhaltigen Mitteln,
Beseitigen infizierter Pflanzenrückstände.

Vergilbungskrankheit: Wie wird sie bekämpft?

Durch günstiges Saatbett und frühe Saat,
Verhindern von Infektionen durch Samenrüben oder Mietenplätze,

Spritzung mit systemischen Insektiziden gegen Blattläuse als Überträger.

Schädlinge – Tierische Schädlinge: Welches sind die bekanntesten?

Ernte – Wann werden die Zuckerrüben geerntet?

Zuckerrüben sind möglichst spät zu ernten (Oktober–November).

Erträge: Welche bringt die Zuckerrübe?

400–600 dt Rüben/ha,
300–500 dt Blätter und Köpfe/ha.

Ernteverfahren: Welche werden angewendet?

Köpfroder (Vollerntemaschine) mit oder ohne Bunker, ein- oder mehrreihig, gezogen oder selbstfahrend;
ein- und mehrphasige Verfahren mit und ohne Blattbergung.

Vollerntemaschine: Ab wieviel ha lohnt sie sich?

Das ist je nach Typ verschieden, streng ökonomisch nicht unter 30 ha; deshalb ist meist überbetrieblicher Maschineneinsatz ratsam.

Zuckergehalt: Wie hoch ist er durchschnittlich?

Zuckergehalt 15–20%.

Zuckerrübenblatt: Wie kann es verwendet werden?

Frischverfütterung,
Gärfutterbereitung,
Trocknung (Troblako),
Unterpflügen.

Abfallprodukte der Zuckerindustrie – Wie werden sie verwendet?

Trockenschnitzel (u. U. melassiert),
Naßschnitzel (frisch oder siliert),
Preßschnitzel,
Melasse,
Zucker,
Scheideschlamm (zur Düngung),
Carbonationskalk.

Ölfrucht- und Hülsenfruchtbau

Raps

Anbau – Welche Vorteile hat der Rapsanbau?

Der Raps ist eine wirtschaftlich interessante Verkaufsfrucht (Öl),
er ist eine gute Vorfrucht (Blattfrucht),
er räumt das Feld frühzeitig (Arbeitsausgleich).

Welche Risiken erschweren den Rapsanbau?

Auswinterungsgefahr in ungünstigen Lagen und bei sehr schwacher oder zu üppiger Vorwinterentwicklung.
Raps ist von vielen Krankheiten und Schädlingen bedroht.

Welche Ansprüche stellt der Raps an Klima und Boden?

Raps ist nur begrenzt winterfest,
er liebt tiefgründigen Boden,
verträgt keine stauende Nässe,
extreme Böden sind ungünstig,
der Kalkhaushalt muß in Ordnung sein.

Fruchtfolge: Welche Stellung nimmt der Raps ein?

Er steht häufig an Stelle von Hackfrucht, verlangt aber früh räumende Vorfrüchte.
Nach Raps kann Wintergetreide, Stoppelfrucht oder Winterzwischenfrucht folgen.

Sorten: Sortenwahl: Was ist dabei zu beachten?

Die Sortenwahl richtet sich nach dem Verwendungszweck. Absatz zur Ölverarbeitung setzt erucasäurefreien und demnächst auch glucosinolatarmen Qualitätsrapsanbau voraus.

Erucasäurefreier Raps: Was versteht man darunter?

In der Erbanlage verankerte Erucasäurearmut (Erucasäuregehalt unter 2%).

00-Raps: Was versteht man darunter?

Erucasäure-freie und glucosinolat-arme Winterrapssorten.

Düngung – Welche Ansprüche stellt Raps an die Düngung?
Er verlangt neutrale Reaktion des Bodens,
er hat einen hohen Stickstoffbedarf.

Nährstoffmengen: Welche sind nötig?
160–200 kg N/ha[1]),
 60–110 kg P_2O_5/ha,
180–240 kg K_2O/ha.

[1]) Verteilt auf mehrere Gaben.

Saat – Aussaatmenge: Wie hoch ist sie?
Als Ölfrucht 2–8 kg/ha, je nach Saatzeit.

Winterraps: Wann soll er gesät werden?
Raps verlangt frühe Saat, er muß im Herbst bereits eine kräftige Rosette entwickeln. Die Entwicklung darf aber auch nicht zu weit voranschreiten (Ausfaulungsgefahr).
Die normale Aussaatzeit liegt um den 10.–15. August.

Krankheiten – Krankheiten: Welche gefährden den Raps?
Rapskrebs,
Rapsschwärze,
Wurzelhals- und Stengelfäule (Phoma).

Schädlinge – Schädlinge: Welche treten beim Rapsbau auf?
Rapsglanzkäfer, Erdfloh,
Kohlschotenrüßler, Kohlrübenblattwespe.
Rapsstengelrüßler,

Schädlinge: Wie werden sie bekämpft?
Durch richtige Anbaumaßnahmen,
mit chemischen Mitteln (Stäuben und Spritzen).

Ernte – Reife: Woran ist sie bei Raps zu erkennen?
Die Reife zeigt sich am Braunwerden der Körner.

Raps: Wie wird er geerntet?
Mähdrusch vom Halm (Stengeldrusch) mit speziellem Schneidwerk, Mähen und Ablage in Schwad, Drusch aus dem Schwad mit Mähdrescher (geringste Verluste).

Erträge: Welche liefert Raps?

20–40 dt/ha Rapssamen,
30–55 dt/ha Stroh und Spreu.

Sonnenblumen

Bedeutung – Welche Bedeutung haben Sonnenblumen?

Sie passen als Ölpflanzen gut in die Fruchtfolge zwischen zwei Getreidearten.

Anbaubedingungen – Welche Anbaubedingungen erfordert der Sonnenblumenanbau?

Leicht erwärmbaren Boden,
Durchschnittstemperatur in der Vegetationsperiode mindestens 15,5 °C,
ausreichende Wasserversorgung,
trockenes Wetter zur Erntezeit,
mindestens vierjährige Anbaupause.

Saat – Welche Saatzeit?

Ab 20. 4. bis Mitte Mai.

Welche Saattiefe?

2–4 cm.

Welche Saatstärke?

4–6 kg/ha.

Welcher Reihenabstand?

55–75 cm (70–85 000 Pflanzen/ha).

Düngung – Welche Nährstoffe sind nötig?

Je nach Bodenuntersuchung:
  40– 60 kg N/ha,
  80–100 kg P_2O_5/ha,
150–200 kg K_2O/ha.
Organischer Dünger führt zu Reifeverzögerung.
Ertrag 25–30 dt/ha.

Hülsenfrüchte

Anbau – Welches sind die wichtigsten Hülsenfrüchte?
Erbsen, Ackerbohnen, Wicken, Lupinen.

Leguminosen in der Fruchtfolge: Welche Vorzüge haben sie?
Leguminosen sind Pfahlwurzler; sie lockern den Boden tiefgründig und tragen dank ihrer starken Bewurzelung zur Humusanreicherung bei. Durch Beschattung fördern sie die Bodengare.
Hülsenfrüchte sind Stickstoffsammler. Sie stehen in der Regel zwischen zwei Getreidearten, sind aber auch eine gute Vorfrucht für Hackfrüchte.

Hülsenfrüchte: Wann ist ihr Anbau sinnvoll?
Wenn die EG-Beihilfe genutzt werden kann, Klima und Boden geeignet sind.

Saat – Hülsenfrüchte: Wann werden sie gesät?
Die Hülsenfrüchte verlangen eine frühzeitige Aussaat.
Ackerbohne und *Sommerwicke:* Februar/März,
Erbse: März/April,
Lupine: März/April.
Bewährt hat sich Einzelkornsaat (wichtig: tiefe Ablage).

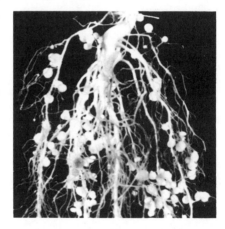

»Knöllchenbakterien« in Gewebsknötchen an Buschbohnenwurzeln.

Was ist bei erstmaliger Aussaat von Hülsenfrüchten zu beachten?
Das Gedeihen der Hülsenfrüchte ist abhängig von der Entwicklung der Knöllchenbakterien an den Wurzeln. Es muß die für die Hülsenfrüchte arteigene Bakterienrasse im Boden vorhanden sein; wo dies nicht der Fall ist, muß der Boden oder das Saatgut mit den Bakterien geimpft werden.

Feldfutterbau

Formen – Anbauformen: Welche sind üblich?

Als Hauptfrucht (z. B. Rotklee, Luzerne, Kleegras, Mais),
als Zweitfrucht,
als Zwischenfrucht.

Hauptfutterbau: Welche Bedeutung hat er?
Er garantiert eine sichere Futterversorgung.
Er sichert die Erhaltung der Bodenfruchtbarkeit als gute Vorfrucht im Rahmen der Fruchtfolge.
Besonders zweijährige Futterpflanzen liefern in getreidestarker, stallmistfreier Fruchtfolge durch ihre Wurzelmassen den unentbehrlichen Dauerhumus.

Luzerne – Luzernebau: Welche Vorteile hat er?

Hohe Ertragsleistungen,
billiges und hochwertiges Futtereiweiß,
ausdauernde Futterpflanze
 (Ersparnis an Arbeit und Kapital),
günstige Arbeitsverteilung.

Luzerne

Was ist für einen ertragreichen Anbau nötig?
Richtige Wahl der Sorte bzw. Herkunft,
geeigneter Boden (keine Staunässe, kalkhaltiger Unterboden),
ausreichend Wärme, Wasser und Sonnenschein,
reichlich Pflanzennährstoffe (vor allem P und K),
keine Druckschäden,
keine starke Beschattung,
Luzerne muß mit ausreichenden Reservestoffen in den Winter gehen.

Fruchtfolge: Welche Stellung nimmt sie ein?

Luzerne ist nicht mit sich selbst verträglich, sie darf erst nach etwa 5–6 Jahren auf dem gleichen Feld wiederkehren. Luzerne ist eine gute Vorfrucht.

Luzernegrasgemisch: Wo ist es vorteilhaft?

Überall dort, wo Luzerne von Natur aus nicht vorherrschend ist,
bei zu feuchtem Klima,
auf flachgründigem Boden,
bei extremen Witterungsverhältnissen (strenge Winter),
wenn kein ertragssicheres Saatgut vorhanden ist.

Luzernegrasgemisch: Welche Gräser eignen sich dafür?

Knaulgras (geringe Mengen),
Glatthafer (geringe Mengen),
Wiesenlieschgras,
Wiesenschwingel.

Saat – Aussaatmöglichkeiten: Welche gibt es?

Als Untersaat im Frühjahr in Getreide (Gerste) oder Futterfrüchte (Erbse, Wicke),
Als Blanksaat im Frühjahr bis Juli, flach gedrillt.

Aussaatmengen: Welche sind angebracht?

20–30 kg/ha.

Krankheiten – Krankheiten und Schädlinge: Welche treten auf?

Welkekrankheit,   Mehltau,   Luzerneblattnager.
Wurzeltöter,   Liebstöckelrüßler,

Düngung – Luzerne: Welche Ansprüche stellt sie?

Sie verlangt eine kräftige Vorratsdüngung vor der Aussaat,
eine gute Vorratskalkung,
eine jährliche Kali-Phosphatdüngung (etwa 80–100 kg P_2O_5/ha und 200–220 kg K_2O/ha).

Nutzung – Wonach richtet sich die Schnittzeit?

Nach der Entwicklung der Pflanze. Normal liegt sie zu Beginn oder Mitte der Blütezeit; einmal im Jahr soll die Luzerne zur Blüte kommen.

Was ist im Hinblick auf die Nutzung zu beachten?

Im 1. Nutzungsjahr nur 2–3 Schnitte,
der 1. Schnitt im Jahr möglichst früh,
der 2. Schnitt möglichst nach der Blüte,
zwischen dem vorletzten und letzten Schnitt soll ein längerer Zeitraum liegen,
den letzten Schnitt nicht zu tief nehmen.

Rotklee – Rotklee: Durch wen wurde er in Deutschland eingeführt?

Durch J. CHR. SCHUBART VON KLEEFELD (1734–1787), der dafür geadelt wurde.

Rotklee

Anbau – Welches sind die Anbaubedingungen?

Rotklee liebt etwas schweren Boden, der auch dicht gelagert sein darf; in feuchten Lagen (Mittelgebirge, Küste) entwickelt sich Rotklee besonders günstig.

Rotklee: Wie steht er in der Fruchtfolge?

Der Rotklee ist mit sich selbst und mit anderen Kleearten (Schwedenklee, Gelbklee) nicht verträglich; er darf erst nach 5–6 Jahren wieder auf dem gleichen Acker folgen.

Kleemüdigkeit: Was versteht man darunter?

Das Nachlassen der Wüchsigkeit bei zu kurzen Anbauzwischenzeiten.

Saat – Saatgutbedarf: Wie groß ist er?

15–20 kg/ha.

Wann und wie wird gesät?

Drillsaat in Futtergetreide, so früh wie möglich (März), gleichzeitig mit Sommergetreide,
bei später Saat (im April) nach Aufeggen quer zu den Reihen eindrillen.

Düngung – Rotklee: Welchen Nährstoffbedarf hat er?

0– 40 kg N/ha,
80–100 kg P_2O_5/ha,
200–220 kg K_2O/ha.

Krankheiten und Schädlinge – Welche Krankheiten und Schädlinge treten auf?

Kleekrebs, Blattschorf,
Stengelbrenner, Stockälchen.
Wurzelbräune,

Weitere Kleearten – Alexandriner- und Perserklee: Welche Bedeutung haben sie?

Es sind schnellwüchsige, mehrschnittige, sommerjährige Kleearten.
Alexandrinerklee: 25–35 kg/ha bei Reinsaat,
Perserklee: 15–20 kg/ha bei Reinsaat.

Kleegras – Kleegrasbau: Welche Vorteile hat er?

Höhere Ertragssicherheit,
ausgeglichenes Eiweiß: Stärke-Verhältnis,
geringere Verunkrautung,
größerer Gehalt an Trockenmasse.

Wonach richtet sich die Zusammensetzung der Mischung?

Nach den Standortverhältnissen,
nach der Art der vorgesehenen Nutzung,
nach der Nutzungsdauer,
nach den Eigenarten der Klee- und Grasarten.

Kleegras: Unter welchen Verhältnissen wird es bevorzugt?

Bei Fehlen ertagssicherer Kleeherkünfte,
unter extremen Verhältnissen,
in sehr graswüchsigen Lagen,
bei hohen Niederschlägen,
wenn es höhere Erträge erwarten läßt.

Klee- und Grasarten: Welche sind in trockenen Lagen günstig?

Gelbklee, Hornklee, Glatthafer,
Weißklee, Knaulgras, Wehrlose Trespe.

Klee-und Grasarten: Welche sind in feuchten Lagen günstig?

Schwedenklee, Lieschgras, Wiesenschwingel.

Zwischenfruchtbau – Welche Vorteile hat er?

Zusätzlicher Futterertrag,
Ersparnis an Hauptfutterfläche,
der Marktfruchtanteil kann ausgeweitet werden,

die Bodenfruchtbarkeit wird erhöht (höherer Humusanfall),
Entstehen der Schattengare,
geringere Auswaschungsverluste,
eventuelle Stickstoffanreicherung.

Worin liegt seine Bedeutung in getreidestarken Betrieben?

Im Schaffen von organischer Masse (Gründüngung oder Wurzelmasse),
in verbesserten Vorfruchtbedingungen für Getreide nach Getreide.

Winter-Zwischenfrüchte: Welches sind die wichtigsten?

Landsberger Gemenge,	Inkarnatklee,
Wickroggen,	Grünroggen,
Winterrübsen,	Welsches Weidelgras,
Winterraps,	Winterwicke.

Untersaaten: Welche Vor- und Nachteile haben sie?

Vorteile: Geringer Arbeitsaufwand, geringe Kosten, sehr frühe Futternutzung; bestes Ausnutzen der Wachstumsfaktoren.
Nachteile: Probleme bei der chemischen Unkrautbekämpfung der Deckfrucht, zu hohe Stickstoffgaben für die Deckfrucht unterdrücken Untersaaten,
bei lagernder Deckfrucht stören Untersaaten den Mähdrusch.

Welche Bedeutung haben Klima und Boden?

Sie sind entscheidend für die Möglichkeit des Zwischenfruchtbaues,
nur bei geordneten Luft- und Wasserverhältnissen im Boden gelingt der Zwischenfruchtbau,
nur bei ausreichenden Niederschlägen sind die Zwischenfrüchte ertragssicher.

Nährstoffbedarf: Wie groß ist er?

Doppelte Ernten verlangen auch doppelte Düngung.
Der Nährstoffbedarf der Zwischenfrüchte beläuft sich auf etwa
  20–120 kg N/ha,
  90–120 kg P_2O_5/ha,
120–180 kg K_2O/ha.
Der Stickstoffbedarf richtet sich nach der Art der Pflanzen (Stickstoffsammler – Stickstoffzehrer).

Landsberger Gemenge: Was versteht man darunter?

Das Landsberger Gemenge besteht aus etwa 20 kg Inkarnatklee, 20 kg Zottelwicken, 20 kg Welsches Weidelgras je ha. Es ist vielseitig verwendbar und ertragssicher. Die Saatzeit liegt zwischen Mitte August und Anfang Dezember.

Grünroggen: Was ist beim Anbau zu beachten?

Das Saatbett muß gut abgelagert sein.
Saatzeit: Ende September.
Erntezeitpunkt: Schoßbeginn bis Grannenspitzen der Ähren.

Stoppelsaat: Welches sind die wichtigsten Früchte?

Weidelgräser, Herbstrüben, Gelbsenf, Wicken, Futterraps, Perserklee, Lupinen, Felderbsen, Ackerbohnen, Ölrettich, Markstammkohl, Phacelia, Inkarnatklee.

Stoppelsaaten: Was ist für das Gelingen entscheidend?

Frühe Saat nach frühreifer Vorfrucht,
ausreichende Niederschläge.

Welche Pflanzen liefern das erste Grünfutter im Frühjahr?

Rübsen,
Raps,
Grünroggen,
Wickroggen,
Welsches Weidelgras,
Landsberger Gemenge.

Welche Pflanzen liefern das letzte Grünfutter im Herbst?

Stoppelklee,
Seradella,
Stoppelhülsenfrucht,
Grünsenf,
Rübenblatt,
Stoppelrüben,
Markstammkohl.

Futterkalender

Grünland

Bedeutung – Grünland in der Betriebsorganisation: Welche hat es?

Früher galt die Wiese als die »Mutter des Ackerlandes«; sie sollte über das Rindvieh die Stallmistversorgung des Ackerlandes sichern.

Heute erschwert ein größerer absoluter Grünlandanteil manchem Betrieb die arbeitswirtschaftlich günstigere, rindviehlose Wirtschaft.

»Absolutes« Grünland: Was versteht man darunter?

Landwirtschaftliche Nutzflächen, die für die Ackernutzung zu naß sind, landwirtschaftliche Nutzflächen in niederschlagsreichem Klima, stark hängige oder sehr flachgründige landwirtschaftliche Nutzflächen.

Nutzung – Welche Nutzungsarten sind üblich?

Wiese – Weide – Mähweide.

Was ist günstiger: Dauergrünland oder Feldgraswirtschaft?

Dauergrünland bringt höhere Erträge,
es spart Ansaatkosten,
es mindert das Ansaatrisiko und die Unkrautgefahr.
In Ackerbaubetrieben ist es zweckmäßig, die Wiesen, soweit möglich, durch Feldfutterbau zu ersetzen.

Pflanzen – Welche Pflanzenarten bilden die Narben des Grünlandes?

Gräser, Kleearten, Kräuter.

Wie werden die Gräser unterteilt?

In Obergräser und Untergräser.

Wie heißen die wichtigsten Kleearten des Grünlandes?

Wiesenrotklee, Weißklee, Schwedenklee, Hornschotenklee, Gelbklee u. a.

Kleearten: Welche eignen sich für die Weide?

Weißklee, Rotklee, Schwedenklee.

Wie heißen die wichtigsten Obergräser?

Rohrglanzgras   Wiesenfuchsschwanz   Wiesenschwingel   Wiesenlieschgras

1 Rohrglanzgras:
a) Hoher, rohrartiger Wuchs,
b) Blatthäutchen, groß, spitz, Querverbindungen in der Blattscheide,
c) Ährchen (einblütig, unbegrenzt).

2 Wiesenfuchsschwanz:
a) Lockerer Horst,
b) Scheinähre,
c) Ährchen mit Granne,
d) Blattgrund mit abgestutztem Blatthäutchen.

3 Wiesenschwingel:
a) Lockerer Horst mit vielen Bodenblättern,
b) Blattgrund mit 2 großen, kahlen Blattröhrchen und sehr kurzem Blatthäutchen,
c) Ährchen unbegrannt.

4 Wiesenlieschgras:
a) Lockerer Horst,
b) kräftige Scheinähre,
c) Ährchen in 2 kurzen Spitzen endend,
d) Blattgrund mit langem zugespitztem Blatthäutchen.

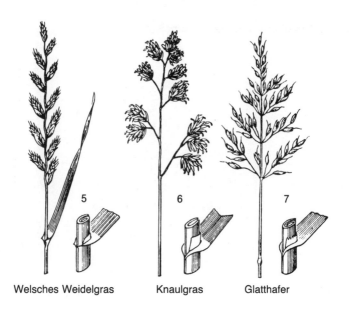

Welsches Weidelgras　　　Knaulgras　　　Glatthafer

5 Welsches Weidelgras:
a) Hoher, blattreicher Horst,
b) Blattgrund mit großen Blattröhrchen, kurzem Blatthäutchen,
c) Ährchen, vielblütig, stark begrannt,
d) Schmalseite des Ährchens liegt der Spindel an.

6 Knaulgras:
a) Horst mit sehr hohen Halmen,
b) Blattgrund mit hohem, weißem Blatthäutchen,
c) Ährchen (3–4-blütig, grannenspitzig).

7 Glatthafer:
a) Horst mit sehr hohen Halmen,
b) Blattgrund mit fein gezäneltem Blatthäutchen; Spreite meist leicht behaart,
c) Ährchen, groß, mit einer kräftigen, geknieten Granne.

Wie heißen die wichtigsten Untergräser?

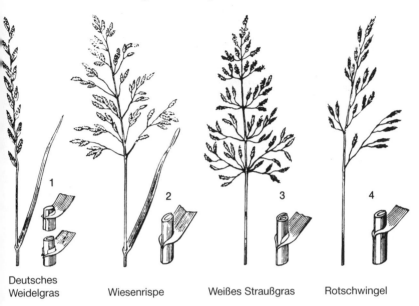

Deutsches Weidelgras   Wiesenrispe   Weißes Straußgras   Rotschwingel

1 Deutsches Weidelgras:
a) Niedriger, blattreicher Horst,
b) Blattgrund mit deutlichen Öhrchen und kurzem Blatthäutchen,
c) Ährchen, vielblütig, unbegrannt,
d) Schmalseite des Ährchens liegt der Spindel an.

2 Wiesenrispe:
a) dichter Rasen,
b) Blattgrund mit kleinem Blatthäutchen,
c) Blattspitze kahnförmig zugespitzt, »Schispur« auf der Blattmitte,
d) Ährchen, klein, unbegrannt.

3 Weißes Straußgras:
a) Rasen mit unterirdischen Ausläufern,
b) Blattgrund mit langem, spitzem Blatthäutchen,
c) Ährchen, sehr klein, einblütig, unbegrannt.

4 Rotschwingel (ausläufertreibend):
a) Rasen mit unterirdischen Ausläufern,
b) Blattgrund mit kurzen, nach vorne gezogenen Blattöhrchen (Häutchen sehr kurz),
c) Ährchen begrannt.

Welche Gräser eignen sich besonders für die Weide?
Deutsches Weidelgras,
Wiesenrispe.

Wie heißen die wichtigsten Kräuter des Grünlandes?
Kümmel, Wiesenkerbel, Bärenklau, Löwenzahn, Wegerich, Schafgarbe, Wiesenbocksbart, Wiesenknopf, Ampfer u. a.

Wie sind die Kräuter zu beurteilen?
Hinsichtlich ihres Futterwertes sind die Kräuter unterschiedlich zu beurteilen. Durch ihren teilweise hohen Gehalt an Mineral-, Geschmacks- und Wirkstoffen wirken sie günstig für die Ernährung der Tiere. Ein Massenauftreten wirkt sich nachteilig aus, da sie die Gräser und Leguminosen verdrängen und somit zu Unkräutern werden.

Kräuteranteil: Wodurch läßt er sich vermindern?
Durch harmonische Düngung mit Stickstoff, Phosphat und Kali,
durch sachgemäße Grünlandpflege,
durch rechtzeitigen Schnitt,
durch Beweiden (Wechselnutzung).

Doldenblütler: Welche werden als Jauche-Unkräuter bezeichnet?
Wiesenkerbel, Schafgarbe,
Bärenklau,   Kälberkropf.

Düngung – Muß das Grünland mit Stallmist gedüngt werden?

Auch für Grünland ist eine Stallmistdüngung günstig. Sie fördert das Bodenleben; strohiger Stallmist schützt die Grasnarbe vor Frost und Austrocknen. Im Frühjahr werden daher stallmistgedüngte Flächen schneller grün.
Stallmist gibt man alle 3–4 Jahre. Grundsätzlich aber gilt: Acker nutzt den Stallmist besser als Grünland.

Was ist bei der Düngung mit Jauche oder Gülle zu beachten?
Jauche führt dem Boden überwiegend Stickstoff und Kali zu. Die Düngung mit Jauche und Gülle muß durch Phosphat ergänzt werden, da Rindergülle relativ phosphatarm ist, Schweine- und Hühnergülle phosphatreich, aber kaliarm sind.
Auf 10 m^3 Jauche sind (je nach Gehalt der Jauche) etwa 25–35 kg P_2O_5 nötig.

Jauche: Wann soll sie ausgefahren bzw. gegüllt werden?

Bei regnerischem Wetter, aber noch befahrbarem Boden. Günstig ist es, Jauche oder Gülle unmittelbar nach einem Schnitt oder nach dem Abweiden einer Koppel auszubringen.
Regionale Ausbringungsvorschriften sind zu beachten!

Gülle: Welche Menge gibt man auf 1 ha?

Etwa 15–30 m^3, je nach TS-Gehalt.

Eine gesteigerte Flüssigmist-Düngung fördert besonders die Kräuter (links).

Was passiert im Grünland bei einseitig hoher organischer Düngung?

Es treten hohe, grobstengelige, holzige Unkräuter auf (Doldenblütler, z. B. Wiesenkerbel, Bärenklau, Kälberkropf). Der Futterwert dieser Pflanzen ist sehr gering, solches Heu läßt sich schwer trocknen und die feinen Blätter bröckeln ab. Die Nährstoffe werden schlecht verwertet und zum Teil ausgewaschen.

Nährstoffe: Welche Wirkung haben sie im Grünland?

Stickstoff bringt mehr Grünmasse und Eiweiß, Phosphat und Kali wirken besonders günstig auf die Kleearten und beeinflussen so die Qualität des Heues.

Düngung: Welche ist bei Wiesen (3 Schnitte) üblich?

100–150 kg N/ha,
50–100 kg P$_2$O$_5$/ha, } nach Bodenuntersuchung und Entzug.
100–160 kg K$_2$O/ha.

Ansaat – Was ist bei Neusaaten zu beachten?

Passende Gräser- und Kleemischung verwenden,
gute Düngung,
richtiger Aussaatzeitpunkt,
eventuelle Überfrucht rechtzeitig mähen,
neuen Bestand richtig nutzen.

Neusaat: Wann und wie wird sie angelegt?

Als Untersaat bei Getreide (besonders Sommergerste) 8 Tage nach der Getreideaussaat im Frühjahr; als Reinsaat im Frühjahr.
Es bürgert sich immer mehr die Drillsaat mit engstmöglichem Reihenabstand ein.
Zur Bestandserneuerung ist häufig eine Über- oder Nachsaat ausreichend.

Samenmischung: Welche ist zu verwenden?

Im Fachhandel sind bewährte Mischungen erhältlich, die Wirtschaftsberatung hilft mit Informationen.

Welche Pflanzenzusammensetzung soll eine Wiese haben?

Der Ertragsanteil der Artengruppen soll etwa sein:
Obergräser   40–50%,
Untergräser   20–30%,
Kleearten und Kräuter 20–30%.

Welche Pflanzenzusammensetzung soll eine Weide haben?

Obergräser   20–30%,
Untergräser   40–50%,
Kleearten und Kräuter 20–30%.

Pflege – Welche allgemeinen Maßnahmen sind notwendig?

Vorhandene Gräben reinigen,
vorhandene Drainagen freihalten,
Eggen mit der Wiesenegge im Frühjahr bei Vermoosung,
Walzen auf anmoorigen und moorigen Böden im Frühjahr mit einer schweren Wiesenwalze.

Ernte – Welche Verfahren sind im Grünland üblich?

Langgut-Kette mit Auf- und Ablademaschinen und -geräten, Ladegitter, Ladewagen und Großraumladewagen,
Langgut-Kette mit Heupressen, Rundballenpressen,
Häckselkette mit Häckslern und Häckselladewagen.
Alle Arbeitsketten müssen lückenlos und passend durchmechanisiert sein (Maschinenring oder Lohnunternehmer nutzen).

Futterkonservierung: Welche Möglichkeiten gibt es?

Bodentrocknung,
Gerüsttrocknung,
Bodentrocknung bis 40–45% Wassergehalt und Nachtrocknen mit Kalt- oder Warmluftgebläse,
Heißlufttrocknung zu Grünmehl, Pellets, Briketts oder Cobs, Gärfutterbereitung.

Gärfutter – Gärfutterbereitung: Welche Vorteile hat sie?

Gut gelungene Silage ist ein wertvoller Bestandteil vollwertiger Futterrationen. Mit dem Silieren von Gras usw. kann bereits frühzeitig im Mai begonnen werden. Die Vorteile sind: Junges, eiweißreiches Futter wird mit geringen Verlusten konserviert, die Rauhfutterernte wird zeitlich auseinandergezogen, Arbeitsspitzen werden vermieden und die Wetterabhängigkeit verringert.

Silieren: Was ist dabei zu beachten?

Rechtzeitiger Schnitt.
Eiweißreiche Pflanzenarten müssen angewelkt werden, die Silierbehälter müssen sauber sein und luftdicht verschließbar, das Gärgut muß dicht lagern (Herauspressen der Luft). Silier- und Zusatzmittel vermindern das Risiko von Fehlgärungen.

Was heißt anwelken?

Das Gärgut trocknet (welkt) nach dem Schnitt ½–1½ Tage an (Sinken des Wassergehaltes auf 60–70%) und wird erst dann in den Silo gebracht.

Welche Arten von Silos gibt es?

Hochsilos, Tiefsilos, Flach-(Fahr-)silos (massiv oder aus Folien), Folienschlauchsilos, Großballen-Foliensilos.

Aus welchem Material werden die Silos gebaut?

Beton, Formsteinen, Holz, Metall, Kunststoff.

Silos: Wie kann man sie luftdicht abschließen?

Betonsilos werden innen mit einem säurefesten Anstrich versehen. Als Abschluß nach oben verwendet man Kunststoffolien, Tauchdeckel, massive Decken mit Luken oder Betonpreßdeckel. Alle sonstigen Abdeckungen ohne Folie sind sehr arbeitsaufwendig und fördern als Notbehelf die Verluste.

Hochsilos: Wie werden sie statisch eingeteilt?

Klasse I: ½ Wasserdruck für stark vorgewelktes Futter,
Klasse II: ¾ Wasserdruck für Anwelksilage,
Klasse III: Voller Wasserdruck für Naßsilage.
Bei Silos der Klassen I und II kann auf Ableitung und einen Sammelbehälter (auch Jauchegrube) für den Gärsaft (Sickersaft) verzichtet werden, wenn der Saft im Silo angestaut wird. Silos der Klasse III müssen einen Sammelbehälter aufweisen.

Silier-Zusatzmittel: Welche Vorteile haben sie?

Die erwünschte Milchsäuregärung beginnt schneller,
die Gefahr von Fehlgärungen wird vermindert,
geringer Atmungsverlust;
auch Naßsilagen können damit noch gelingen,
leicht silierbare oder stärker angewelkte Pflanzen kann man ohne Zusätze silieren.

Siliermittel: Wann sind sie zu empfehlen?

Bei sehr eiweißreichen Futterpflanzen,
bei weniger als 35% TM,
bei verregnetem Futter (auch mit über 35% TM),
bei Futter, das länger als 3 Tage lag (auch bei über 35% TM),
bei stark verschmutztem Futter,
bei Silomais von über 30% TM,
bei Futter von 40–50% TM, wenn Nachgärungen zu befürchten sind.

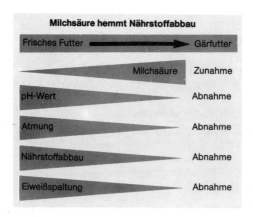

Einflüsse auf die Milchsäurebildung während des Gärprozesses (Schema).

Silieren: Welche Pflanzen eigenen sich besonders?
Junges Gras, Zuckerrübenblatt,
Silomais, Landsberger Gemenge.

Gärfutter: Nach welchen Gesichtspunkten wird es beurteilt?
Schnittzeitpunkt, Farbe, Geruch, Gefüge, pH-Reaktion, Gehalt an Milch-, Essig- und Buttersäure (FLIEG-Punkte).
Die Silage soll frei von Buttersäure sein, der Essigsäureanteil unter 0,4% liegen.

Trocknung – Heißlufttrocknung: Wozu eignet sie sich?
Vereinzelt für Genossenschaften, um hochwertiges Trockengrün in Form von Grünmehl, Pellets, Cobs oder Briketts herzustellen.

Belüftung – Belüftungstrocknung: Welche Systeme sind üblich?
Nach Art der Luftführung sind 2 Systeme zu unterscheiden:
– Die vertikale Luftführung über Flachrost und Kanäle (System Aulendorf).
– Die horizontale Luftführung, z.B. Heuturm (Druckluftanlagen mit liegendem Kanal).

Kaltbelüftung:	System Aulendorf und System Braunschweig;
Entlüftung:	System Hohenheim (Luft wird aus dem Heu abgesaugt, Frischluft dringt selbsttätig ein);
Heuturm:	Belüftung durch Zentralrohr;
Warmlufttrocknung:	Statt Kaltluft wird unterschiedlich stark aufgewärmte Luft eingeblasen.

Belüftungstrocknung: Welche Vorteile hat sie?
Verkürzen der Bodentrocknung auf mindestens 1½ Tage (Wetterrisiko!), das Erntegut kann mit 50–30% Feuchtigkeit eingefahren werden, keine Blatt-, bzw. Bröckelverluste (bessere Futterqualität), geringe Selbstentzündungsgefahr.

Belüftungstrocknung: Worauf ist dabei zu achten?
Überwachen der Anlage, der Feuchtigkeit, der Temperatur;
gleichmäßig lockeres Einlagern,
Überprüfen der Temperatur auch nach Abschluß der Belüftung,
Vermeiden von Lärm während der Nacht.

Belüftungstrocknung: Welche Luftmengen sind dabei nötig?

Je nach Klimagebiet und Verfahren je m² Grundfläche 0,12 bis 0,35 m³ Luft/s.

Heu – Heubereitung: Worauf ist dabei besonders zu achten?

Auf Nährstoffverluste (besonders nachteilig sind Blattverluste durch Bröckeln); auf die Gefahr der Selbstentzündung (Meßsonde!).

Nährstoffverluste: Wie hoch sind sie bei den verschiedenen Trocknungsverfahren?

Bodentrocknung, schlechtes Wetter	50–70%
Bodentrocknung, sehr gutes Wetter	40–50%
Gerüsttrocknung	30–45%
Belüftungstrocknung	15–30%
Warmlufttrocknung	10–20%
Heißlufttrocknung	10%

Schnittzeit: Welchen Einfluß hat sie auf den Wert des Heues?

Früher Schnitt (vor der Blüte) ergibt hohen Eiweiß- und Energiegehalt,
später Schnitt (nach der Blüte) ergibt hohen Rohfasergehalt und daher niedere Nährstoffkonzentration.

Heuturm: Was versteht man darunter?

Einen Hochbehälter mit Luftschlitzen in der Außenwand, mit mechanischer Beschickungs- und Entnahmevorrichtung, Belüftung über ein Zentralrohr und eventuell mechanisierter Futtervorlage.

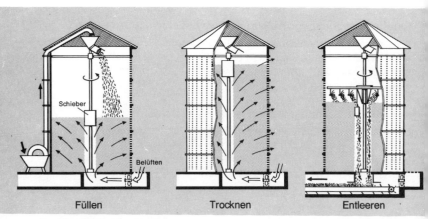

Funktionsweise des Heuturms.

Selbstentzündung – Wann besteht bei Heu Gefahr?

Wenn das Heu Temperaturen zwischen 50 und 70 °C im Stock erreicht hat. In solchen Fällen ist die Temperatur des Heustockes mindestens alle zwei Stunden zu messen. Ab 70 °C besteht akute Brandgefahr.

Wie wird die Heutemperatur überwacht?

Durch Messen mit einer ausreichend langen Heumeßsonde ab dem zweiten Tag nach dem Einlagern. Gefährdete Heustöcke sind vier Monate lang alle zwei Tage zu messen.

Was ist ein Heuwehrgerät?

Es dient zur Abkühlung überhitzter Futterstöcke (Gebläseabkühlverfahren). Zahlreiche Feuerwehren sind damit ausgerüstet. Ein überhitzter Heustock darf nur im Beisein der Feuerwehr abgetragen werden!

Was ist bei Gefahr zu tun?

Feuerwehr alarmieren, Heuwehrgerät einsetzen, überhitzten Stock abtragen, Heu in genügenden Abstand von Gebäuden ins Freie bringen.

Weidewirtschaft

Welche Vorteile hat Weidewirtschaft?

Hohe Nährstofferträge bei hoher Düngung,
Arbeitsersparnis bei arrondierter Lage,
gesunde Tierhaltung.

Weide: Welche Voraussetzungen sind dafür notwendig?

Geregelte Wasserverhältnisse,
ausreichende und regelmäßige Niederschläge,
am besten eignet sich ein Klima mit 700–900 mm Jahresniederschlägen.
Die Sommerniederschläge müssen mindestens 300 mm erreichen,
die mittlere Jahrestemperatur sollte 7–8 °C betragen.

Weide: Wie muß der Boden dafür beschaffen sein?

Trittfest; nasser Boden eignet sich nicht für eine Weide.

Weidezaun – Welche Formen sind üblich?

Fester Zaun und Elektrozaun.

Elektrozaun: Welche Vorteile hat er?

Leichte Verschiebbarkeit,
kosten- und arbeitssparend,
Stromstärke bei Berührung 0,1–0,3 A.

Weidegang – Wie werden die Tiere darauf vorbereitet?

Klauenpflege,
kurzes Austreiben vor dem Beginn der eigentlichen Weidezeit,
gesunde Stallhaltung mit Frischluft,
auch während des Winters an sonnigen Tagen die Tiere für kurze Zeit ins Freie lassen.

Was ist dabei zu beachten?

Gutes Vorbereiten der Tiere auf die Weide,
richtige Beifütterung (Eiweißausgleich!),
reichliche Tränkwasserversorgung,
Schutz vor Witterungsunbilden,
ausbruchsicherer Zaun.

Beifutter: Welches brauchen die Tiere?

Das hängt von der Qualität der Weide ab. In den ersten Wochen der Weide und bei jungem, eiweißreichem Gras empfiehlt sich das Beifüttern von Heu oder Silage. Auf jeden Fall ist das Beifüttern von Mineralstoffen notwendig.

Weideformen – Welche sind üblich?

Extensive und intensive Standweide, Umtriebsweide (Mähweide), Portionsweide.

Wie hoch soll das Gras beim Austrieb sein?

15–25 cm ist die Regel. Beim ersten Auftrieb im Mai 15 cm.

Extensive Standweide: Wodurch ist sie gekennzeichnet?

Keine Koppeleinteilung,
keine oder geringe N-Düngung,
große tägliche Freßfläche je GV (etwa 0,5 ha),
große Weidefläche je GV (ca. 1 GV/ha),
kein Umtrieb.

Intensive Standweide: Wodurch ist sie gekennzeichnet?

Hohe Düngung (350–400 kg/ha und Jahr),
hoher Viehbesatz (5–6 GV/ha),
hohe Weidebelastung bei geringer Arbeitsbelastung (4500 bis 5500 kStE/ha).

Extensive Standweide bedeutet Futterverschwendung.

Umtriebsweide: Wodurch ist sie gekennzeichnet?

9–25 Koppeln,
tägliche Freßfläche je GV etwa 0,03–0,07 ha,
Weidefläche je GV etwa 0,2–06 ha,
2–5 Umtriebe.

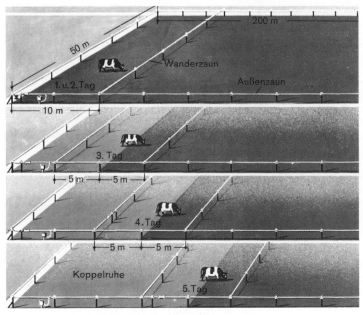

Nutzung einer Weidekoppel als Portionsweide.

Portionsweide: Wodurch ist sie gekennzeichnet?

Koppelunterteilung durch Elektrozaun,
tägliche Freßfläche je GV etwa 0,01 ha,
Weidefläche je GV etwa 0,2 ha,
5–6 Umtriebe.

Mähweidenutzung: Was kennzeichnet sie?

Der ständige Wechsel zwischen Tritt (Weiden) und Schnitt (Mähen).

Wie kann dieser Wechsel erreicht werden?

Durch zeitiges Silieren und entsprechend ausreichenden Siloraum – gegebenenfalls Belüftungstrocknung; den ganzen Sommer über neben Beweiden Gewinnen von Silage und Heu.

Wie wird die Weidenutzung vorgenommen?

Keine Mehrgruppennutzung, sondern möglichst auf den hofnahen Weiden das Milchvieh (intensive Nutzung), auf den hoffernen Weiden das Jungvieh (weniger intensive Nutzung).

Intensive Weidewirtschaft: Was kennzeichnet sie?

Hohe Besatzstärke (4–6 GV/ha),
hohe Stickstoffgaben (bis 300 kg/ha),
hohe Weideleistung (4000–6000 kStE/ha),
rascher Umtrieb (4–6mal),
kurze Freßzeiten (2–4 Tage),
lange Ruhezeiten (24–28 Tage).

Besatzdichte: Was heißt das?

Die Besatzdichte gibt an, wie viele GV je ha jeweils gerade auf einer Koppel aufgetrieben sind, d. h. Zahl der aufgetriebenen GV: zugeteilte Weidefläche in ha.

Besatzstärke: Was heißt das?

Die Besatzstärke gibt an, wie viele GV auf der vorhandenen Weidefläche während der ganzen Weidezeit gehalten werden, d. h. Zahl der aufgetriebenen GV : gesamte Weidefläche in ha.

Düngung – Weiden: Welche Düngergaben sind üblich?

200–350 kg N/ha,
 80–120 kg P_2O_5/ha,
100–150 kg K_2O/ha.

Mineraldünger: Wann sollten sie ausgebracht werden?

Stickstoffgaben im zeitigen Frühjahr und zwischen den Umtrieben bzw. nach dem ersten Mähen.
Phosphat- und Kaligaben am besten im Herbst als Grunddüngung.

Pflege – Weide: Wie wird sie gepflegt?

Jede Koppel soll mindestens 1–2mal nachgemäht werden. Außerdem Fladenverteilen mit einem am Traktor angebrachten Balken oder eisernen Wagenreifen.

Erträge – Weide: Welche Erträge liefert sie?

Gute Standweiden	1300–2000 kStE =	45– 70 dt als Heu/ha,
intensive Standweiden	4000–6000 kStE =	130–200 dt als Heu/ha,
gute Umtriebsweiden	4000–5000 kStE =	100–130 dt als Heu/ha,
gute Portionsweiden	5000–6000 kStE =	130–200 dt als Heu/ha.

Gefahren der Weide – Welche können auftreten?

Blähungen,
Weidetetanie,
Leberschädigungen.
Tierische Schädlinge, z. B. Dasselfliege, Infektionen mit Wurmlarven.

Älpung – Was ist Almwirtschaft?

Weidehaltung in den Bergen während der Sommermonate mit einer eigenen Stallung, der sog. Almhütte.

Welche Formen der Älpung gibt es?

Milchviehälpung,
Jungviehälpung,
Stierälpung.

Trüdern – Was ist das?

Trüdern ist ein Weideverfahren, beim dem das Weidetier, z. B. Bullen, Ziegen, früher auch Kühe, mit einer Kette an einem Pflock angebunden ist und nur im Umkreis um den Pflock weiden kann.

Allgemeine Fragen aus dem Pflanzenschutz

Begriffe – Pflanzenbehandlungsmittel: Was sind das?

Unter der Bezeichnung Pflanzenbehandlungsmittel werden Pflanzenschutzmittel und Wachstumsregler zusammengefaßt.

Pflanzenschutzmittel werden zum Schutz der Pflanzen und Pflanzenerzeugnisse vor Schadorganismen und Krankheiten angewandt.
Mit *Wachstumsreglern* kann das Pflanzenwachstum in bestimmter Weise beeinflußt werden (z. B. Halmfestigung, Bewurzelung, Fruchtabfall).

Pestizide: Was sind das?

Pestizide sind Wirkstoffe, die gegen schädliche, unerwünschte Mikroorganismen (Krankheiten und Schädlinge) angewandt werden. Im allgemeinen Sprachgebrauch werden jedoch außer Pflanzenschutz- und Schädlingsbekämpfungsmitteln auch Unkrautbekämpfungsmittel und Wachstumsregler als Pestizide bezeichnet.

Was sind Fungizide, Insektizide, Herbizide usw.?

Fungizide sind Mittel gegen Pilzkrankheiten,
Insektizide sind Mittel gegen Insekten,
Herbizide sind Mittel gegen Unkräuter,
Akarizide sind Mittel gegen Milben,
Nematizide sind Mittel gegen Nematoden,
Rodentizide sind Mittel gegen Nagetiere (Ratten und Mäuse),
Molluskizide sind Mittel gegen Schnecken,
Attractants sind Lockstoffe,
Pheramone sind Duft- und Warnstoffe,
Repellents sind Abwehrstoffe,
Sterilantien sind Mittel zur Unfruchtbarmachung.

Wir wirken die chemischen Insektizide?

Als Berührungs-, Fraß- oder Atemgifte.

Systemische Mittel – Was versteht man darunter?

Die sog. innertherapeutische Wirkung von Pflanzenschutzmitteln (Insektiziden, Fungiziden aber auch Herbiziden), die von der Pflanze über die Blätter oder über das Wurzelsystem aufgenommen, im

Saftstrom weitergeleitet werden und dadurch gezielt, z. B. gegen saugende Insekten, wirksam sind.

Welches sind die bekanntesten organisch-synthetischen Insektizidgruppen?

Organische Phosphorverbindungen,
insektizide Carbamate,
synthetische Pyrethroide.

Gefahren – Pflanzenschutzmittel: Worauf ist bei ihrem Einkauf zu achten?

Pflanzenschutzmittel müssen von der Biologischen Bundesanstalt für Land- und Forstwirtschaft (BBA) geprüft und zugelassen sein. Auf den Packungen aller zugelassenen Pflanzenschutzmittel ist das Zulassungszeichen und die Zulassungsnummer aufgedruckt.
Giftige Pflanzenschutzmittel dürfen an Kinder und Jugendliche unter 16 Jahren nicht verkauft werden.

Wie sind giftige Pflanzenschutzmittel gekennzeichnet?

Alle Pflanzenschutzmittel entfalten im weitesten Sinne eine Giftwirkung und können bei unsachgemäßer Anwendung zu Gesundheitsschäden führen.
Pflanzenschutzmittel sind dem Grad ihrer Gefährlichkeit entsprechend eingestuft (früher: Giftabteilungen) und werden – sofern Landesrecht es vorschreibt – mit den Gefahrensymbolen entsprechend einer EG-Richtlinie gekennzeichnet. Die Gefahrensymbole sind schwarz auf orangenem Untergrund. Ihre Bezeichnungen sind:

T   Giftig

Stoffe und Zubereitungen, die nach Einatmen, Verschlucken oder Aufnahme durch die Haut erhebliche Gesundheitsschäden oder den Tod verursachen können.

Xn   Gesundheitsschädlich

Stoffe und Zubereitungen, die nach Einatmen, Verschlucken oder Aufnahme durch die Haut Gesundheitsschäden geringeren Ausmaßes verursachen können.

Xi Reizend

Stoffe und Zubereitungen, die, ohne ätzend zu sein, nach einmaliger oder wiederholter Berührung mit der Haut oder den Schleimhäuten sofort oder später deren Entzündung verursachen können.

C Ätzend

Stoffe und Zubereitungen, die bei Berühren mit lebendem Gewebe dessen Zerstörung verursachen können.

Welche Zeichen verleiht die BBA?

Amtliche Zeichen der Biologischen Bundesanstalt (BBA) für anerkannte (rechts) und zugelassene Pflanzenschutzmittel und Pflanzenschutzgeräte.

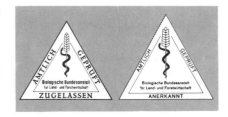

Pflanzenschutzmittel: Wie sind sie aufzubewahren?

Pflanzenschutzmittel sind nur in der Originalpackung aufzubewahren und insbesondere dem Zugriff von Kindern zu entziehen! Niemals in andere Behältnisse umfüllen (z. B. Bierflaschen, Marmeladegläser) und nicht zusammen mit Lebens- oder Futtermitteln lagern! In einem besonderen Schrank oder Raum – gegebenenfalls als Giftschrank oder Giftraum kennzeichen – unter Verschluß halten.

Pflanzenschutzmittel: Was ist bei der Anwendung zu beachten?

Zu Arbeiten mit Pflanzenschutzmitteln nur zuverlässige, körperlich und geistig gesunde Personen heranziehen.
Gebrauchsinformationen, insbesondere Dosierungsangaben, genau befolgen. Nur so viel Spritzflüssigkeit ansetzen, wie benötigt wird.
Bei der Arbeit mit Pflanzenschutzmitteln nicht essen, trinken oder rauchen.
Gegebenenfalls Schutzkleidung anlegen.
Nach Beendigung der Arbeiten trotz sorgfältiger Bemessung im Gerätetank verbliebene Restmengen der Spritzflüssigkeit nicht nachträglich auf der behandelten Fläche verteilen (andernfalls entstehen durch Überdosieren Gefahren von Pflanzenschäden), nicht in Oberflächengewässer (Bäche, Seen) oder in die Kanalisation einlei-

ten. Restmengen zur nächstgelegenen Mülldeponie bringen, gegebenenfalls Zwischenlagerung in besonders gesicherten Behältern auf dem Hof. Örtliche Regelungen der Abfallbeseitigung beachten.
Hände und Gesicht nach der Arbeit gründlich waschen, Kleidung sorgfältig reinigen.
Leere Verpackungen von Pflanzenschutzmitteln unbrauchbar machen und ordnungsgemäß beseitigen.

Wartezeit – Was versteht man darunter?

Die Wartezeit ist der Zeitraum, der laut Gebrauchsanweisung zwischen der letzten Behandlung eines Pflanzenbestandes mit Pflanzenschutzmitteln und dem Erntetermin einzuhalten ist, um unzulässige Rückstände auf und in dem Erntegut zu vermeiden.

Warndienst – Welche Aufgaben hat der Pflanzenschutzwarndienst?

Beobachten und Beurteilen des Auftretens von Schadorganismen und Krankheiten der Pflanzen.
Vorhersage über den zu erwartenden Krankheits- und Schädlingsbefall.
Herausgabe von Empfehlungen an die Praxis für zeitlich richtige, gezielte Bekämpfungsmaßnahmen, geeignete Methoden und bei Bedarf Verwendung bestimmter Pflanzenschutzmittel unter Berücksichtigung der wirtschaftlichen Schadensschwellen.

Schadenschwelle – Was versteht man darunter?

Als wirtschaftliche Schadenschwelle wird die Populationsdichte eines Schaderregers bezeichnet, deren Überschreiten wirtschaftliche Schäden zur Folge hat, wenn keine oder nur ungenügende Pflanzenschutzmaßnahmen durchgeführt werden.
Bei Beachten der wirtschaftlichen Schadenschwelle können Kosten gespart und die Umwelt geschont werden. Auskünfte erteilt das Pflanzenschutzamt.

Schadenschwelle bei der Unkrautbekämpfung: Wie wird sie ermittelt?

Mit Hilfe des »Göttinger Rahmens«. Dabei sollen in gut entwickelten, gleichmäßigen Getreidebeständen nicht mehr als 5% Unkrautdeckungsgrad oder 40–60 Unkrautpflanzen/m^2 oder 20–30 Ungraspflanzen/m^2 oder 30 Unkraut- plus 10 Ungraspflanzen/m^2 oder 1 Klettenlabkraut/10 m^2 vorhanden sein.
Quecke, Flughafer und Ackerkratzdistel müssen gesondert gewertet werden.

Biomonitoring: Was versteht man darunter?

Das Beobachten standorttreuer Säugetiere und Vögel, mit deren Hilfe die Gefährdung eines Ökosystems (Wald, Landschaft) gemessen werden kann.

Pflanzenschutzgeräte – Welche Arten werden unterschieden?

Spritzgeräte mit verhältnismäßig grober Tröpfchenverteilung und großem Verbrauch an Flüssigkeit.

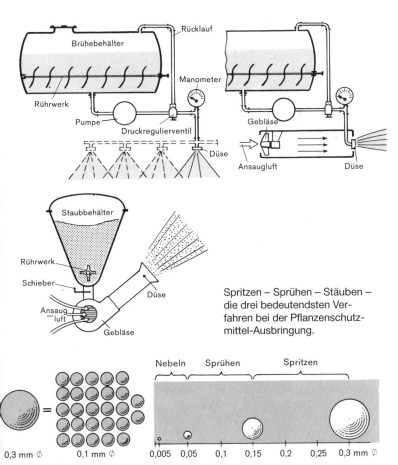

Spritzen – Sprühen – Stäuben – die drei bedeutendsten Verfahren bei der Pflanzenschutzmittel-Ausbringung.

Die Tröpfchengröße bei verschiedenen Möglichkeiten der Ausbringung von Pflanzenschutzmitteln.

Sprühgeräte zum Verteilen feiner Sprühtröpfchen bei geringem Flüssigkeitsverbrauch (Anwendung vornehmlich bei Obst- und Sonderkulturen).
Nebelgeräte zum Erzeugen besonders feiner Tröpfchen (im landwirtschaftlichen Pflanzenschutz weniger verwendet).
Stäubegeräte zum Ausbringen staubförmiger Mittel.
Granulatstreuer zum Verteilen von Granulaten.
Unkrautstreichgeräte zum Bekämpfen von hohen Einzelpflanzen (z. B. Schoßrüben, Ampfer) helfen Mittel einsparen und schonen die Umwelt.

Wie sind sie zu warten?

Geräte stets in ordnungsgemäßem technischen Zustand erhalten; Bedienungs- und Pflegeanleitung beachten.
Freiwillige Prüfmöglichkeiten nutzen.
Vor dem Einsatz einwandfreie Funktion prüfen (insbesondere achten auf richtigen und gleichmäßigen Pumpendruck, Zustand der Schläuche, richtige und unverschlissene Düsen sowie Düseneinstellung).
Nach dem Einsatz Geräte gründlich durchspülen und reinigen. Geräte regelmäßig, in längstens zweijährigem Abstand auf einem Prüfstand (z. B. bei landwirtschaftlichen Genossenschaften, Reparaturwerkstätten des Landmaschinenhandels) kontrollieren lassen.

Bandspritzung – Was versteht man darunter?

Eine Form der in Reihenkulturen (z. B. Rüben, Mais) anwendbaren Reihenbehandlung zwecks verringertem Mittelaufwand. Es wird jeweils nur ein schmaler Streifen auf oder – seltener – zwischen den Pflanzenreihen behandelt.

Randstreifenbehandlung – Was ist das?

Zur Bekämpfung von Unkraut oder Schadinsekten z. B. in Getreidebeständen genügt mitunter – wenn die wirtschaftliche Schadensschwelle überschritten ist – das Behandeln eines Randstreifens des Pflanzenbestandes.

Biologische Schädlingsbekämpfung – Was ist das?

Die biologische Schädlingsbekämpfung gewinnt im Rahmen des Intergrierten Pflanzenschutzes immer mehr an Bedeutung. Ihre wichtigsten Möglichkeiten bestehen in der Schonung und Förderung von Nützlingen, in der Freilassung von in Massen gezüchteten Nützlingen und in der Ausbringung von Insekten-Krankheitserregern.

Integrierter Pflanzenschutz – Was ist das?

Integrierter Pflanzenschutz ist ein Verfahren, bei dem alle Techniken und Methoden angewendet werden, die geeignet sind, das Auftreten von Schadorganismen unter der wirtschaftlichen Schadensschwelle zu halten bei gleichzeitig größtmöglicher Schonung des Naturhaushaltes. Dabei stehen anbauhygienische Maßnahmen im Vordergrund, wie optimale Bodenpflege, richtige Standort- und Sortenwahl, bestimmte Pflanz- und Saattermine, richtige Düngung.

Ferner werden alle Möglichkeiten zur Förderung der natürlichen Begrenzungsfaktoren für Schadorganismen ausgeschöpft. Chemische Pflanzenbehandlungsmittel sollen nur in unumgänglich notwendigem Umfang gezielt eingesetzt werden. Selektiv wirkende, nützlingsschonende Mittel haben Vorrang vor herkömmlichen breitenwirksamen Präparaten.

Pflanzenschutzrecht – Rechtsvorschriften: Welches sind die wichtigsten für den praktischen Pflanzenschutz?

Das Pflanzenschutzgesetz; es ist die Rechtsgrundlage verschiedener Verordnungen zur Bekämpfung bestimmter Schadorganismen;
die Verordnung über Anwendungsverbote und -beschränkungen für Pflanzenschutzmittel (Pflanzenschutz-Anwendungsverordnung);
die Pflanzenbeschauverordnung;
die Bienenschutzverordnung;
das DDT-Gesetz;
das Lebensmittel- und Bedarfsgegenständegesetz als Rechtsgrundlage der Verordnung über Höchstmengen an Pflanzenschutz- und sonstigen Mitteln sowie anderen Schädlingsbekämpfungsmitteln in oder auf Lebensmitteln und Tabakerzeugnissen (Pflanzenschutzmittel-Höchstmengenverordnung – PHmV);
die Giftverordnungen der Länder;
die Landesvorschriften zur Ausführung der Verordnung über die Schädlingsbekämpfung mit hochgiftigen Stoffen.

Pflanzenschutzmittel-Höchstmengenverordnung: Was regelt sie?

Lebensmittel dürfen nicht in den Verkehr gebracht werden, wenn auf oder in ihnen höhere als die in der Verordnung festgelegten Höchstmengen von Pflanzenschutzmittel-Rückständen vorhanden sind.

Höchstmengenverordnung: Wer überwacht ihre Einhaltung?

Die Lebensmitteluntersuchungsämter der Länder entnehmen beim Handel laufend Stichproben aus Lebensmittelpartien und untersuchen diese auf Art und Menge von Pflanzenschutzmittel-Rückständen.

»ppm«: Was bedeutet der in der Höchstmengenvorschrift verwendete Begriff?

»ppm« ist eine oft gewählte Maßeinheit für Rückstände von Pflanzenschutzmitteln in oder auf landwirtschaftlichen Produkten; es ist die Abkürzung für »parts per million« = Teile pro Million. Die duldbaren Höchstmengen werden heute in Milligramm je Kilogramm angegeben.

»rem«: Was ist das?

1 »rem« ist diejenige Dosis ionisierender Strahlen (Alpha-, Beta- und Neutronenstrahlen), welche die gleiche biologische Wirksamkeit im Gewebe des menschlichen Körpers hat wie 1 Röntgen (R) der Röntgen- oder Gammastrahlung.

Becquerel: Was ist das?

Während die Einheit »rem« das Maß der auf einen Menschen einwirkenden Strahlung angibt, ist Becquerel (Bq) die Einheit der von einem radioaktiven Stoff ausgehenden Strahlung. Es ist ähnlich wie beim Unterschied von Emission und Immision.

Halbwertzeit: Was ist das?

Halbwertzeit ist die Zeit, in der eine wägbare Menge eines radioaktiven Elements sich zur Hälfte in ein neues, nicht mehr strahlendes Element umwandelt.

Biogas: Woraus besteht es?

Es ist ein Gasgemisch, das aus dem biologischen Abbau von organischer Masse entsteht. Die Zusammensetzung richtet sich nach dem Ausgangsmaterial und dem Verlauf des Abbauprozesses. Die Hauptbestandteile sind Methan (CH_4) und Kohlendioxid (CO_2).

Ozon: Was ist das?

Ein agressives oxidierendes Gas aus drei Sauerstoffatomen (O_3). Es entsteht bei Lichteinfluß besonders in schadstoffhaltiger Luft und kann Mensch, Tier und auch das Wachstum der Pflanzen schädigen.

Rückstände: Was sind das?

Rückstände sind Restmengen von meist chemischen Substanzen, die bei der pflanzlichen und tierischen Produktion verwendet werden. Sie sind unerwünscht und nur bis zu gewissen Höchstmengen zulässig.

Metaboliten: Was sind das?

Metaboliten sind Abbauprodukte von Pflanzenschutzmitteln, Wirkstoffen und organischen Chemikalien.

Treibhauseffekt: Was meint man damit?

So wird die Erwärmung der Atmosphäre durch den steigenden CO_2-Gehalt bezeichnet. Die Temperatur steigt als Folge der in den letzten Jahren rasant gestiegenen Verbrennung von fossilen Brennstoffen (Erdöl, Erdgas, Kohle). Nachwachsende Rohstoffe tragen nicht zum Treibhauseffekt bei, weil beim Aufbau der Pflanzen entsprechende Mengen Kohlendioxid verbraucht werden.

TA Luft: Was regelt diese »Technische Anleitung«?

Das Regelwerk TA Luft vom 27.2.86 regelt z.B. für die Landwirtschaft die Mindestabstände zwischen Tierhaltungsbetrieben (Hühner und Schweine) und vorhandenen oder in einem Bebauungsplan festgesetzten Wohnbaugebieten. Es fordert grundsätzlich Güllelagerkapazitäten von 6 Monaten und außerhalb des Stalles geschlossene Behälter.

Pflanzenzucht und Saatgutvermehrung

Züchtung – Was sind Selbst-, was Fremdbefruchter?

Wird die Narbe (weibliches Geschlechtsorgan) einer Pflanze von dem Pollen (Samen) einer Blüte derselben Pflanze befruchtet, so liegt Selbstbefruchtung vor;
wird die Narbe von Pollen einer erblich andersartigen Vaterpflanze befruchtet, so spricht man von Fremdbefruchtung.

Resistenzzüchtung: Was versteht man darunter?
Die Züchtung auf Widerstandsfähigkeit gegen Pflanzenkrankheiten und Schädlinge.

Kreuzungszüchtung: Was ist das?
Eine planmäßige Vereinigung von Eigenschaften, die bisher auf verschiedene Elternformen verteilt waren.

Hybridzucht: Was ist das?

Bei der Hybridzucht wird der ertragsfördernde »Heterosiseffekt« ausgenutzt. Sie wurde bisher erfolgreich bei Mais, Roggen, Sorghum, Zuckerrüben, Zwiebeln, aber auch bei Hühnern und Schweinen angewandt.

Schema der Hybridzüchtung bei Mais (Doppelhybride; Selbstung = Selbstbestäubung).

Hybridsaatgut: Was ist das?

Hybridsaatgut entsteht durch kontrollierte Kreuzung von genetisch verschiedenen Erbkomponenten (meist Reinzuchtlinien).

Bonitierung: Was versteht man darunter?

Die Beurteilung von Beständen, Zuchtstämmen u. a. durch Zahlen (z. B. 1–9).

Vermehrung – Saatgutvermehrung: Welche Aufgabe hat sie?

Sie sichert die Versorgung der Landwirtschaft mit amtlich geprüftem und anerkanntem Saatgut der besten Sorten.

Basissaatgut: Was ist das?

Basissaatgut ist das Bindeglied zwischen Erhaltungszüchtung und Vermehrung. Seine Erzeugung steht noch unter Aufsicht des Züchters, sie wird aber gleichzeitig von den Anerkennungsstellen kontrolliert.

Zertifiziertes Saatgut: Was versteht man darunter?

Zertifiziertes Saatgut ist unmittelbar aus Basissaatgut erwachsenes Saatgut. Es ist durch die amtliche Saatenanerkennung entsprechend

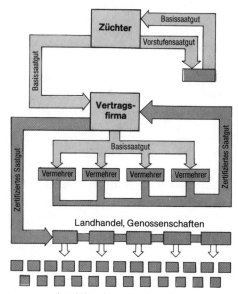

Organisation der Saatgutvermehrung.

dem Saatgutverkehrsgesetz geprüft und anerkannt. Bei Kartoffeln darf Zertifiziertes Pflanzgut einmal aus Zertifiziertem Pflanzgut gewonnen werden.

Saatgutetiketten: Was besagt die Farbe der Etiketten?

Bei *Basissaatgut* sind die Etiketten und Einleger weiß, bei *Zertifiziertem Saat- und Pflanzgut* blau, bei *Handelssaatgut* braun, bei *Vorstufensaatgut* weiß mit violettem Diagonalstreifen.
Die Etiketten müssen durch Plomben gesichert sein.

Vermehrungsbetrieb: Welche Anforderungen werden an ihn gestellt?

Er muß genügend große Flächen haben, um Mindestvermehrungsflächen (bei Getreide 2 ha) zu erreichen,
seine Anbauflächen in gutem Kulturzustand halten,
über ausreichende Fachkenntnisse verfügen und die einschlägigen Bestimmungen kennen.

Wer kann vermehren?

Wer einen Vermehrungsvertrag mit einem Züchter bzw. einer Vermehrungsfirma abschließt und die betrieblichen und persönlichen Anforderungen erfüllt.

Genbanken: Was versteht man darunter?

Genbanken sollen auf internationaler Ebene im Pflanzenbereich unter Kontrolle der FAO alle gefährdeten Ur-Pflanzenarten und weiterentwickelte Varietäten sammeln und ihren Fortbestand sichern.

Anerkennung – Saatenanerkennung: Was versteht man darunter?

Die im Saatgutverkehrsgesetz vorgeschriebene Form der Prüfung, Anerkennung und Kennzeichnung von Qualitätssaatgut. Zu diesem Zweck werden Feldbesichtigungen und Kontrollen an amtlich gezogenen Proben durchgeführt.

Triticale – Was versteht man darunter?

Eine vielversprechende Kreuzung zwischen Roggen und Weizen; 1979 wurde erstmals einer Sorte dieser neuen Pflanzenart Sortenschutz erteilt.

Allgemeine Tierzucht

Vererbung – Warum entwickeln sich Tiere unter gleichen Umweltverhältnissen verschiedenartig?

Infolge verschiedener Erbanlagen (Gene).

Was wird vererbt?
Vererbt werden nur die Anlagen zu bestimmten Eigenschaften.

Umwelt: Was bewirkt sie?
Die Ausbildung gewisser im Erbgut vorhandener Anlagen oder ihr Zurückdrängen (Einfluß der Erziehung bzw. Haltung).

Mutationen: Was sind das?
Änderungen der genetischen Substanz durch natürlich oder künstlich verursachte Änderungen der Erbanlagen, die auch auf die Nachkommen vererbt werden.

Werden erworbene Eigenschaften vererbt?
Erworbene Eigenschaften, die nicht auf Änderungen der Erbanlagen beruhen, werden nicht vererbt.

Erbanlagen für die Züchtung: Welche Bedeutung haben sie?
Die Erbanlage bestimmt den Zuchtwert des Tieres.
Die Auslese erfolgt nach äußeren Merkmalen (Typ, Form) und den erkennbaren Ausprägungen der Erbanlagen.
Der äußere Eindruck kann täuschen, daher ist der Leistungsnachweis so wichtig.
Gute Anlagen können sich nur bei günstigen Umweltverhältnissen voll entwickeln.

Wer erkannte zuerst die Gesetzmäßigkeiten bei der Vererbung?
Der Mönch GREGOR MENDEL durch Kreuzungsversuche mit Erbsen (Schmetterlingsblütlern).

Heritabilität – Was versteht man darunter?

Den Erblichkeitsanteil; er ergibt sich – vereinfacht – als Verhältnis aus der Streuungsbreite der erblichen Veranlagung und der Streuungsbreite des Erscheinungsbildes. Heritabilität wird mit h^2 abgekürzt.

Rasse – Was versteht man darunter?

Tiere einer Rasse unterscheiden sich in bestimmten gemeinsamen äußeren Merkmalen von anderen Rassen der gleichen Art und übertragen diese Unterschiede auf ihre Nachkommen.

Rassen: Wie werden sie eingeteilt?

In Landrassen und Zuchtrassen,
nach dem Verbreitungsgebiet,
nach dem Nutzungszweck (z. B. Fleischrind, Milchrind, Zwei-Nutzungsrind).

Zuchtrassen: Wie sind sie entstanden?

Durch planmäßige Kreuzungen und scharfe Auslese.

Zucht – Reinzucht: Was versteht man darunter?

Theoretisch: Die Paarung von gleicherbigen Tieren, die es allerdings kaum gibt.
Praktisch: Die Paarung von Tieren derselben Rasse.

Kreuzung: Was versteht man darunter?

Die Paarung von Tieren verschiedener Rassen oder Linien. In der Pflanzenzucht wird das Kreuzungsverfahren häufig angewandt. Auch in der Tierzucht wurde und wird es zur Verbesserung der Leistung verwendet (insbesondere in der Geflügel- und Schweinezucht und der HF-Einkreuzung beim Rind).

Inzucht: Was versteht man darunter?

Werden Tiere, die untereinander verwandt sind, gepaart, so ist dies Inzucht. Bei engster Verwandtschaft spricht man von Inzestzucht.

Inzucht: Wozu wird sie angewandt?

Um gute Anlagen reinerbig zu verankern. Inzucht ist mit Vorsicht zu handhaben und kann nur von erfahrenen Züchtern durchgeführt werden.
In der Praxis wird sie z. B. bei Geflügel angewandt, um reine Linien zu erhalten (Hybriden siehe Seite 201 und 209).

Zuchtziel: Was versteht man darunter?

Das Zuchtziel stellt ein Wunschbild bezüglich Form, Leistung, Gesundheit, Fruchtbarkeit und Lebenskraft dar. Es ist nach Tierart, Rasse, Umwelt und Markt verschieden und wandelbar.

Was will ein Zuchtziel fördern?

Bodenständigkeit und Akklimatisierungsfähigkeit,
Gesundheit (Fruchtbarkeit, Lebenskraft, Langlebigkeit),
Wirtschaftlichkeit (Leistung und Futterverwertung),
Anpassungsfähigkeit an den Markt.

Konstitution: Was versteht man darunter?

Konstitution ist die erbliche und umweltbedingte Widerstandsfähigkeit gegenüber krankmachenden Einflüssen. Sie ist die Voraussetzung für eine leistungsfähige Tierhaltung.

Kondition: Was versteht man darunter?

Kondition ist ein augenblicklicher Körperzustand auf Grund der Umweltverhältnisse. Sie hat nichts mit der Erbmasse zu tun.
Es gibt verschiedene Formen von Kondition, z. B. Zucht-, Arbeits-, Mast-, Ausstellungs-, Rennkondition.

Zuchtwahl: Was ist dabei wichtig?

Form und Typ,
Abstammung,
Leistung,
Fruchtbarkeit,
Gesundheit,
Langlebigkeit.

Decken: Darf jedes Vatertier verwendet werden?

Es dürfen nur entsprechend dem Bundestierzuchtgesetz gekörte Vatertiere verwendet werden.
Wer nicht gekörte Tiere zum Decken verwendet, macht sich strafbar.

Körung: Was versteht man darunter?

Das Bewerten und Anerkennen männlicher Zuchttiere durch die Körkommission.

Indexkörung: Was versteht man darunter?

Bei der aufgrund der Verordnung vom 20. August 1979 seit 1. Januar 1980 angewandten Indexkörung bei Bullen werden mehrere Merkmale genetisch und wirtschaftlich gewichtet und in einer Zahl – dem Index – zusammengefaßt.

BLUP: Was versteht man darunter?

Der englische Begriff (**B**est **L**inear **U**nbiassed **P**rediction = beste lineare ungestörte Schätzung) bezeichnet ein Zuchtwertschätzungsverfahren, mit dem die tatsächliche genetische Veranlagung von Zuchttieren (Bullen und Kühen) ziemlich treffsicher geschätzt werden kann.

Zuchtwertschätzung: Wie erfolgt sie beim Rind?

Die Zuchtwertschätzung erfolgt beim Rind nach dem sog. Mehrabschnitts-Tiermodell. Es handelt sich dabei um eine Verbesserung der BLUP-Zuchtwertschätzung. Sie erlaubt eine genaue, gezielte Selektion, verbessert die Vergleichbarkeit der Zuchtwerte und dürfte auch vorteilhaft für den Export von Zuchttieren, Samen und Embryonen sein.

Zuchtwert beim Rind: Was versteht man darunter?

Der Zuchtwert wird durch Leistungsprüfungen (Milch- oder Fleischleistung, je nach Zuchtrichtung und Zuchtleistung) festgestellt. Die Milchleistungsprüfung umfaßt mindestens die Fett- und Eiweißmenge, die Fleischleistungsprüfung, die Gewichtszunahme und den Fleischanteil, die Zuchtleistungsprüfung, die Fruchtbarkeit, den Kalbeverlauf und die Kälberverluste. Bei Bullen wird auch die Erscheinung beurteilt. Die Zuchtleistung muß auch bei Bullen ermittelt werden. Die Leistungsmerkmale können in einem Index zusammengefaßt werden.

MOET-Nukleus-Zuchtprogramm: Was versteht man darunter?

MOET ist die Abkürzung für »**M**ultiple **O**vulation und **E**mbryo-**T**ransfer«; es wird nur in Eliteherden angewandt. Man hofft dadurch einige Nachteile der künstlichen Besamungsprogramme zu vermeiden und im Rahmen von Stationsprüfungen die wichtigsten Faktoren der Milchviehhaltungskosten züchterisch günstiger zu erfassen.

Zuchtwert beim Schwein: Was versteht man darunter?

Der Zuchtwert wird durch Leistungsprüfungen (Fleisch- und Zuchtleistung) festgestellt. Beim Eber wird auch die äußere Erscheinung beurteilt.

Der Zuchtwertteil »Fleischleistung« umfaßt mindestens Gewichtszunahme, Futteraufwand, Fleischanteil und Fleischbeschaffenheit. Der Zuchtwertteil Zuchtleistung umfaßt mindestens die Anzahl der aufgezogenen Ferkel. Die Vitalität kann zusätzlich berücksichtigt werden. Die Leistungsmerkmale können in einem Index zusammengefaßt werden.

Zuchtbetrieb: Was versteht man darunter?

Einen Betrieb, in dem Tiere planmäßig auf ein festgelegtes Zuchtziel hin gepaart werden,
in dem Leistungsprüfungen durchgeführt werden,
in dem Zuchtbücher geführt und die Zuchttiere gekennzeichnet werden.

Zuchtverbände: Welche Aufgaben haben sie?

Das sind freiwillige, aufgrund des Tierzuchtgesetzes staatlich anerkannte Zusammenschlüsse von Tierzüchtern. Sie führen Zuchtbücher, kennzeichnen die Zuchttiere, stellen Abstammungs- und Leistungsnachweise aus, führen ein Zuchtprogramm durch und haben Absatzorganisationen.

Künstliche Besamung: Welche Bedeutung hat die KB?

Sie ermöglicht die Tilgung der gefürchteten Deckseuchen. Sie fördert die allgemeine Landestierzucht durch bessere Ausnutzung des Samens wertvoller männlicher Zuchttiere, die gute Vererber sind.

Eitransplantation – Was versteht man darunter?

Dabei werden einer Kuh mit hohem Zuchtwert (Spenderkuh) nach entsprechender Behandlung befruchtete Eier entnommen und anderen Kühen (Empfängerkühe, meist geringerer Zuchtwert) eingepflanzt. Diese Übertragung geschieht heute meist unblutig (ohne Operation), ist jedoch ziemlich aufwendig. Die praktische Bedeutung des auch als Embryotransfer bezeichneten Verfahrens ist steigend.

Gentechnik – Was versteht man darunter?

Unter Gentechnik (auch Gentechnologie) versteht man die gezielte Veränderung der Erbinformationen eines Lebewesens. Man erwartet sich mit ihrer Hilfe größere Erfolge besonders in der Pflanzenzüchtung.

Biotechnologie: Was ist das?

Der Begriff wird offiziell wie folgt definiert:
»Biotechnologie ist die integrierte Anwendung von Biochemie, Mikrobiologie und Verfahrenstechnik mit dem Ziel der technischen Nutzung des Potentials von Mikroorganismen, Zell- und Gewebekulturen sowie Teilen davon«.

Transgene Tiere: Was versteht man darunter?

Dies sind Tiere, in deren Genom (Erbsubstanz) durch Gentransfer ein fremdes Gen eingeschleust worden ist.

Klonen: Was ist das?

Durch Klonen entstehen Lebewesen gleicher Erbmasse. In der Biotechnologie werden zwei Verfahren angewandt: Die Vermehrung (Klonung) durch Teilung von befruchteten Zellen vor dem Achtzellenstadium (Zellspaltung) oder durch die Übertragung von Körperzellen in entleerte Eizellen.

Chimären: Was versteht man darunter?

Durch Zusammenbringen von embryonalen Zellen zweier Tiere verschiedener Art (z. B. Schaf, Ziege) entstehen Chimären (Artbastarde), die jeweils 2 Väter und 2 Mütter haben.

Zyklussynchronisation: Was ist das?

Durch die Zyklussynchronisation wird eine Zusammenlegung der Deck- und Geburtszeiten einer Herde erreicht; das erleichtert die Arbeit und spart Kosten.

Rinderhaltung und Milchwirtschaft

Rinderzucht

Rinderhaltung – Welche Bedeutung hat sie?
Der Produktionswert aus der Rinderhaltung betrug 1992/93 25,4 Mrd. DM, davon 16,5 Mrd. DM für Milch.

Welche Bedeutung hat sie im landwirtschaftlichen Betrieb?
39,4% des Produktionswertes der deutschen Landwirtschaft stammten 1992/93 aus der Rindviehhaltung. Sie ist das Rückgrat des normalen Familienbetriebes und dient der Erhaltung der Bodenfruchtbarkeit.

Rinderrassen – Welche werden in Deutschland gehalten?

a) *Niederungsvieh:*
Schwarzbunte,
Rotbunte,
Angler,
Rotvieh,
Jersey,
Shorthorn,
Deutsch-Angus,
Limousin,
Charolais.

b) *Höhenvieh:*
Fleckvieh,
Braunvieh,
Gelbvieh,
Murnauer-Werdenfelser Vieh,
Pinzgauer Vieh (Chiemsee Gebiet),
Vorder- und Hinterwälder (Schwarzwald),
Galloway.

Rinderrassen: Welche haben in der Bundesrepublik Deutschland die größte Bedeutung (1992)?
Schwarzbunte 50,4%, Fleckvieh 29,0%, Rotbunte 12,1%, Braunvieh 6,3%, Fleischrinder 4,0%, Sonstige 2,2%.

Zuchtziel – Welches wird angestrebt?

Hohe Milch- oder Fleischleistung, oder beides,
Milchinhaltsstoffe,
Gesundheit,
Anpassungsfähigkeit,
Melkbarkeit,
Fruchtbarkeit,
Langlebigkeit und Leichtfuttrigkeit,
Futteraufnahmevermögen,
Körpergröße,
Fundament,
Fleischqualität, Schlachtausbeute.

Zuchtwahl: Wonach richtet sie sich?

Nach der Abstammung,
nach der Eigenleistung,
nach der Nachkommenschaftsleistung.

Wann wird ein Tier zum erstenmal zur Zucht verwendet?

Wenn es körperlich entsprechend entwickelt ist und ca. ⅔ des Endgewichts erreicht hat.
Färsen (Kalbinnen) im allgemeinen mit 15–20 Monaten, Jungbullen mit 12–14 Monaten.

Wie lange ist ein Rind in der Regel trächtig?

278–288 Tage, je nach Rasse.

Abkalbtag: Wie errechnet man ihn?

Indem man zum Datum des Belegens 1 Jahr hinzurechnet, dann 3 Monate abzieht und wieder 10 Tage hinzuzählt.

Leistung: Welche wird verlangt?

6000–7000 kg Milch bei 4% Fett und 3,7% Eiweiß Jahresleistung, möglichst jedes Jahr ein Kalb, Zwischenkalbezeit unter 380 Tagen.

Tierbeurteilung

Beurteilung – Welche Bedeutung hat sie?

Von der äußeren Gestalt zieht man Rückschlüsse auf die Leistungsfähigkeit. Durch Auslese (Selektion) sucht man den Idealtyp zu erreichen.

Was beurteilt man deshalb als erstes?

Ob das Tier dem Typ entspricht.

Typ: Was versteht man darunter?

Ein im Zuchtziel verankertes Wunschbild nach Maßen und Erscheinung.
Wichtig sind: Körper, Flanke, Brust, Becken, Euter, Gangwerk.

Was soll beurteilt werden?

Der Bau des Knochengerüstes,
die Beschaffenheit von Haut, Sehnen und Muskeln,
die Beschaffenheit der Geschlechtsmerkmale, wozu auch das Euter zählt.

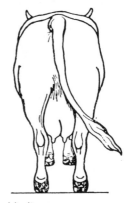

Schema des weiblichen Idealtyps.

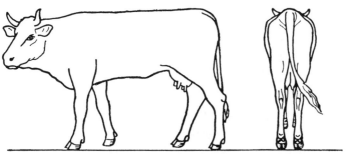

Hochbeiniger, schmaler, überbauter Typ (= schlechter Futterverwerter).

Körperteile – Welche werden beurteilt?

Kopf und Hals; sie lassen auf Geschlechtscharakter, Temperament und Gesundheit schließen,
Widerristhöhe, Becken, Euter,
Brustumfang und Brusttiefe, Gliedmaßen, Stellung und Gang,
Bauch und Flanke,
Rücken und Lende.

Tierbeurteilung: Was heißt dabei »trocken«?

Ein Tier ist »trocken«, wenn durch seine feine, dünne Haut die Umrisse der Knochen, Muskeln und Sehnen deutlich erkennbar sind.

Was versteht man unter »Herzleere« beim Rind?

Eine mangelhafte Wölbung der Rippen beim Ellbogen.

1 Stirn
2 Stirnwulst
3 Nasenbein
4 Flotzmaul
5* Ganasche
6 Nacken
7* Halsseite
8 Widerrist
9* Hochschulter
10* Tiefschulter
11* Buggelenk
12* Vorarm ⎫
13* Vorderknie ⎬ Vorderbein
14* Vorderröhre ⎪
15* Vorderfessel ⎭
16* Rücken
17* Hochrippe, vordere und hintere
18* Mittelrippe, vordere und hintere
19* Tiefrippe
20 Brust
21* Niere
22* Hungergrube
23* Flanke
24* Bauch
25* Hüfte
26* Umdreher
27* Sitzbein
28 Kreuzbein
29 Schwanzansatz
30* Becken
31* Keule
32* Achillessehne ⎫
33* Hacke, Sprunggelenk ⎬ Hinterbein
34* Hinterröhre ⎪
35* Hinterfessel ⎭
36* Ellbogen
37* Kniescheibe

* Von den mit einem Stern bezeichneten Teilen besteht ein rechter und ein linker Körperteil.

Was ist beim Rücken besonders zu beachten?

Der Rücken soll straff und gerade sein (kein »Karpfenbuckel«).

Karpfenrücken

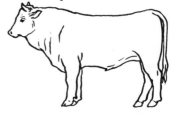

Senkrücken

ideale Beckenform

schwach abgedachtes, zu wenig breites Becken

stark abgedachtes Becken mit hohem Schwanzansatz

Woran erkennt man fehlerhafte Euter?

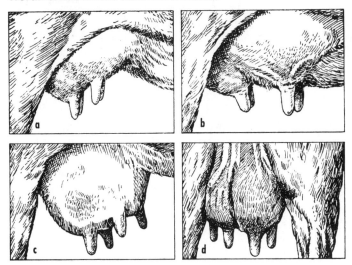

a) Stufeneuter (das Baucheuter ist weniger entwickelt als das Schenkeleuter),
b) ungleichmäßiges Euter (Schenkeleuter schlecht entwickelt),
c) Fleisch- und Hängeeuter (besonders ungeeignet für Maschinenmelken),
d) mangelhaft entwickeltes Euter mit milchbrüchigen Strichen.

Was sind die sog. Milchzeichen?

Viele und feine Falten am Hals,
großer Milchspiegel,
deutlich sichtbare Venen am Euter,
seidige Behaarung am Euter,
geräumiges Drüseneuter,
weiblicher Ausdruck der Kuh.

Warum sind bei der Beurteilung Brustumfang und Brusttiefe wichtig?

In der Brust befinden sich die wichtigsten Organe wie Herz, Lunge und Leber, für die genügend Raum vorhanden sein muß.

Warum ist eine »weiche Niere« ein Fehler?

Die »weiche Niere« beruht auf einem fehlerhaften Bau des Knochengerüstes (zu kurze Dornfortsätze in der Nierenpartie des Rückgrates (Lende)), sie ist erblich. Die Fleischleistung ist dadurch geringer.

Was ist bei der Beurteilung der Beinstellung wichtig?

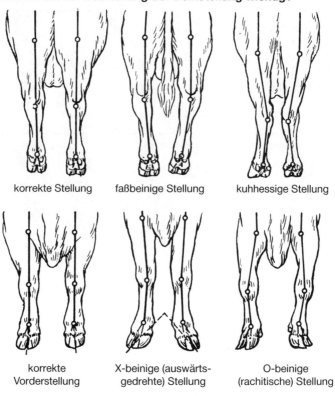

korrekte Stellung — faßbeinige Stellung — kuhhessige Stellung

korrekte Vorderstellung — X-beinige (auswärtsgedrehte) Stellung — O-beinige (rachitische) Stellung

Korrekte Stellung des Fußes: Man beachte die breite Schiene und kurze solide Fessel.

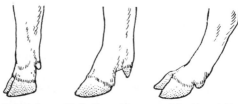

Fehlerhafte Beinstellung: Steile Fessel; lange weiche Fessel; Durchtreten, »bärentatzige« Stellung.

Knochengerüst: Wie muß es beschaffen sein, damit ein guter Fleischansatz möglich ist?

Breiter Widerrist,
schräge Schulter,
langer, breiter Rücken mit langen Dornfortsätzen,
langes, breites, nicht zu schräges Becken,
breites, gut gewinkeltes Sprunggelenk.

Wann spricht man von einem quelligen, schwammigen Tier?

Ist die Haut und das darunterliegende Gewebe sehr fettreich, dann spricht man von quellig und schwammig.

Was versteht man unter Flankentiefe beim Tier?

Ist das Tier in der Bauchpartie, besonders in der Gegend der Kniegelenke, tief nach unten entwickelt, so hat es eine gute Flankentiefe.

Woran kann man den schlechten Futterverwerter erkennen?

An einer schmalen, geschnürten Brust und einer geringen Flankentiefe.

Wann ist ein Tier aufgeschürzt?

Hat ein Tier wenig Bauch und eine ungenügende Flankentiefe (im Verhältnis zur Brusttiefe), so ist es aufgeschürzt.

Was versteht man unter Behosung?

Die Bemuskelung des Unterschenkels bis zum Sprunggelenk.

Wodurch entsteht eine lose Schulter?

Durch schwache Bänder. Sie gilt als ein Zeichen für Konstitutionsschwäche.

Kälberaufzucht

Trächtigkeit – Wann soll die Kuh trockengestellt werden?

6–8 Wochen vor dem Abkalben. Die Kuh braucht alle Kraft und alle Nährstoffe für das Kalb und zur Vorbereitung auf die neue Laktation.

Trockenstellen: Wie kann man es unterstützen?

3 Tage knapp füttern, am 4. Tag nur abends gut ausmelken und Zitzenöffnungen mit Melkfett bestreichen oder in ein Dippmittel tauchen; anschließend regelmäßige Kontrolle.
Die Methode setzt ein gesundes Euter voraus.

Vorbereitungsfütterung: Wann soll sie beginnen?

Mindestens 4, besser 6 Wochen vor dem Kalben. Dabei ist die Kuh so zu füttern, als gäbe sie mindestens 5–8 Liter Milch.

Geburt – Wie macht sich die herannahende Geburt bemerkbar?

Röten und Schwellen der Scham,
Einfallen der Beckenbänder,
Schwellung des Euters.

Was ist vor der Geburt zu tun?

Das Tier in eine saubere Abkalbebucht bringen, beobachten,
Geburtshilfe ist nur im Ausnahmefall notwendig.
Geräte für Geburtshilfe herrichten,
für genügend Platz und ein sauberes Lager sorgen.

Geburtshilfe: Was wird dafür benötigt?

Warmes Wasser,
saubere Stricke,
Desinfektionsmittel.

Was ist nach der Geburt zu tun?

Nabel ausstreifen und mit Jod desinfizieren,
das Kalb mit Stroh abreiben bzw. der Kuh zum Ablecken vorlegen.
Kalb in die Kälberboxe bringen.
Biestmilch gewinnen und das Kalb sofort tränken.

Aufzucht – Welche Methoden gibt es?

Saugen lassen (bei Mutterkuhhaltung),
Aufzucht durch Tränken.

Was sind die Nachteile des Saugenlassens?

Man weiß nicht, wieviel Nahrung das Kalb erhält,
Kälber können sich leicht übersaufen,
später sind die Kälber schlecht zu entwöhnen,
Aufzuchtkosten zu hoch.

Angewöhnen an das Tränken aus dem Eimer.

Tränkemethode: Was sind die Vor- und Nachteile?
Vorteile: Tier gewöhnt sich sofort an das Tränken, die Milchaufnahme kann genau kontrolliert werden.
Nachteile: Unbedeutend.

Tränken: Welche sind üblich?
Vollmilch/Magermilch, Frühentwöhnung,
Milchaustauscher, Sauermilch.

Kälberaufzucht: Unter welchen Verhältnissen ist sie zu empfehlen?
In Zuchtbetrieben mit wertvollen Zuchttieren, wenn ausreichend Arbeitskräfte vorhanden sind und Weidemöglichkeiten gegeben sind.

Mast – **Unter welchen Umständen ist sie zu empfehlen?**
In Betrieben mit weniger wertvollen Zuchttieren, Abwägung mit Rindermast, zur Betriebsvereinfachung.

Was versteht man unter einem »nüchternen Kalb«?
Ein 8–14 Tage altes, 40–50 kg schweres Kalb, dessen Zahnfleischfarbe von violett über rot bis weiß sein kann.

»Starterkalb«: Was versteht man darunter?
Ein von 14 Tagen bis 6–8 Wochen altes, 80–100 kg schweres Kalb, bei dem die Hörner als Stirnzapfen erkennbar sind.

Fresser: Was versteht man darunter?

Fresser sind Aufstallbullen mit einem Alter ab etwa drei Monaten, einem Gewicht von 160–200 kg, bei denen der Pansen schon so ausgebildet ist, daß sie voll Rauhfutter fressen können.

Magervieh: Was versteht man darunter?

Rinder, die etwa 1 Jahr alt sind und 250–350 kg wiegen.

Doppellender: Was versteht man darunter?

Als Doppellender bezeichnet man Rinder mit im Verhältnis zu den übrigen Körperteilen größerer Muskelausbildung. Sie haben eine um etwa 6% höhere Ausschlachtung. Sie treten vermehrt bei bestimmten Mastrinderrassen auf. Bei ihrer Geburt ist häufig Kaiserschnitt erforderlich.

Babybeef: Was versteht man darunter?

Man versteht darunter das Fleisch von intensiv, überwiegend mit Kraftfutter oder auf der Weide mit Muttermilch und Gras in 8–10 Monaten auf 250–300–400 kg gemästeten weiblichen Rindern. Sie liefern hochwertiges Rindfleisch. Am besten eignen sich frühreife Rassen.

Tiergesundheit

Wohlbefinden – Was ist dafür besonders wichtig?

Sauberkeit, pünktliches Füttern und Melken,
Klauenpflege, ausgeglichenes Futter,
frische Luft, ausreichend Tränkwasser,
Bewegung, zweckmäßige Stalleinrichtung.

Sterilität – Wodurch entsteht sie bei den Kühen?

Die häufigsten Ursachen für Sterilität bei Kühen sind falsche Fütterung, Mängel in der Versorgung mit Mineralstoffen, Infektionen und vernachlässigte Entzündungen in Gebärmutter und Scheide.

Seuchen – Welche treten im Kuhstall am häufigsten auf?

Der Gelbe Galt (Streptokokken),
Leukose,
Rindergrippe-Komplex.

Meldepflicht für Tierkrankheiten: Wozu dient sie?

Ihr Sinn ist es, einen Überblick über die herrschenden Tierkrankheiten zu bekommen, die nicht durch bundeseinheitliche Maßnahmen bekämpft werden.

Anzeigepflicht für Tierseuchen: Wozu dient sie?

Die Anzeigepflicht dient dazu, den Seuchenausbruch schnellstens durch staatliche Maßnahmen zu bekämpfen.

Rinderseuchen: Welche sind anzeigepflichtig?

Milzbrand, Tuberkulose (Tbc),
Rauschbrand, Brucellose,
Maul- und Klauenseuche (MKS), Salmonellose,
Lungenseuche, Leukose,
Rinderpest, Tollwut,
Deckinfektionen (Trichomonadenseuche, Vibrionenseuche, IBR/IPV).

Anzeigepflichtige Seuche: Was ist zu tun, wenn der Verdacht auftritt?

Der Tierhalter hat sofort bei der Gemeinde bzw. beim Amtstierarzt Anzeige zu erstatten.
Bei Seuchenfällen gewähren die Tierseuchenkassen Beihilfen und Entschädigungen.

Hauptmängel: Was versteht man darunter?

Das Auftreten bestimmter Fehler (sog. Hauptmängel) in bestimmter Frist (Gewährfrist), meistens 14, aber auch 28 Tage. WIrd ein Hauptmangel rechtzeitig angezeigt, so haftet der Verkäufer.

Rinder: Welche Hauptmängel gibt es?

Tuberkulöse Erkrankung – Gewährfrist 14 Tage,
Lungenseuche – Gefährfrist 28 Tage.

BSE – Was versteht man darunter?

Eine in England aufgetretene tödliche Rinderseuche, die »Bovine Spongioforme Enzephalopathie«. Sie wird vermutlich durch Tierkörpermehl, das bei der Herstellung nicht genügend erhitzt worden ist, verursacht. Im übrigen weiß man noch sehr wenig darüber.

Krankheiten – Wie erkennt man den Gelben Galt?

Die Milch ist flockig,
später werden die Flocken größer,

schließlich wird die Milch gelblich, fast molkenähnlich,
der Geschmack ist salzig.

Gelber Galt: Wie wird er bekämpft?

Wichtig ist das saubere Ausmelken,
frühes Erkennen (den ersten Strahl entweder auf die Hand oder in ein
Prüfgefäß melken, *nie auf den Boden!*),
sofort den Tierarzt holen!

Verwerfen: Was kann die Ursache für ein frühzeitiges Abgehen der Frucht sein?

Mechanische Einwirkungen;
Krankheit: seuchenhaftes Verkalben (Brucellose).
Die Frucht geht dabei meistens in der 2. Hälfte der Trächtigkeit ab.
Sehr frühes Verwerfen wird durch die Trichomonadenseuche oder
auch Vibrionenseuche verursacht.

Krankhaftes Verkalben: Was kann man dagegen tun?

Gesunde Haltung, sauberer Stall, ausgeglichene Fütterung. Vorsicht
beim Einkauf von Tieren (Bescheinigung über Seuchenfreiheit verlangen), bei Verdacht sofort den Tierarzt holen. Tiere getrennt vom
übrigen Bestand abkalben lassen.

Welche Schäden verursacht das Nichtlösen der Nachgeburt?

Starken Rückgang der Milchleistung,
Ausfluß und Gebärmutterschäden, die zur Sterilität führen können.

»Kalbefieber«: Wodurch kann es entstehen?

Durch mineralstoffarme Vorbereitungsfütterung.

Aufblähen – Was ist die Ursache?

Junger Klee, junge Luzerne, überhaupt eiweißreiches junges Futter
bei nüchternem Magen,
wenn taufrisches oder bereiftes Futter von nicht weidegewohnten
Tieren beweidet wird.

Mangelkrankheiten – Was versteht man darunter beim Tier?

Mangelkrankheiten treten bei fehlerhafter Ernährung auf, meistens
fehlt es an Mineralstoffen, insbesondere an den sog. Spurenelementen wie Jod, Magnesium, Eisen. Auch Vitaminmangel führt zu Mangelkrankheiten.

Mangelkrankheiten: Welche sind typisch?

Rachitis, Sterilität,
Lecksucht, Blutarmut.

Mangelkrankheiten: Auf welchen Böden besteht die Gefahr?

Auf Moorböden,
auf armen Urgesteinsverwitterungsböden.

Milchwirtschaft

Milchwirtschaft – Welche Bedeutung hat sie?

Das Milchgeld liefert sichere, hohe Einnahmen, in Futterbaubetrieben ca. 50% der Gesamteinnahmen.

Welche gesetzlichen Regelungen gelten?

Milchgesetz vom 31. Juli 1930,
das Milch- und Fettgesetz vom 10. Dezember 1952,
Milchgüteverordnung,
EG-Verordnungen für Milch,
Milchgarantiemengenregelung von 1984.

Was bestimmt das Milchgesetz vom 31. Juli 1930?

Milch ist das Gemelk einer oder mehrerer vollkommen ausgemolkener Kühe, dem nichts hinzugefügt oder entzogen wurde;
zugelassene Milchsorten,
die hygienischen Anforderungen an die Milch,
Normen über Zustand und Beschaffenheit von Räumen, in denen Milch verarbeitet wird.

Wann darf Milch nicht in den Verkehr gebracht werden?

Bei fortgeschrittener Tbc an Euter und Lunge, Darm, Gebärmutter usw.
Milzbrand, Rauschbrand, Wild- und Rinderseuche und Tollwut,
Eutererkrankungen infolge Ansteckung mit Bakterien,
bei Auftreten des Gelben Galts (Flocken, Eiter, Blut in der Milch),
bei Euterbehandlung mit Penicillin, anderen Antibiotika und Arzneimitteln,
Fütterung von verdorbenem Futter.

Wann darf Milch erst nach Erhitzung in den Verkehr gebracht werden?

Bei Maul- und Klauenseuche,
wenn Tiere äußerlich an Tbc erkrankt sind,
bei Erkrankung an Brucellose,
bei Eutererkrankung, Gelbem Galt und Kuhpocken.

BST: Was ist das?

Ein rinderspezifisches Hormon, das in der Milch natürlich vorkommt und bei Menschen nicht wirksam ist. Es wird technisch hergestellt und kann bei Milchkühen 10–20%ige Leistungssteigerungen bewirken. Bei einer Zulassung (wie in den USA) sind auch negative Wirkungen, z. B. auf das Muskelgewebe der Kühe, auf die Eutergesundheit und auch auf die Klauen zu befürchten.

Milchbildung – Wann und wo bildet sich die Milch?

In den vier Milchdrüsen des Euters, zwischen den Melkzeiten und beim Melken. Die Milchdrüsen bestehen aus Drüsengewebe, deren kleinste Teile die Drüsenbläschen sind, die wiederum aus Milchbildungszellen zusammengesetzt sind.

Euter: Wie ist es aufgebaut?

Es besteht aus zwei durch eine Scheidewand getrennten Längshälften; jede Euterhälfte besteht aus 2 selbständigen Vierteln.

Milchbildung und -abgabe: Wodurch wird sie ausgelöst?

Es besteht ein enges Zusammenwirken zwischen Milch- und Geschlechtsdrüsen.
Gesteuert wird die Milchbildung von der Hirnhangdrüse (Hypophyse); von ihr wird das Milchbildungshormon (Prolaktin) abgeson-

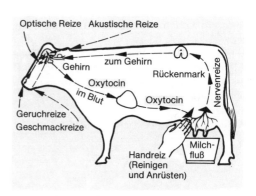

Verschiedene Reize, z. B. das Anrüsten, bewirken über das Milchentleerungshormon (Oxytocin) das »Einschießen« der Milch.

dert. Dieses Hormon kommt über die Blutbahn in die Milchdrüse und bewirkt dort die Milchbildung.
Während der Trächtigkeit wird die Absonderung des Milchbildungshormons gehemmt.

Milchgewinnung – Wie wird saubere Milch gewonnen?

Saubere, gesunde Kühe,
sauberer, frischer, luftiger Stall,
Sauberkeit (nicht füttern und misten) beim Melken,
Sauberkeit des Melkgeräts.

Euter: Wie ist es vor dem Melken zu behandeln?

Mit sauberem Tuch abreiben (siehe Abb. Seite 196),
bei starker Verschmutzung ist es mit lauwarmem Wasser zu reinigen.

Allgäuer Melkmethode: Was versteht man darunter?

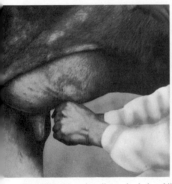 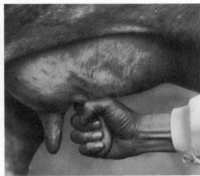

Richtige Handstellung bei der Allgäuer Melkmethode.

Bei dieser Melkmethode unterscheidet man 3 Abschnitte:
1. Die vorbereitenden Handlungen, das sind: Reinigen des Euters und Abmelken der ersten Milchstrahlen in ein eigenes Gefäß (Vormelkbecher), Prüfen der Milch und Anrüsten;
2. das Melken (Faustmelken),
3. das Ausmelken (Reinmelken) und die Schlußgriffe.

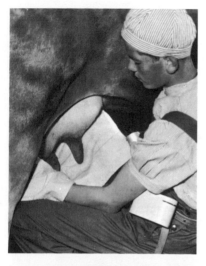 
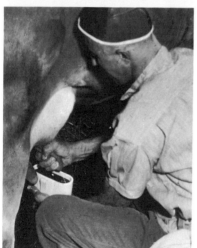 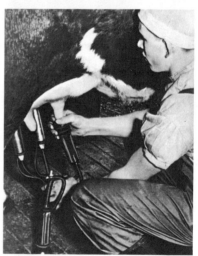

Reinigen und Anrüsten des Euters (oben), Prüfen der Milch und Ansetzen der Melkzeuge.

Maschinenmelkanlage: Welche Arten gibt es?

Melkeimeranlagen, Rohrmelkanlage,
Melkstand, Weidemelkanlagen.
Melkkarussell,

Melkroboter: Was ist davon zu halten?

Die Entwicklung ist noch nicht abgeschlossen; es gibt bisher nur Prototypen. Man erwartet durch öfteres Melken (3–5mal) eine Leistungssteigerung um 10–15%. 85–90% der Kühe sollen für automatisches Melken geeignet sein.

Side by side-Melkstand: Was ist das?

Bei diesem Melkstand stehen die Kühe Seite an Seite; sie werden von hinten gemolken und benötigen so nur ca. 75 cm Standbreite.

Melkmaschinenwartung: Worauf ist zu achten?

Auf richtiges und gleichmäßiges Vakuum,
auf richtige und konstante Pulszahl,
auf regelmäßiges Auswechseln gebrauchter Gummiteile,
auf fachgerechtes Reinigen der Geräte.

Behandlung der Milch – Wie muß Milch nach dem Melken behandelt werden?

Sie ist sofort aus dem Stall zu bringen, zu filtern und zu kühlen.

Wo wird die Milch am besten aufbewahrt?

In einer vorschriftsmäßigen Milchkammer mit entsprechender Kühleinrichtung oder im Kühltank.

Milchkühlung: Welche Möglichkeiten gibt es?

Wasserbehälter mit Abfluß, Ringkühler mit Wasserdurchfluß, Tauchkühler, Milchkühlwannen, Milchkühltanks, in denen mit künstlicher Kälte gekühlt wird.

Kühltemperatur: Auf welche Temperatur soll gekühlt werden?

Auf 4–8 °C, weil sich darüber die Milchsäurebakterien noch vermehren. Die Milch soll innerhalb von 3 Stunden nach Beginn des Melkens auf +4 °C heruntergekühlt sein und kühl gehalten werden.

Milchbehälter: Wie sind sie zu behandeln?

Stets sauberhalten,
nach Gebrauch kalt spülen, dann mit Reinigungsmittel nachspülen,
gut austrocknen lassen.

Milch – Wie setzt sie sich zusammen?

87% Wasser, 13% Trockenmasse, davon sind:
4,0% Fett,
3,5% Eiweiß,
4,8% Zucker,
0,7% Asche.

Wovon werden Menge und Zusammensetzung beeinflußt?

Rasse, Anlage und Alter des Tieres,
Witterung, Fütterung, Haltung und Pflege,
Stand der Laktation (frischmelkend oder abmelkend),
Zahl der Laktationen,
Krankheiten,
Art des Melkens.

Kolostralmilch (Biestmilch): Was versteht man darunter?

Die bis zu 9 Tagen nach der Geburt gebildete Milch. Sie ist gelblichrot, schleimig, angereichert mit Schutzstoffen (Albuminen, Globulinen und Salzen). Sie darf nicht zur Molkerei geliefert werden.

Mikroorganismen: Welche kommen in der Milch vor?

Bakterien, Schimmelpilze oder Hefen.

Kleinlebewesen: Was bewirken sie in der Milch?

Sie sind entweder Milchsäure- oder Gasbildner,
Fett- und Eiweißabbauer oder Krankheitserreger.

Bakterien: Woher kommen sie?

Vom Euter (in einem gesunden Euter sind keine Bakterien!),
aus der Luft,
von Verschmutzung durch Erde, Kot, Streu und Futtermittel.

Wie sind die schädlichen Kleinlebewesen in der Milch zu bekämpfen?

Durch Erhitzen, Kühlen.

Welche sind die bekanntesten Verfahren der Milcherhitzung?

Pasteurisieren,
H-Milch.

Qualität – Welche Fehler sind mit bloßem Auge zu sehen?

Schmutzige Milch,
fadenziehende Milch,
Farbabweichungen der Milch.

Welche Fehler sind durch den Geruchs- oder Geschmackssinn festzustellen?

Ranzige Milch,
naßsalzige Milch,
Geruch und Geschmack von Futtermitteln (Silage!).

Eutergesundheitstest: Was ist das?

Wegen der verschärften Bestimmungen über den Zellgehalt der Milch ab 1.1.1994 empfiehlt es sich beim Kauf von Kühen, einen »Eutercheck« zu verlangen.

Keimzahlen: Welche sind zulässig?

Seit 1.1.1994 gelten folgende Grenzwerte (Keime/ml):
Güteklasse 1   bis 100 000
Güteklasse 2   bis 400 000
Güteklasse 3   über 400 000
Güteklasse 4   nicht verkaufsfähig.

Milchsorten: Welche gibt es?

Trinkmilch,
Markenmilch,
Vorzugsmilch,
H-Milch,
Vollmilch,
Magermilch.

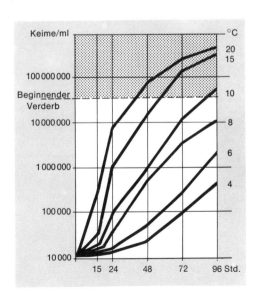

Keimvermehrung in der Milch bei unterschiedlichen Temperaturen.

Vorzugsmilchbetriebe: Welche Vorschriften gelten für sie?

Hygienische Stallung,
vorschriftsmäßige Milchkammer,
Kühlanlage,
tierärztliche Überwachung der Rinderbestände,
gesundheitliche Überwachung des Stallpersonals.

Qualitätsmilch: Was versteht man darunter?

Milch mit äußerst niedriger Keimzahl aus gesunden Tierbeständen.

H-Milch: Was versteht man darunter?

Ultrahocherhitzte Milch (3–6 s auf 130–150 °C), keimfrei abgefüllt, mindestens 6 Wochen ohne Kühlung haltbar.

Preis – Von welchen Bedingungen ist er abhängig?

Von der Verwertungsmöglichkeit der Milch durch die Molkereien, vom Fett- und Eiweißgehalt, von der Qualität und dem EG-Richtpreis.

Schweinezucht und -haltung

Bedeutung – Worin liegt die betriebswirtschaftliche Aufgabe der Schweinehaltung?

Veredelung von Bodenprodukten aus eigenem Betrieb, Arbeitsmöglichkeit familieneigener Arbeitskräfte, Schwerpunktbildung, innerbetriebliche Aufstockung, Veredelung von Zukauffutter.
Der Produktionswert 1992/93 betrug 9,8 Mrd. DM.

Schweinezyklus: Was versteht man darunter?

Schwankungen im Preis der Schweine, verursacht durch periodische Zu- und Abnahmen der Schweinebestände.

Zucht – Was ist für eine wirtschaftliche Schweinezucht und -haltung nötig?

Gesundheit, Fruchtbarkeit, gute Futterverwertung, Mastfähigkeit, hoher Fleischanteil, gute Fleischqualität.

Rassen: Welche sind in der Bundesrepublik Deutschland von Bedeutung?

Deutsche Landrasse (DL), Piétrainschwein (PI),
Deutsche Landrasse (B (LB), Deutsches Edelschwein (DE).
Neue Bundesländer:
Leicoma, Schwerfurter (als Fleischschwein).

Hybridschweine: Was versteht man darunter?

Kreuzungsprodukte aus möglichst ausgeglichenen Linien gleicher oder verschiedener Rassen. Man erwartet von den Kreuzungselterntieren höhere Aufzuchtergebnisse und von den Hybridmastschweinen rascheres Wachstum und bessere Futterverwertung. Mit dem Endprodukt »Hybrid-Mastschwein« kann nicht weitergezüchtet werden.

Zuchtsau: Was soll sie leisten?

Möglichst viele gesunde Würfe (jährlich mindestens 2,2) mit je 10–12 Ferkeln,
gutes Aufzuchtergebnis (jährlich mindestens 15, besser 18 lebende Ferkel).

Ablauf der Züchtung von Hybridmastschweinen.

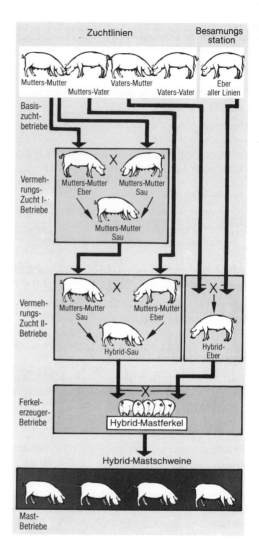

Eberkauf: Worauf ist zu achten?

Auf Zuchtwertindex (Mast- und Schlachtleistungsmerkmale und äußere Erscheinung).

Abstammungsnachweis: Was enthält er?

Angaben über: Zuchtleistung,
Mastleistung,
Schlachtleistung,
ermittelt durch Leistungsprüfungen und Schlachtkörperbewertung.

Jungsau: Wann soll sie erstmals gedeckt werden?

Mit einem Alter von 7–8 Monaten bei einem Gewicht von 110–120 kg.

Wie lange ist eine Sau trächtig?

In der Regel 115 Tage oder 3 Monate, 3 Wochen und 3 Tage.

Mit welchem Alter sollen Ferkel abgesetzt werden?

Mit etwa 5 Wochen, bei Frühabsetzen ab 21 Tagen.

Wie soll sich das Gewicht der Ferkel entwickeln?

Mit 4 Wochen etwa 7 kg, mit 6 Wochen 12–14 kg, mit 8 Wochen 15–20 kg.

Körperbau – Welche Forderungen sind an eine Zuchtsau zu stellen?

Lang und schlank,
gutes Beinwerk,
volle Rippenwölbung,
langes breites Becken,
gut ausgebildete Gesäuge.

Wie werden die Einzelteile des Körpers beim Schwein benannt?

1 Kopf
2 Ohr
3 Hals
4 Schulter
5 Widerrist
6 Brust
7 Rücken
8 Lende (Nierenpartie)
9 Bauch
10 Becken
11 Hinterschinken
12 Beine

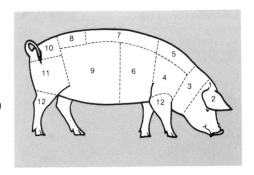

Der Typ des Fleischschweines.

Welcher Körperbau ermöglicht einen guten Fleischansatz?

Gut entwickelter Brustkorb,
langer, breiter Rücken mit genügend langen Dornfortsätzen,
langes, breites, nur leicht abschüssiges Becken.

Pummeltyp: Was versteht man darunter?

Es ist dies das kurze, gedrungene, zu frühzeitigem Fettansatz neigende Schwein.

Mast – Wie erzielt man einen guten Masterfolg?

Durch gute Futterverwertung,
richtige Fütterung,
gesunde Ställe.

Heute erwünschte Zuchtform beim Eber (Landschwein).

So soll eine Zuchtsau nach heutigen Vorstellungen aussehen.

Eine Gruppe guter Mastschweine, wie sie der Markt verlangt.

Mastformen: Welche sind üblich?

Getreidemast, Molkenmast und Zwischenformen. Ferkel werden in 4 Monaten von 20 kg auf ein Gewicht von 90–100 kg gebracht.

Mastprüfungsanstalten: Welche Aufgaben haben sie?

Die Mastfähigkeit der Nachkommen von Herdbuchschweinen zu prüfen.
Die Prüfung erstreckt sich auf Futterverwertung, Gewichtszunahme, Rückenspeckdichte, Stärke der Rückenmuskeln (Kotelett) und Qualität der Schlachtprodukte.

Maststall: Welche Belegdichte ist günstig?

Wenn je GV 3–4 m³ Luftraum zur Verfügung stehen, die Stalltemperatur 16–18 °C und die Luftfeuchtigkeit 60–80% betragen. Buchtenfläche bei Teilspaltenboden: Anfangsmast 0,5 m², Endmast 0,8 m².

Streßresistenz – Halothantest: Was versteht man darunter?

Bei diesem Test werden die Ferkel 5 min lang mit dem Betäubungsgas »Halothan« auf ihre Reaktion geprüft. Man hofft damit, der

 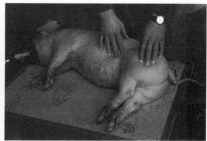

Halothantest: positiv (links) und negativ (rechts).

Streßanfälligkeit und den Folgeproblemen auf die Spur zu kommen.
Halothan-positiv = streßempfindlich (Muskelverspannungen),
Halothan-negativ = nicht streßempfindlich (Muskeln bleiben locker).

MHS-Gentest: Was ist das?

Die Abkürzung steht für **M**alignes-**H**yperthermie-**S**yndrom. Der Test ist ein preisgünstiges Verfahren, um festzustellen, ob ein Schwein rein- oder gemischterbig streßresistent oder reinerbig streßanfällig ist. Zum Test wird dem Schwein 1 ml Blut entnommen und auf das für das Streßverhalten verantwortliche Gen untersucht.

PSE-Fleisch – Was versteht man darunter?

PSE kommt aus dem Englischen und steht für »blaß« (**p**ale), »weich« (**s**oft) und »wasserlässig« (**e**xudative). PSE-Fleisch schrumpft beim Braten (Schwundverlust), wird zäh und trocken. Die Ursache ist in der Streßanfälligkeit der Schweine zu suchen.

Göfo-Wert – Was versteht man darunter?

Die Göfo-Werte (Abkürzung aus **Gö**ttingen und **Fo**tometer) stammen aus der fotoelektrischen Messung der Fleischfarbe. Sie dienen für Selektionsentscheidungen. Je kleiner der Wert ist, desto heller ist das Fleisch.

Fleischbeschaffenheitszahl – Was versteht man unter FBZ?

Die FBZ ist eine Indexzahl aus pH- und Göfowerten. Sie dient für Selektionsentscheidungen.

Schweinekrankheiten

Seuchen – Welches sind die bekanntesten Schweineseuchen?

Rotlauf (Bakterien),
TGE (übertragbare Magen-Darm-Entzündung, Virus),
Schweinepest (Virus),
Ferkelgrippe (verschiedene Erreger),
Schnüffelkrankheit (verschiedene Erreger),
Aujeszkysche (AK) Krankheit.

Schweinepest: Schwanken der Nachhand (links), geplatzte MKS-Bläschen (rechts).

Schweineseuchen: Welche sind anzeigepflichtig?

Milzbrand,
Maul- und Klauenseuche (MKS),
Schweinepest,
Ansteckende Schweinelähme (Teschenerkrankheit),
Afrikanische Schweinepest,
Aujeszkysche Krankheit,
Seuchenhaftes Verferkeln (Brucellose),
Tollwut,
SVD (vesikuläre Schweinekrankheit).

Seuchenhafter Spätabort: Was ist das?

Das ist ein neu auftretendes, durch ein Virus verursachtes Verwerfen hochträchtiger Sauen. Es werden tote oder lebensunfähige Ferkel geboren.

Krankheiten – Wie erkennt man Schweinepest?

Geringe Freßlust,
Teilnahmslosigkeit und Schlaffheit,
Nasenausfluß in schleimig eitriger Form,
Torkeln beim Aufstehen,
Fieber zwischen 39–41 °C.

Wie kann man Schweinepest vermeiden?

Vorsicht beim Zukauf,

zugekaufte Tiere zunächst 14 Tage in gesondertem Quarantänestall unterbringen,
Sauberkeit im Stall und wiederholte Desinfektion.

Schweinerotlauf: Wie kann er bekämpft werden?

Durch Sauberkeit und Schutzimpfungen zur Vorbeuge.

Ferkelgrippe: Wie wird sie bekämpft?

Ausmerzen der Kümmerer,
reinigen und desinfizieren des Abferkelteils bzw. der Ferkelbucht vor dem Abferkeln,
gutes Austrocknenlassen der Abferkelbucht,
gesunde Haltung, eventuell Auslauf.

Hauptmängel: Welche gibt es bei Schweinen?

Rotlauf – Gewährsfrist 3 Tage,
Schweineseuche einschließlich Schweinepest – Gewährsfrist 10 Tage.

Welche Hauptmängel gibt es für Schlachtschweine?

Tuberkulöse Erkrankung, Finnen, Trichinen; jeweils 14 Tage Gewährsfrist.

Streß – Was versteht man darunter?

Streß ist eine aus der allgemeinen Situation heraus entstandene, umfassende Belastung, ausgelöst durch Stressoren. Als Stressoren gelten z. B. übersteigerte physiologische Reize, verursacht durch Hunger, Durst, Bewegungsarmut, Schmerz, Hitze, Kälte, Zugluft, Transportenge, negativen Stallwechsel, Föhn, aber auch physikalische, chemische und biologische krankheitserregende Ursachen.

Welche Ursachen hat der Herztod?

Streß, z. B. beim Transport.

Verwerfen – Wodurch kann es hervorgerufen werden?

Stoß, Schlag, Ausrutschen, verdorbenes Futter, Blähung, Mineralstoffmangel, Krankheiten (z. B. Brucellose).

Schweinemüdigkeit – Was versteht man darunter?

Zunehmender Keimbesatz im Stall.
Werden Schweine (Zuchtschweine) nur im Stall gehalten, gedeihen nach Jahren plötzlich die Ferkel nicht mehr. Man muß dann den Stall einige Zeit leer lassen, reinigen und desinfizieren.

Geflügelzucht und -haltung

Bedeutung – Welche Bedeutung hat die Geflügelhaltung als Betriebszweig?

Innere Aufstockung infolge ihrer Flächenunabhängigkeit,
Ausnutzen vorhandener Arbeitskräfte,
Restgebäudeverwertung.

Wovon hängt die wirtschaftliche Hühnerhaltung ab?

Herkunft der Tiere,	Gesundheit,
Aufzucht,	Umtrieb,
Legeleistung,	Management,
Fütterung,	Marketing,
Haltung,	Wirtschaftlichkeitskontrolle.

Bestandsgrößen: Welche eignen sich für bäuerliche Betriebe?

1986 wurden in Beständen bis 10 000 Hennen 39,75% aller Legehennen gehalten; diese Betriebe vermarkten weitgehend direkt und erzielen im Durchschnitt die höchsten Erlöse je Tier.

Umtrieb – Welcher wird heute bevorzugt?

Für eine wirtschaftliche Geflügelhaltung ist der 1- bis 1½jährige Umtrieb unbedingt erforderlich.
Entweder 1jährig (11½ Legemonate) oder 1¼jährig (14–16 Monate).
Nach Beginn des 1. Legejahres beginnt das Ausmerzen.
Der 2jährige Umtrieb erschwert die Organisation (Aufzucht- und Legestall nötig). Aufzucht und Legehennenhaltung in einem Betrieb erschwert die Organisation.

Rassen – Welche Hühnerrassen verdienen den Vorzug?

Das hängt von der Art der Hühnerhaltung ab.
Für Intensivhaltung eignen sich besonders die Hybriden, für Auslaufhaltung sind die früher gehaltenen Rassen besser geeignet.

Hybriden: Was versteht man darunter?

Zunächst werden durch jahrelange Inzucht (5–8 Jahre) gesunde Linien geschaffen.
Dann werden zwei Inzuchtlinien untereinander gekreuzt.

Einfachhybriden: Wie entstehen sie?
Durch Kreuzung von zwei Inzuchtlinien.

Doppelhybriden: Wie entstehen sie?
Durch weitere Paarung mit zwei Hybridlinien.

Legehybride (links) und Masthybride (rechts).

Küken – Wie kann man Geflügelnachzucht beschaffen?
Kauf von Eintagsküken,
Kauf von Junghennen.

Eintagsküken: Wie wird das Geschlecht bestimmt?
Bereits innerhalb 24 Stunden nach dem Schlupf können geschulte Kräfte bei Eintagsküken das Geschlecht bestimmen. Diese Art der Geschlechtsbestimmung (»Sexen«) wurde in Japan entwickelt und wird deshalb auch als japanische Methode bezeichnet.

Welche Garantien muß der Lieferant bei sortierten weiblichen Küken geben?
Der Anteil weiblicher Küken muß 98% betragen.

Aufzucht – Was ist dafür notwendig?

Zweckmäßiger Stall mit Infrarotstrahler,
trockene Einstreu,
ausreichende Futtertroglänge,
geeignete Tränken,
Auslauf (bei kleineren Beständen).

Aufzuchtstall: Welche Temperatur muß herrschen?

1. Woche 32 °C,
2.–3. Woche 30–28 °C,
ab 4.–8. Woche 25° –22° –20° –18° –16 °C.

Was ist sonst noch zu beachten?

Stets frische, gesunde Luft, keine Zugluft,
Reinlichkeit und Sauberkeit,
richtige Fütterung,
Gesundheitsüberwachung (Impfprogramm).

Hennen – Welche Merkmale hat eine gute Legehenne?

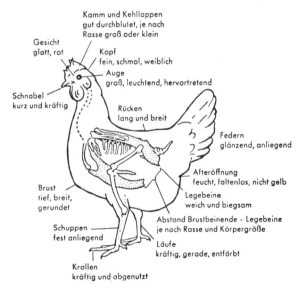

Leistungsprüfungen: Wie werden sie bei Geflügel durchgeführt?

Amtliche Probenahme von Bruteiern, Brut an der Prüfungsanstalt,
Geschlechtersortierung der Küken, Aufzucht einer bestimmten An-

zahl weiblicher Küken, Verminderung der Gruppen bei Legebeginn, nach Gruppen getrennte Aufstallung, Abschluß der Prüfung mit der Schlachtung der verbliebenen Hennen am 500. Lebenstag und Ermitteln einer ganzen Reihe von Meßdaten.

Eier – Wann ist die Legeleistung am höchsten?
Im 1. Legejahr; im 2. und 3. Legejahr geht sie um je 25% zurück.

Qualitätseier: Was ist bei der Erzeugung zu beachten?
Sauberer, luftiger Stall, richtige Fütterung,
gesunde Tiere, saubere Eier, sortiert.

Eier: Wo und wie werden sie sortiert?
In der Regel bei der Eierpackstelle nach Gewichtsklassen 1–7;
1 = über 70 g, 7 = unter 45 g, dazwischen Stufen von jeweils 5 g.

Bodenhaltung – Was versteht man darunter?
Ganzjährige Stallhaltung auf Tiefstreu bei 1- bis 1½jährigem Umtrieb.

Welche Regeln sind einzuhalten?
1 m^2 Stallfläche für 6 Hennen, Gemeinschaftsnest für 50 Tiere,
1 m^2 Nestfläche oder Legenest für jeweils 3–4 Hennen,
1 m Sitzstangen für 4–5 Hennen,
10 cm Freßtroglänge für eine Henne, bei Alleinfutter 15 cm,
3 cm Tränkrinnenlänge für 1 Henne oder eine automatische Tränke für etwa 100 Hennen.

Käfighaltung – Was versteht man darunter?
Ganzjährige Stallhaltung in vollautomatisierten Käfiganlagen.

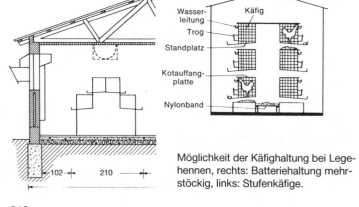

Möglichkeit der Käfighaltung bei Legehennen, rechts: Batteriehaltung mehrstöckig, links: Stufenkäfige.

Welche Regeln sind einzuhalten?

450 cm² Käfigfläche/Henne,
45 cm Käfigtiefe,
50 cm Käfighöhe, vorne,
40 cm Käfighöhe, hinten,
10–12 cm Troglänge/Henne,
2 Tränknippel/Käfigbesatzung,
5 Lux Licht/Henne.

Mast – Was ist bei der Geflügelmast zu beachten?

Vor Aufnahme der Geflügelmast Absatzmöglichkeiten prüfen. Wirtschaftlichkeitsberechnung durchführen.

Welche Rassen eignen sich zur Mast?

Masthybriden, die aus für die Mast geeigneten Rassen gezüchtet wurden.

Mit welcher Mastzeit ist zu rechnen?

Für den wirtschaftlichen Erfolg ist eine Mastzeit von nicht länger als 6–7 Wochen auf etwa 1200–1400 g notwendig.

Geflügelkrankheiten

Geflügelkrankheiten – Hühnermüdigkeit: Was versteht man darunter?

Ist ein Auslauf der Bodenhaltung durch schlechte Pflege oder durch stete Übersetzung und durch ständiges Belaufen von Althühnern mit Krankheitskeimen angereichert, so spricht man von Hühnermüdigkeit.
Abhilfe ist durch sofortigen Wechsel im Auslauf zu schaffen.

Welche Maßnahmen kann der Geflügelhalter gegen Krankheiten treffen?

Bezug von leistungsfähigen und widerstandsfähigen Küken,
richtige Fütterung und Haltung,
Desinfektion und Impfung,
Überwachung durch den Tierarzt.

Was kann die Ursache von Erkrankungen sein?

Seuchen, allgemeine Infektion,
Mangel an Vitaminen oder Spurenelementen,
Erkältungen oder Vergiftungen.

Aufzuchtkrankheiten – Welches sind die häufigsten?

Weiße Kükenruhr; Ursache: Fehler in der Aufzucht, z. B. Erkältung oder starke Überhitzung.
Rote Kükenruhr (Kokzidiose). Es werden meistens Jungtiere im Alter von 4–8 Wochen befallen.
Wurmbefall,
Rachitis (Knochenweiche).

Was ist gegen Aufzuchtkrankheiten zu tun?

Vorbeugen durch fehlerfreie Aufzucht – richtige Temperatur im Stall und zweckmäßige Fütterung.
Bei Auftreten von Weißer und Roter Ruhr den Tierarzt oder Geflügelgesundheitsdienst rufen.

Kannibalismus: Was kann man tun?

Er ist bei Bodenhaltung einer der häufigsten Abgangsgründe. Abhilfe entweder durch Schnäbel stutzen oder Aufsetzen von „Brillen".

Federfressen – Was ist die Ursache?

Einseitige Ernährung, zu kleiner Auslauf, zu kleine Stallung.

Seuchen – Welche können bei Geflügel auftreten?

Geflügelcholera (anzeigepflichtig),
Geflügelpest (anzeigepflichtig),
Newcastle-Krankheit (atypische Hühnerpest) (anzeigepflichtig),
Geflügelpocken (meldepflichtig),
Infektiöse Laryngotracheitis (meldepflichtig),
Mareksche Geflügellähmung (meldepflichtig),
Tuberkulose des Geflügels (meldepflichtig),
Infektiöse Bronchitis,
Hühnerleukose,
Paratyphus (Salmonellen-Infektion).

Tierische Schädlinge: Welche treten bei Geflügel auf?

Eingeweidewürmer, Milben, Federlinge, Vogelfloh, Fliegen.

Pferdezucht und -haltung

Bedeutung – Wo liegen heute die Schwerpunkte?
Sport und Zucht, Freizeit;
besondere landwirtschaftliche Verhältnisse.

Wie hat sich der Bestand in der Bundesrepublik Deutschland entwickelt?
1948 = 1,5 Mio., 1969 = 254 000, 1990/91 = 491 000, davon 84 000 neue Bundesländer.

Zuchtrichtungen: Welches sind die wichtigsten?
Warmblut-Reitpferde,
Spezialrassen-Vollblut (Rennpferde),
Traber

Wagenpferde,
Kaltblut-Arbeitspferde,
Kleinpferde und Ponys.

Körperteile: Wie werden sie bezeichnet?

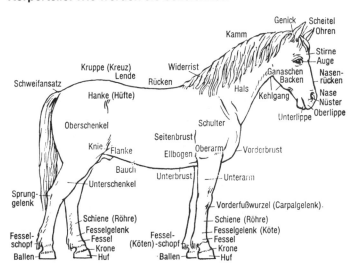

Kaltblut und Warmblut: Was unterscheidet sie?
Warmblut: Lebhaftes Temperament, trockener, leichter Körperbau – vorwiegend Reitpferd.
Kaltblut: Ruhiges, träges Temperament, massige, kräftigere Knochen – Arbeitspferd.

Beurteilung – Wie werden die äußeren Formen beurteilt?

Nach dem Gebrauch,
im Stand – im Schritt – im Trab.

Fußstellungen: Welche sind zu unterscheiden?

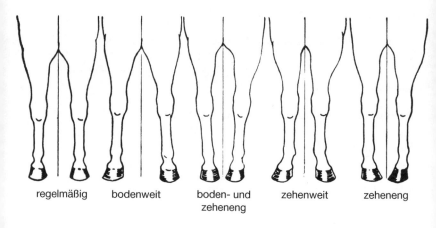

regelmäßig   bodenweit   boden- und zeheneng   zehenweit   zeheneng

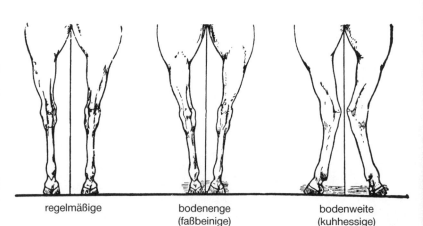

regelmäßige   bodenenge (faßbeinige)   bodenweite (kuhhessige)

Stuten: Welche Maße sind erwünscht?

Warmblut:	162–166 cm Stockmaß
Kaltblut:	158–160 cm Stockmaß
Kleinpferde, Ponys:	bis 147 cm Stockmaß

Alter: Wie kann man es bestimmen?
Nach dem Gebiß und der Veränderung der Zähne.

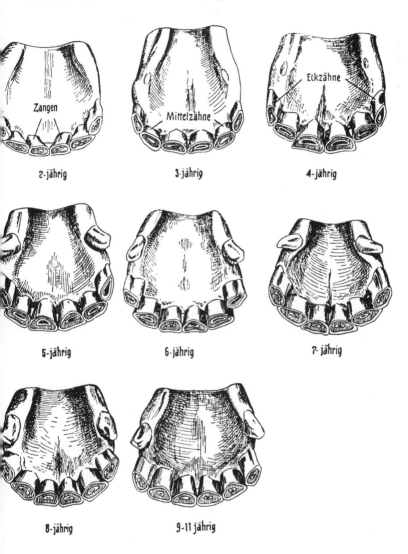

Pflege – Was ist dabei besonders wichtig?

Hautpflege und Hufpflege.

Hufpflege: Was ist besonders zu beachten?
Reinigen und einfetten,
rechtzeitiges Beschlagen (alle 8–12 Wochen).

Was ist beim Umgang mit dem Pferd zu beachten?
Pferde sind keine »Freizeit- oder Sportgeräte«! Das Pferd hat seine eigene Psyche und Eigenarten, darauf muß mit Ruhe, Sachverstand und Einfühlungsvermögen eingegangen werden.
Das Pferd ist ein Lauftier, es sollte täglich vernünftig bewegt/beschäftigt werden.

Zucht – **Mit welchem Alter werden Pferde zur Zucht verwendet?**
Stuten mit 3–4 Jahren,
Hengste mit 2½–3 Jahren.

Wie lange sind Pferde trächtig?
11 Monate.

Pferdekrankheiten

Krankheiten – **Welches sind die wichtigsten?**
Milzbrand (anzeigepflichtig),
Rotz (anzeigepflichtig),
Beschälseuche (anzeigepflichtig),
Räude (anzeigepflichtig),
Afrikanische Pferdepest (anzeigepflichtig),
Ansteckende Blutarmut (anzeigepflichtig),
Tollwut (anzeigepflichtig),
Borna (meldepflichtig),
Ansteckende Gebärmutterentzündung (EM) (meldepflichtig),
Bläschenausschlag,
Koliken,
Schwarze Harnwinde,
Druse,
Hufrehe und Hufkrebs,
Pferdeinfluenza.

Gewährsmängel: Welche gibt es beim Pferd?

Rotz (14 Tage),	Kehlkopfpfeifen (14 Tage),
Dummkoller (14 Tage),	Periodische Augenentzündung (14 Tage),
Dämpfigkeit (14 Tage)	Koppen (14 Tage).

Schafzucht

Bedeutung – Wie ist sie wirtschaftlich zu beurteilen?

Die Schafhaltung ist in den letzten Jahren wieder etwas angestiegen. 1965 gab es nur noch knapp 800 000 Schafe in der Bundesrepublik Deutschland, (mit neuen Bundesländern) 1992 2,3 Mio.

Schafhaltung: Welche Aussichten hat sie?

Gute in der Erzeugung von jungen Masttieren in geeigneten Betrieben. Als Koppelschafhaltung zur Nutzung absoluten Grünlandes; im Dienst der Landschaftspflege.

Rassen – Welche Schafrassen haben in der Bundesrepublik Deutschland Bedeutung?

Merinolandschaf, besonders in Süddeutschland verbreitet.

Deutsches schwarzköpfiges Fleischschaf, in Westfalen, Rheinland, Hessen, Niedersachsen.

Deutsches weißköpfiges Fleischschaf, hauptsächlich an der Nordseeküste anzutreffen.

Texelschaf, besonders geeignet für Koppelhaltung.

Merinofleischschaf, hauptsächlich in Zuckerrübengebieten in Niedersachsen.

Heidschnucke, Deutsches Bergschaf, Ostfriesisches Milchschaf, Rhönschaf u. a. haben nur örtliche Bedeutung.

Zucht – Trächtigkeit: Wie lange dauert sie beim Schaf?

Rund 150 Tage = 5 Monate.

Lammung: Welche ist am zweckmäßigsten?

Die Herbst- und Frühjahrslammung.

Betriebsformen – Welche sind üblich?

Standortgebundene Schafherde (Guts-, Gemeinde-, Genossenschaftsschäferei), Wanderschafherden, standortgebundene Schafhaltung (Einzelschaf- und Koppelschafhaltung).

Futtergrundlage: Welche verlangt die Schafhaltung?

Schafe sind genügsam und können jegliches Grün- und Rauhfutter verwerten, sie eignen sich auch zum Beweiden von ertragsschwachen Hutungen. Hohe Fleisch- und Milchleistungen erfordern aber sowohl gutes Grundfutter als auch Kraftfutter.

Allgemeine Grundsätze der Fütterung

Tier und Pflanze – Welcher Unterschied besteht in der Ernährung?

Die Pflanze baut mit Hilfe des Sonnenlichtes aus anorganischen Stoffen organische Verbindungen auf.
Das Tier ist auf organische Stoffe als Nahrung angewiesen.

Betriebswirtschaftliche Forderungen – Welche muß die Fütterung erfüllen?

Sie soll die wirtschaftseigenen Futtermittel und betrieblichen Abfälle bestmöglichst verwerten,
die Tiere gesund und leistungsfähig erhalten,
billig (rentabel) sein,
den Anteil und die Wirkung des Zukauffutters (Mischfutter) günstig gestalten.

Futtervoranschlag: Was versteht man darunter?

Im Futtervoranschlag wird der voraussichtliche Futtermittelbedarf und seine Deckung für die einzelnen Tiergattungen möglichst für das ganze Jahr berechnet.

Futterplan: Warum ist er notwendig?

Aus dem Futterplan ersieht man, ob das vorhandene Wirtschaftsfutter ausreicht.
Der Futterplan enthält überschlägige Berechnungen über die Leistungen. Daraus ergeben sich Hinweise für den rentablen Kraftfuttereinsatz. Erst durch den Futterplan wird es möglich, Winter wie Sommer gleichmäßig zu füttern und damit Rückschläge in den Leistungen oder unerwarteten Tierverkauf zu vermeiden.

Nährstoffe – Welche Stoffe sind zur Ernährung der Tiere notwendig?

Eiweiß, Mineralstoffe,
Fette, Wirkstoffe,
Kohlenhydrate, Balast- und Strukturstoffe.
Wasser,

Eiweiß: Wozu benötigt es das Tier?

Als Baustoff für die Körperzellen,
zur Bildung der Körperflüssigkeit (Blut).

Fett im Futter: Wozu dient es?

Als Wärme- und Energiequelle,
zu Bildung von Milch- und Körperfett.
Das Tier braucht nur geringe Mengen Fett, sie sind im Futter meist genügend enthalten.

Kohlenhydrate: Was versteht man darunter?

Kohlenhydrate sind organische, von der Pflanze aufgebaute Stoffe wie Zucker, Stärke, Zellulose (Rohfaser).

Wozu dienen die Kohlenhydrate im Tierkörper?

Als Brennstoff zur Erzeugung der Körperwärme,
als Betriebsstoff für alle Lebensäußerungen,
als Ausgangsstoff für die Muskel- und Fettbildung.

Wasser – Wozu braucht es das Tier?

Als Lösungsmittel,
zum Transport der Nähr- und Abfallstoffe (Blut, Harn),
zum Regeln der Körpertemperatur (Schweiß).

Mineralstoffe – Welche sind wichtig für das Tier?

Calcium, Phosphor, Magnesium, Natrium, Kalium, Chlor, Eisen, Kupfer, Mangan, Zink, Jod, Cobalt.

Wozu dienen sie im Tierkörper?

Zum Aufbau des Knochengerüstes,
zur Bildung und Funktion der Körpersäfte,
als Anreger für chemische Umsetzungen.

Vitamine – Was versteht man darunter?

Lebenswichtige organische Ergänzungsstoffe,
ihr Fehlen führt zu Mangelkrankheiten, z. B. Knochenweiche (Vitamin D), zu Wachstumshemmungen (Vitamin A) oder zu Störungen in der Fortpflanzung (Vitamin E).

Futter – Erhaltungs- und Leistungsfutter: Was versteht man darunter?

Das Tier benötigt eine bestimmte Menge Nährstoffe, um die Lebensfunktionen seines Körpers in Gang zu halten (Erhaltungsfutter).

Erst die Nährstoffmengen, die es darüber hinaus erhält, kann es in Leistung, z. B. Milch, umsetzen (= Leistungsfutter).

Stärkeeinheit: Was versteht man darunter?
Die StE ist ein Maßstab für den Futterwert. Wenn z. b. Hafer 642 StE/kg enthält, so bedeutet das, daß 1 kg Hafer dasselbe Fettbildungsvermögen hat, wie 642 g reine Stärke.

NEL: Was versteht man darunter?
Bei der **N**ettoenergie-**L**aktation (NEL) handelt es sich um ein neues Futterbewertungssystem für die Milchviehfütterung anstelle der bisherigen StE. NEL wird in MJ (Megajoule) angegeben. 1 Megajoule (MJ) entspricht 240 Kilokalorien (Kcal).

»Gesamt-Nährstoff« (GN): Was versteht man darunter?
In der Schweinefütterung versteht man unter Gesamt-Nährstoff:
1 g Gesamt-Nährstoff = 1 g verdauliche Stärke, Eiweiß oder Zucker;
1 g Fett = 2,3 g Gesamt-Nährstoff.

ME: Was versteht man darunter?
Bei der Umsetzbaren Energie (ME = **m**etabolizable **e**nergy) handelt es sich um ein neues Futterbewertungssystem für die Schweinefütterung, das den bisherigen GN ablöst. Die ME wird ebenso wie die NEL in der Einheit MJ (Megajoule) angegeben.

Energiezahl (EZ): Wozu diente sie?
Zur Berechnung des Futterwertes der Rohnährstoffe einer Futtermischung unbekannter Zusammensetzung.

EZ für Schweine (EZS): Wie wurde sie berechnet?
[% Rohprotein × 0,8] + [% Rohfett × 2 (oder 5% übersteigende Gehalt × 2,5)] + % Stärke + % Zucker.

EZ für Geflügel (EZG): Wie wird sie berechnet?
% Rohprotein + [% Rohfett × 2,25] + [% Stärke × 1,1] + % Zucker.

Nährstoffgehalt – Warum werden die Futtermittel nach Eiweiß (Protein) und Stärkeeinheiten bewertet?
Um den Nährstoffbedarf der Tiere und den Nährstoffgehalt der Futtermittel aufeinander abstimmen zu können.
In den Stärkeeinheiten, in NEL und ME ist der Energiegehalt aller Nährstoffe eines Futtermittels ausgedrückt.

Eiweiß ist als Baustoff des Körpers unersetzlich. Der Eiweißgehalt eines Futtermittels ist daher wichtig.

Wozu benötigt man den Nährstoffgehalt der Futtermittel?
Zum Berechnen und Zusammenstellen von Futterrationen,
zur Kontrolle der Leistungsfütterung,
zum Berechnen der Preiswürdigkeit der Futtermittel.

Wo findet man den Nährstoffgehalt der Futtermittel zusammengestellt?
In den Futterwerttabellen der DLG,
in vielen landwirtschaftlichen Lehrbüchern und landwirtschaftlichen Taschenkalendern.
Bei Handelsfuttermitteln ist der Nährstoffgehalt auf dem Sackanhänger angegeben.

VFT: Was ist das?
Ein unabhängiger Verein (**V**erein **F**uttermittel-**T**est; vergleichbar der Stiftung Warentest), der Mischfuttermittel nach ihrem Nähr- und Wirkstoffgehalt bewertet und gleichzeitig die Gesamtqualität der Mischfuttermittel beurteilt. Die Testergebnisse werden veröffentlicht.

»Offene Deklaration«: Was versteht man darunter?
Unter Offener Deklaration versteht man die Angabe der Gemengeanteile in Gewichtsprozenten (Gew.-%) auf dem Sackanhänger beim Mischfutter. Problem: Die Anteile sind derzeit noch nicht exakt nachzuweisen.

Hohenheimer Futterwerttest (HFT): Was versteht man darunter?
Eine Methode zur Kontrolle des Energiegehaltes im Milchleistungsfutter.

Rohfaser – Können sie die Tiere verwerten?

Rohfaser besteht zum größten Teil aus Zellulose und ist schwer verdaulich.
Das Verdauungssystem der Wiederkäuer hat einen Gärraum (Pansen), in dem Bakterien die Rohfaser aufschließen und damit verdaulich machen. Zur Sättigung und richtigen Verdauung brauchen die Tiere eine bestimmte Menge Rohfaser. Zuviel rohfaserreiches Futter sättigt, drückt aber die Leistung, da es nicht genug Energie enthält; das gilt besonders in der Schweinefütterung.

Rindviehfütterung

Verdauungssystem – Welche Besonderheiten hat das Rind?

Das Rind ist ein Wiederkäuer, im Pansen werden durch Bakterien rohfaserreiche Futtermittel aufgeschlossen. Das Futtereiweiß wird dabei zum größten Teil bis zu Ammoniak abgebaut und dann wieder zu Bakterieneiweiß aufgebaut.

Futtermittel – Welche eignen sich für das Rind?

Rohfaserreiche Futtermittel wie Gras, Klee, Heu, Grünmehl, Heubriketts und Cobs, Silage, Rüben, Rübenblatt;
Rückstände der Mühlen: Nachmehl, Kleie;
Rückstände der Zuckergewinnung: Schnitzel, Melasse;
Rückstände der Brauerei: Biertreber;
Rückstände der Brennerei: Schlempe;
Rückstände der Ölindustrie: Ölkuchen und -mehle.

Saftfutter: Wie ist es zu verwenden?

Saftfutter ist im Winter besonders wichtig und leistungssteigernd, es sollte daher während der ganzen Winterfütterung gegeben werden.

Heu: Kann man ohne füttern?

Gutes Heu ist in der Winterfütterung schwer zu ersetzen. Mindestens 3 kg täglich je Tier sind wünschenswert.

Winterfütterung – Welche Grundsätze gelten für Kühe?

Winterfutterplan aufstellen,
gleichmäßig und vielseitig füttern,
Futter darf nicht verdorben sein,
hohe Milchleistung durch Kraftfutter unterstützen,
Mineralstoffe nicht vergessen,
auf ausgeglichenes Verhältnis von Eiweiß zu Energie (NEL, StE) achten.

Sommerfütterung – Was ist beim Übergang zu beachten?

Der Organismus muß sich umstellen auf das rohfaserarme, eiweiß- und wasserreiche Futter. Der Übergang soll allmählich vollzogen werden (14 Tage vor Beginn der Grünfütterung darauf vorbereiten). Die tägliche Gärfuttermenge und die Mineralstoffgaben sind zu erhöhen.

Durchfall bei Futterumstellungen: Woher kommt er?
Er ist hauptsächlich auf das rohfaserarme, eiweißreiche junge Grünfutter zurückzuführen.
Durch entsprechende Beifütterung läßt er sich eindämmen.

Wie und was soll man bei jungem Gras beifüttern?
Täglich vor dem Austrieb oder der Grünfütterung rohfaserreiche Futtermittel,
am besten Silage, Wiesenheu oder auch Futterstroh, mit verdünnter Melasse benetzen.

Gras: Wieviel frißt eine Kuh täglich?
Das hängt ab vom Gewicht der Kuh und der Menge und Güte des vorhandenen Grases. Als Durchschnitt gelten 70 kg je Kuh und Tag.

Gärfutter – Was ist bei der Fütterung zu beachten?
Es darf nur einwandfreies Gärfutter verfüttert werden.
Milch nimmt den Silagegeruch (Essig- oder Buttersäure) leicht an, daher nicht kurz vor oder während des Melkens Gärfutter geben, Gärfutter nicht im Stall lagern.

Kuhfütterung – Wie groß ist der Erhaltungsbedarf einer Kuh?
Das hängt vom Lebendgewicht ab:
Bei 650 kg Lebendgewicht 500 g Rohprotein/Tag und 37,7 MJ NEL, für je weitere 50 kg Lebendgewicht 25 g Rohprotein/Tag und 2,2 MJ NEL.

Nährstoffe: Wieviel sind für 1 kg Milch nötig?
Zur Erzeugung von 1 kg Milch mit 4% Fett braucht die Kuh etwa 85 g Rohprotein und 3,17 MJ NEL.

Leistungsfütterung: Was versteht man darunter?
Fütterung nach Leistung, d. h. Kühe, die viel Milch geben, erhalten mehr und nährstoffreicheres Futter sowie Milchleistungsfutter.

Vorbereitungsfütterung: Was versteht man darunter?
In den letzten 3 Wochen der Trächtigkeit gibt man ansteigend 1–3 kg Kraftfutter täglich, um die Kühe an die hohen Kraftfuttergaben nach dem Kalben zu gewöhnen. Trockenstehende Kühe erhalten ebenso viel Futter wie Tiere, die 5–8 kg Milch geben.

Abruffütterung: Was ist das?

Eine Einrichtung, mit der die Tiere ihr für sie programmiertes Kraftfutter jederzeit selbst aus Automaten abrufen können. Das System besteht aus einer Stationselektronik an der Futterstation und einem Rechner und Responder (Antworter) am Halsband eines Tieres.

Kraftfuttergabe: Wann ist sie rentabel?

Bei Kühen, die mehr Milch geben als sie an Nährstoffen mit dem Wirtschaftsfutter erhalten.

Kraftfuttergabe: Wie kann sie erfolgen?

Über Kraftfutterautomaten im Melkstand,
über Abruffütterung (computergesteuert) in Laufställen,
über mechanische Kraftfutterdosierer im Anbindestall.

Eiweißüberschuß: Was versteht man darunter?

Ist wesentlich mehr Eiweiß im Futter enthalten als nötig, dann spricht man von Eiweißüberschuß.
Ausgleich ist durch stärkereiches Futter (Schnitzel, Kleie, auch Getreide, Kartoffeln usw.) möglich.

Mineral- und Wirkstoffbedarf: Wie groß ist er bei einer Kuh?

Der Mineral- und Wirkstoffbedarf ist nur ungefähr zu errechnen. Eine Hochleistungskuh benötigt viele Mineral- und Wirkstoffe, weil sie diese ständig mit der Milch ausscheidet.
Es sollen daher täglich 100–200 g Mineralfutter zum Grundfutter beigefüttert werden.

Kälberfutter – Welche Fütterungsabschnitte sind bei den Aufzuchtkälbern zu beachten?

Kolostral- oer Biestmilch in den ersten Tagen,
Vollmilchperiode 1–2 Wochen,
ab 3. Woche Beigabe von Magermilch und Wirkstoffmischung oder
  Milchaustauschtränke, außerdem Angebot von Kälberheu.

Wann wird ein neugeborenes Kalb zum erstenmal getränkt?

Möglichst bald nach der Geburt, weil nur dann die in der Kolostralmilch enthaltenen Abwehrstoffe aufgenommen werden können.
Das Kalb soll am 1. Tag viermal satt getränkt werden.

Tränkemethode: Was ist zu beachten?

Größte Sorgfalt,
Pünktlichkeit,
Sauberkeit,
die Tränke muß immer körperwarm (37 °C) gegeben werden, sofern es sich nicht um eine spezielle Kalttränke handelt.

Wann bekommt das Zuchtkalb andere als Milchnahrung?

Zuchtkälber müssen möglichst bald an die Aufnahme fester Nahrung gewöhnt werden. Man beginnt in der 2. Woche mit täglich 70–100 g Ergänzungsfutter für Aufzuchtkälber und steigert bis 1,5–2 kg.
Ab der 3. Woche soll bestes Wiesenheu dazu gefüttert werden.

Vollmilcharme Kälberaufzucht: Was versteht man darunter?

Bei vollmilcharmer Aufzucht benötigt man etwa 100 kg Voll- und etwa 600–700 kg Magermilch in 4 Monaten.
Durch Ergänzungsfutter zur Aufwertung der Magermilch kann Vollmilch in der Kälbermast wirtschaftlich ersetzt werden. Durch Einsatz von Milchaustauschfutter kann auch Magermilch ersetzt werden.

Milchaustauschfutter: Was versteht man darunter?

Ein mit Wasser anzurührendes, hochwertiges Mischfutter mit mindestens 35% Magermilchpulver, mit Mineral- und Wirkstoffen sowie Leistungsförderern versetzt. Für 1 l Tränke sind etwa 100–125 g Milchaustauschfutter erforderlich.

Milchaufwertungsfutter: Was versteht man darunter?

Ein mit Magermilch anzurührendes, energiereiches Ergänzungsfutter für Mastkälber mit mindestens 30% Rohfett, mit Wirkstoffen und Vitaminen angereichert.

Frühentwöhnung: Was versteht man darunter?

Die Aufzuchtkälber werden mit geringen Gaben aufgewerteter Magermilch oder Milchaustauschtränke und frühzeitiger Rauh- und Kraftfuttergabe (ab 3. Woche) aufgezogen und mit 8–10 Wochen ganz auf Heu und Kraftfutter umgestellt.

Benötigt das Zuchtkalb Kraftfutter?

Bis zum Alter von ½ Jahr bei normalen Voll- und Magermilchgaben etwa 1,5–2 dt Kraftfutter. Was in der Jugend versäumt wurde, kann später nicht mehr aufgeholt werden!

Bullenkälber: Was ist bei der Aufzucht zu beachten?

Jungbullen sollen gesund und kräftig heranwachsen, nicht fett und mastig. Auslauf und Bewegung in frischer Luft sind besonders wichtig.

Durchfall – Welche Ursache hat der krankhafte Kälberdurchfall?

Fehlende Fütterung der Kolostralmilch als erster Nahrung, kühle Milch, zuviel Milch, angesäuerte Milch, Unsauberkeit.

Mast – Wie kann man Jungrinder billig mästen?

Nach Aufzucht mit Frühentwöhnung Wirtschaftsfutter guter Qualität, vor allem mit hohen Gaben einwandfrei gewonnenen Gärfutters (Maissilage),
Kraftfutter ist zum Nährstoffausgleich notwendig.

Welche Mastverfahren sind bei der Bullenmast üblich?

Die *Intensivmast* als Schnellmast führt in 12 Monaten (4.–15. Monat) zum Endgewicht von 550 kg.
Die *Wirtschaftsmast* dauert vom 5. bis zum 20. Monat; Endgewicht 550 kg.
Bei der *Weidemast* erreichen die Tiere im Alter von 22–24 Monaten ein Endgewicht von 500–550 kg.

Futtermittelzusatzstoffe – Welche Voraussetzungen müssen sie erfüllen?

Sie müssen sich positiv auf die Leistung der Tiere auswirken und die Beschaffenheit der Futtermittel verbessern.
Sie dürfen die Qualität der tierischen Erzeugnisse nicht beeinträchtigen.
Sie dürfen sich nicht schädlich auf die Gesundheit von Mensch, Tier und Umwelt auswirken.
Sie dürfen nicht zugelassen werden, wenn sie aus übergeordneten gesundheitlichen Gründen der tierärztlichen Anwendung vorbehalten bleiben müssen, das heißt sie dürfen Tierkrankheiten weder verhüten noch heilen (ausgenommen Kokzidiostatika und Histomonistatika).

Futtermittelrecht – Was sind unerwünschte Stoffe in Futtermitteln?

Pilzgifte, z. B. Aflatoxin,
Schwermetalle, z. B. Blei, Quecksilber, Arsen, Cadmium,
Chlorierte Kohlenwasserstoffe, z. B. Chlordan, DDT, Dieldrin, Endosulfan, Endrin, Heptachlor, Hexachlorbenzol (HCB), Alpha- und Beta-HCH, Gamma-HCH (Lindan),
besondere Pflanzeninhaltsstoffe, z. B. Blausäure, Senföl, Gossypol, Theobromin,
Unkrautsamen und Früchte, die Alkaloide, Glukoside oder andere giftige Stoffe enthalten.

Schweinefütterung

Schweinefütterung – Welche Besonderheiten hat das Schwein?

Das Schwein hat einen einfachen Magen; es kann rohfaserreiche Futtermittel schlecht verwerten und ist deshalb auf leicht verdauliches Futter angewiesen.

Welche Gesichtspunkte sind zu beachten?

Täglich zweimal im Trog füttern, oder einmal täglich den Automaten befüllen,
pünktliche Futterzeiten,
kalt-dickbreiig, flüssig oder trocken füttern,
möglichst Selbsttränken einrichten,
Sauberkeit in Trögen und Gefäßen.

Wirtschaftsfuttermittel: Welche kommen in Frage?

Grünfutter, Weide, Rotklee, Gras, Luzerne, Rübenblatt, Markstammkohl, aber nur in jungem Zustand (für Zuchtschweine),
Hackfrüchte, Kartoffeln und Rüben,
Körnergetreide (Gerste, Hafer, Roggen, Mais), möglichst gemischt,
Magermilch.

Mastverfahren – Welche sind üblich?

Mast mit Beifutter,	Mast mit Alleinfutter,
Molkemast,	Mast mit Körnermaissilage,
Getreidemast,	Mast mit Maiskolbensilage (CCM).

Fütterungsverfahren: Welche sind üblich?

Fütterung von Hand, vollautomatische Trockenfütterungsanlage mit Gewichts- oder Volumendosierung bei Längstrog- und Quertrogaufstallung oder in Rundtröge,
Trockenfutterautomaten für rationierte oder Ad-libitum-Fütterung,
Flüssigfütterungsanlagen, in denen das pumpfähige Futter über ein Rohrleitungssystem zu den Freßplätzen gefördert wird.

Bodenfütterung: Was versteht man darunter?

Das Futter wird automatisch auf den Boden der Bucht befördert. Der Futterverbrauch je kg Zunahme ist bei dieser Methode etwas höher.

Automatische Futterzuteilung in Tröge.

Fütterung auf »blanken Trog«: Was versteht man darunter?

Die Tiere erhalten rationiertes Futter (nicht bis zur vollen Sättigung). Sie sollen bei zweimaliger Fütterung in 15–30 Minuten den Trog blankfressen.

Suppige Fütterung: Erleichtert sie die Verdauung?

Die Art der Futterbereitung hat keinen Einfluß auf die Verdauung.

Flüssigfütterungsanlage mit Dosierbehälter. Eine zentrale Anmischanlage versorgt mehrere Ställe.

Flüssigfütterung (pumpfähig) gewinnt in größeren Beständen zur Arbeitsersparnis wieder an Bedeutung.
Mastschweine werden überwiegend trocken oder feuchtkrümelig bis dickbreiig und kalt gefüttert. Die Wasserversorgung erfolgt am besten durch Selbsttränke.

Futtermittel – Welche Futtermengen braucht man bei der Getreidemast?

Zur Getreidemast braucht man täglich von 1,5–3 kg steigende Gaben Schrot einschließlich Eiweißfutter.
Insgesamt benötigt das Mastschwein etwa 2,8 dt Futter.

Magermilch: Kann sie Fischmehl oder Sojaschrot ersetzen?

2 l Magermilch ersetzen das Eiweiß von 100 g Fischmehl oder 150 g Sojaschrot.

Roggen: Kann man ihn an Schweine verfüttern?

Roggen ist ein wertvolles Mastfutter. Bei der Hackfruchtmast kann der notwendige Getreideanteil ausschließlich aus Roggen bestehen; sonst soll der Roggen mit anderen Getreidearten gemischt werden.

Mais: Kann man ihn an Schweine verfüttern?

Mais ist für Mastschweine gut geeignet; bei Kartoffelmast kann Mais alleiniger Getreideanteil des Beifutters sein, sonst ist eine Mischung zweckmäßig.

Corn-Cob-Mix (CCM): Was versteht man darunter?

CCM ist ein siliertes Mais-Körner-Spindelgemisch, das in der Schweinemast große Bedeutung erlangt hat.

Masterfolg – Wie kann man ihn steigern?

Durch richtige Fütterung,
durch hohe Verdaulichkeit des Gesamtfutters,
durch ausreichenden Mineral- und Wirkstoffgehalt,
durch Pünktlichkeit und Sauberkeit beim Füttern,
durch gute Haltungsbedingungen.

Wie kann man ihn kontrollieren?

Durch Wiegen zu Beginn und Ende der Mast,
Berechnen der täglichen Zunahmen,
Anschluß an einen Schweinemast-Prüfring.

Was soll erreicht werden?

Eine Verlustquote unter 3%,
eine Futterverwertung von möglichst unter 1:3,
eine tägliche Futteraufnahme von 1,9–2,1 kg,
eine tägliche Zunahme von 650 g,
ein Magerfleischanteil von 54–58%,
ein Schlachtgewicht von 85–95 kg,
eine Mastdauer (von 20–95 kg) in 120 Tagen.

Leistungsförderer: Was ist das?

Man versteht darunter futtermittelrechtlich für die Schweinemast zugelassene Zusatzstoffe, die die Futterverwertung verbessern. Sie dürfen nur von amtlich anerkannten und kontrollierten Futtermittelherstellern in den Verkehr gebracht werden.
Bei der Anwendung sind Dosierung und Wartezeit einzuhalten. Es handelt sich dabei weder um Nährstoffe noch um Arzneimittel.

Eiweiß – Welche Eiweißfuttermittel sind zu empfehlen?

Magermilch,
Fischmehl – Blutmehl,
Bohnen, Erbsen, Süßlupinenschrote, Erdnuß- und Sojaextraktionsschrot, Eiweißkonzentrat.

Eiweiß: Warum muß es besonders beachtet werden?

Weil Fleischbildung Eiweiß erfordert und der einfache Verdauungsapparat des Schweines hochwertiges Eiweiß verlangt (Lysingehalt ist wichtig).

Eber – Wie sind Zuchteber zu füttern?

Mit etwa 3 kg Kraftfutter oder 2,0–2,5 kg Kraftfutter und Grundfutter (Rüben, Grünfutter).

Ebermast: Wo gibt es sie?

Sie hat in Großbritannien und in Dänemark eine gewisse Bedeutung. Der Ebergeruch des Fleisches wird dort akzeptiert. In der Bundesrepublik Deutschland wird die Ebermast abgelehnt.

Zuchtsau – Wann hat sie den größten Nährstoffbedarf?

Nach dem Ferkeln während der ganzen Säugezeit;
in den letzten Wochen vor dem Ferkeln.

Wie ist sie kurz vor dem Ferkeln zu füttern?

Das Futter ist unter Zugabe von Kleie dünnbreiig zu verabreichen, außerdem ist genügend Tränkwasser notwendig.
Verstopfung ist unbedingt zu vermeiden.

Beifutter: Welches braucht sie?

Die leere oder niedertragende Sau erhält entweder nur Kraftfutter (2–3 kg) oder Grundfutter (Rüben, Grünfutter) und Ergänzungsfutter (1 kg).
Hochträchtige Sauen bekommen 2 kg Mischfutter,
säugende Sauen erhalten je Ferkel 0,5 kg einer Kraftfuttermischung oder Futter zur freien Aufnahme.

Weidegang: Kann sie dadurch ernährt werden?

Weidegang ist für die Zuchtsau sehr vorteilhaft. Sie muß dazu Beifutter erhalten.

Milchfluß: Wie kann man ihn durch Fütterung mehren?

Durch ausreichende Versorgung mit allen Nährstoffen.

Ferkel – Wie sind sie zu füttern?

Sie bleiben 3–5 Wochen (Lebendgewicht 6–10 kg) bei der Muttersau,
ab der 2. Woche erhalten sie Ergänzungsfutter für Ferkel, damit sie sich an das Fressen gewöhnen,
ab der 4. Woche gibt man »Ferkelaufzuchtfutter«,
von der 3. Woche an muß ständig gutes Tränkwasser gegeben werden.

Frühentwöhnung: Wie wird sie gehandhabt?

Sie wird angewandt, um den Wurfabstand zu verringern. Die Ferkel werden nach der 3. Lebenswoche (Mindestgewicht 5 kg) abgesetzt und in sog. Flat-Decks mit Trockenfutter aufgezogen.

Absetzen: Wie sind Ferkel danach zu füttern?

Sie erhalten zunächst noch das Ferkelaufzuchtfutter bis 20 kg Lebendgewicht;
nach einer kurzen Übergangszeit erhalten sie dann z. B. Alleinfutter I für Mastschweine.

Läufer – Wie sind Zuchtläufer zu füttern?

Im Sommer Weidegang oder junges Grünfutter,
im Winter Rüben und Kartoffeln,
dazu Mischfutter oder 1,0–2,5 kg Alleinfutter (Typ Alleinfutter für laktierende Sauen).

Mast – Wie lange dauert die moderne Mast?

Die Mast von 20 auf 100 kg Lebendgewicht dauert etwa 120 Tage.

Alleinfutter: Wie verläuft die Mast?

Für die Anfangsmast (20–50 kg) Alleinfutter I für Mastschweine,
für die Endmast (50–100 kg) Alleinfutter II.

Welche Arten von Alleinfutter gibt es?

Alleinfutter I für die Anfangsmast
und Alleinfutter II für die Endmast;
Alleinfutter für Mastschweine (ab 35 kg Lebendgewicht).

Hühnerfütterung

Hühnerfütterung – Was ist das Besondere beim Huhn?

Das Huhn hat einen Muskel- oder Kaumagen,
einen sehr kurzen Darm,
es braucht daher hochverdauliches Futter mit geringem Rohfasergehalt.

Moderner Stall für Großbestand (Bodenhaltung) mit automatischer Fütterung.

Alleinfütterung: Was versteht man darunter?

Als alleiniges Futter wird das im Handel vorrätige Alleinfutter gegeben. Alleinfutter ist ein Mischfuttermittel, das alle notwendigen Futterstoffe für die Legehenne enthält.

Kombinierte Fütterung: Was versteht man darunter?

Die Tiere erhalten in den Trögen nach Belieben Ergänzungsfutter für Legehennen, abends 2 Stunden vor Dunkelheit werden je Henne 50–70 g Körner in die Streu gegeben.

Das Körnerfutter soll aus mehreren Getreidearten bestehen. Monatlich sollten 100–150 g Muschelschalen je Henne beigefüttert werden.

Weichfutter: Was versteht man darunter?

Weichfutter besteht aus gedämpften Kartoffeln oder gemusten Hackfrüchten, durch Zusatz von Wasser oder dicksaurer Milch bzw. mehligem Futter wird es feuchtkrümelig angemacht.

Weichfutter wurde früher viel zum Füttern der Legehennen verwendet, das Herstellen ist aber zu arbeitsaufwendig.

Magermilch: Kann man sie an Legehennen füttern?
Dicksaure Magermilch ist zum Füttern der Legehennen geeignet, der Arbeitsaufwand für gesonderte Magermilchgaben ist aber so groß, daß das Füttern mit Körnern und Ergänzungsfutter für Legehennen bzw. mit Alleinfutter günstiger ist.

Phasenfütterung: Was versteht man darunter?
Die Anpassung der Fütterung an den tatsächlichen Bedarf:
Kückenalleinfutter bis Ende 6. Woche,
Junghennenalleinfutter A bis zur 13. Woche,
Junghennenalleinfutter B bis zur Legereife.
Legehennen werden angepaßt an die Legeleistung gefüttert.

Futtermengen: Welche werden je Huhn benötigt?
Je nach Legeleistung etwa 120–150 g Alleinfutter für Legehennen oder 60–80 g Ergänzungsfutter für Legehennen und 50 g Körner.

Wasser – Wie hoch ist der Bedarf je Huhn?
Er steigt mit der Legeleistung bis zu $1/3$ l an warmen Tagen, Wasserversorgung am besten mit Tränkautomaten.

Werkstatt, Maschinen und Gebäude

Maschinenpflege

Werkstatt – Wie soll ein Werkstattraum beschaffen sein?
Der Raum soll nicht zu klein sein (mindestens 20 m^2).
Gute Raumbeleuchtung, zusätzliche Arbeitsplatzbeleuchtung, Kabellampe, einige Steckdosen für Licht- und Kraftstrom, Wasserleitung und Bodenablauf.
Wenn es sich um Stein- oder Betonboden handelt, soll vor der Werkbank ein Holzrost liegen.

Was gehört zur Mindestausstattung?
Werkbank und Schraubstock, komplette Sätze Schraubenschlüssel aller Art, Werkzeugkasten für Holz- und Metallarbeiten, Werkmaterial (Eisen, Holz, Leder), Amboß oder Schiene,
Schleifstein,
Wagenheber für etwa 4 t,
Flaschenzug am Dreibock ode an der Laufkatze,
Druckluftkompressor mit Spritzpistole,
elektrische Handbohrmaschine mit Bohrständer,
Kreissäge und Hobelbank, Schnitzbock,
Betonmischer,
elektrisches Schweißgerät,
verschiedene Fettpressen (Fuß- oder Handhebelpresse),
Ölkannen, sowie Öle und Fette,
Ölablaßwanne usw.,
Aufbewahrungsmöglichkeiten für Werkzeuge (Werkzeugbretter, Schränke),
Aufbewahrungsmöglichkeiten für Material (Regale, Büchsen, Kästen).

Holz – Welche Holzarten werden in der Landwirtschaft vorwiegend verwendet?
Eiche, Buche, Esche, Fichte, Föhre.

Welche Eigenschaften haben sie?
Eiche: hart und widerstandsfähig,
Buche: hart, wenig elastisch,
Esche: hart, elastisch,
Fichte: wenig elastisch, weich,
Föhre: weich, widerstandsfähig gegen Witterung.

Wo finden sie hauptsächlich Verwendung?
Eiche: Schweinestall, Speichen, Rahmen für Wagenaufbauten,
Buche: Rahmen für Aufbauten,
Esche: Werkzeugstiele, Schwingfedern,
Fichte: Dachstuhl, Heutrocknungsgerüste,
Föhre: Tür- und Fensterstöcke.

Fäulnis: Wie wird Holz dagegen geschützt?
Durch Anstrich mit Farbe oder Lasuren,
durch Behandlung mit Holzschutzmitteln,
durch Trockenhalten.

Holzschutzverfahren: Welche gibt es?
Streichen kleiner Holzteile (mehrmals),
Spritzen von Holzwänden (mindestens zweimal),
Tauchen oder Tränken (4–6 Tage).

Holzschutzmittel: Welche Arten sind üblich?
Öle (Karbolineum), streichfertige Flüssigkeit für trockenes Holz im Freien (Geruch!).
Ölhaltige Mittel (Chlornaphthaline), streichfertige braune bis klare Flüssigkeit mit eigenartigem Geruch, geeignet für trockenes Holz, auch für nachfolgenden Farbanstrich.
Salze, in bereits gelöster oder fester Form erhältlich, eignen sich für trockenes und nasses Holz zum Innen- und Außenanstrich. Zuweilen sehr giftige Mittel, die für Futterkrippen, Blumenkästen usw. nicht verwendet werden dürfen!

Was ist bei der Anwendung von Holzschutzmitteln zu beachten?
Giftwirkung verschiedener Mittel beim Streichen und beim Benutzen der Holzteile durch Mensch oder Tier.
Die Haltbarkeit des Mittels. Bei Holzschutz im Freien sollen unauslaugbare Schutzmittel verwendet werden. Dies ist an der Verpackung zu ersehen.

Eisen – Wie schützt man Eisen vor Rost?

Blanke Eisenteile mit Bleimennige und darauffolgendem Deckanstrich (Öl- und Kunstharzfarbe) oder mit säurefreiem Fett schützen.
Bereits verrostete Teile werden mit der Stahlbürste entrostet. Anstrich mit einer rostbindenden Farbe oder Rostumwandler und schließlich Deckanstrich wie oben.

Was ist eine rostbindende Farbe?

Beim mechanischen Entrosten von Eisenteilen, z. B. mit der Stahlbürste, bleibt immer ein gewisser Prozentsatz an Rost übrig. Dieser Rost wird von der rostbindenden Farbe luftdicht abgeschlossen, wodurch ein Weiterfressen des Rosts unter dem Farbenanstrich verhindert wird.

Entrostungsverfahren: Welche gibt es?

Das mechanische Entrosten mit Schwingschleifer, Stahlbürste, Schmirgelscheibe, Feile oder Schmirgelpapier.
Das chemische Entrosten durch Eintauchen der verrosteten Eisenteile in Säuren. Die Säure greift aber auch das Eisen an, wenn nach dem Säurebad nicht sofort eine Neutralisation durch Laugen vorgenommen wird.

Farben – Welche Anstrichmittel sind gebräuchlich?

Ölfarben mit den Bindemitteln Leinöl, Firnis oder Standöl; Verdünnungsmittel: Terpentin.
Kunststoffarben mit verschiedenen Bindemitteln auf Kunststoffbasis; Verdünnungsmittel: Kunststoffverdünner (Nitrol).
Beratung im Farbenhandel und Gebrauchsanweisung auf der Verpackung sind zu beachten.

Anstriche: Welche unterscheidet man?

Grundanstrich (bei Eisen Mennige oder Rostbinder, bei Holz dünnflüssige Farbe zum Einziehen),
Deckanstrich ist farbbestimmend,
Lackanstrich für Glanz und Haltbarkeit.

Kunststoffe – Was versteht man unter Kunststoffen?

Chemisch hergestellte Werkstoffe (Plaste und Harze), die teils hart und brüchig, teils weich und formbar sind.

Kunststoffe: Welche Eigenschaften haben sie?

Sie lassen sich sägen, bohren, hobeln und kleben.
Sie sind wetter- und säurebeständig.

Wie werden Kunststoffe in der Landwirtschaft verwendet?
Als Transportgefäße (Eimer, Körbe, Fässer),
als Filter, Dichtungen, Schlauchleitungen, Rohre, Folien, Platten usw.

Traktor und Transportfahrzeuge

Traktor – Welche Bauarten sind üblich?
Standardtraktoren mit Hinterachsenantrieb (bis ca. 100 kW = ca. 136 PS, bei Bedarf 150 kW = ca. 205 PS),
Standardtraktoren mit Allradantrieb (bis ca. 200 kW = ca. 270 PS, bei Bedarf 250 kW = ca. 340 PS),
Geräteträger (bis ca. 60 kW = ca. 80 PS),
Frontsitztraktoren mit und ohne Allradantrieb (bis ca. 125 kW = ca. 170 PS),
Systemtraktoren (bis ca. 60 kW = ca. 80 PS),
Allrad- und Track-Traktoren (34–150 kW = 50–200 PS),
Einachstraktoren, Schmalspur-, Stelzen- und Vierradkleintraktoren,
Hof- und Stalltraktoren.

Systemtraktor: Was versteht man darunter?
Er hat den »Tragtraktor« abgelöst und stellt den Versuch dar, einen Standardtraktor zu bauen, der allen landwirtschaftlichen Anforderungen entspricht: Leichter Geräteanbau, gute Geräteführung und -übersicht, Wendigkeit, hoher Komfort und Unfallsicherheit.

Geräteträger: Welche Merkmale hat er?
Motor, Kupplung und Getriebe dicht vor und über der Hinterachse, Vorderachse durch Rahmenkonstruktion weit nach vorne geschoben,
dadurch Anbaumöglichkeit von Geräten vor und über der Vorderachse sowie zwischen Vorder- und Hinterachse und hinter der Hinterachse.

Leistung – Was ist bei der kW-Angabe wichtig?
Die Motordrehzahl (Umdrehung je Minute, 1/min).
Je höher die Drehzahl, desto mehr kW bei gleichem Hubraum – aber auch desto höher der Verschleiß, das Geräusch und der Verbrauch.

Wie werden Kilowatt (kW) in PS umgerechnet?
1 kW = 1,36 PS,
1 PS = 0,736 kW.

Wieviele kW soll der Traktor haben?

Das hängt von der Art und Größe des Betriebes und seiner Bewirtschaftung, aber auch vom Gelände und vom Verwendungszweck ab. 1950 standen ca. 1,5–2,2 kW (2–3 PS) je 100 ha LF zur Verfügung, 1970 etwa 150 kW (ca. 200 PS), 1976 ca. 280 kW (ca. 380 PS), 1981 ca. 350 kW (ca. 500 PS). Grund: Maschinen und Geräte mit größerer Leistung und Arbeitsbreite, um die Schlagkraft zu erhöhen.

Zugkraftangabe: Was sagt sie aus?

Sie läßt Rückschlüsse auf die gesamte (Brutto-)Anhängerlast zu; Faustregel: 1000 kg Traktorzugkraft entsprechen einem Bruttoanhängergewicht von 10 000 kg bei normaler, ebener Straße.
Mit zunehmender Steigung nimmt die Zugkraft ab: bei 5% Steigung um 30%, bei 10% um 50%, bei 20% um 70%.

Leistungsgewicht: Was versteht man darunter?

Eigengewicht des Traktors in kg geteilt durch die Zahl seiner kW ergibt das Leistungsgewicht in kg/kW.

Leistungsgewicht: Welche Bedeutung hat es?

Traktoren mit höherem Leistungsgewicht haben eine größere Zugleistung (geringerer Schlupf). Hohes Leistungsgewicht ergibt höheren Bodendruck.
Die Zapfwellenleistung ist vom Leistungsgewicht unabhängig.

Sicherheit – Wann ist ein Traktor betriebsbereit?

Treibstoff im Tank,
Motor- und Getriebeöl aufgefüllt,
Batterie und elektrische Leitungen intakt,
genügend Kühlwasser,
Reifen aufgepumpt.

Wann ist der Traktor verkehrssicher?

Bremsen müssen gut und gleichmäßig greifen,
Scheinwerferlicht (Fern- und Abblendlicht) muß intakt sein,
Brems-, Rück-, Blinklichter und Hupe müssen funktionieren,
die Lenkung darf kein zu großes Spiel haben,
der Reifendruck muß gleichmäßig sein,
an der Anhängerkupplung darf der Splint nicht fehlen,
Anbaugeräte am Heck dürfen die Vorderachse nicht so stark entlasten, daß die Lenkfähigkeit beeinträchtigt wird.

Was ist vom »gesunden« und »sicheren« Traktor zu verlangen?

Ein serienmäßiger »Gesundheitssitz«,
günstige Lage der Bedienungshebel,
leiser Lauf, Lärmpegel möglichst unter 85 dB (A),
bestmögliche Ableitung der Auspuffgase (nach oben),
vorschriftsmäßige Umsturzschutzvorrichtung,
integrierte Kabine (Verdeck) mit guter Rundumsicht,
Klimatisierung und Schalldämmung.

Dezibel (dB [A]): Was versteht man darunter?

Eine internationale Meßzahl für den Lärm. Eine Erhöhung des Lärms um zehn dB (A) bedeutet für unser Ohr bereits eine Verdoppelung der Lautstärke.

Technik – Warum braucht der Traktor mehr Gänge?

Beim Traktor werden viele verschiedene Arbeitsgeschwindigkeiten gefordert, bei denen die Drehzahl des Motors (die Motorleistung) immer günstig sein soll.

Kraftstoffverbrauch: Wie kontrolliert man ihn beim Traktor?

Vor dem Arbeitseinsatz Tank ganz füllen,
nach der Arbeit Tank nachfüllen,
nachgefüllte Kraftstoffmenge durch die geleisteten Arbeitsstunden teilen, ergibt den durchschnittlichen Kraftstoffverbrauch je Stunde.

Kosten – Wie gliedern sich die Kosten einer Traktorstunde?

Feste Kosten: Abschreibung, Versicherung, Verzinsung des Anschaffungswertes, Gebäudekosten, gegebenenfalls Steuer.
Bewegliche (variable) Kosten: Kraftstoff, Schmieröl, Reparaturen, Pflege.

Einsatzstunden: Wieviele soll der Traktor im Jahr erreichen?

Die Abschreibungsschwelle eines Traktors liegt bei etwa 1000 Stunden im Jahr; im Durchschnitt sollten daher mindestens 500–600 Einsatzstunden jährlich je Traktor erreicht werden.

Kosten je Traktorstunde: Wo kann man sie erfragen?

Beim Geschäftsführer und den Mitgliedern eines Maschinenringes oder beim Lohnunternehmer.

Steuern: Wann muß ein Traktor versteuert werden?
Wenn Arbeiten für nichtlandwirtschaftliche Zwecke durchgeführt werden.

Schwake-Liste: Was versteht man darunter?
Eine Preisübersicht für Gebrauchtwagen. Es gibt aber auch eine eigene Liste für Gebrauchttraktoren und Mähdrescher. Auch Zeitschriften bieten diesen Service.

Motoren – Otto-(Vergaser-)Motor: Welche Vorteile hat er?

Niedrige Verdichtung, daher geringes Gewicht,
gute Beschleunigung, ruhiger Lauf, geringer Preis.

Dieselmotor: Welche Vorteile hat er?
Gute Kraftstoffausnützung,
billigerer und ungefährlicherer Kraftstoff,
geringere Emissionen (Umweltverschmutzung).

Drehmoment: Was versteht man darunter?
Das Drehmoment ist die an der Kurbelwelle geleistete drehende Arbeit. Es sagt mehr über die Leistungsfähigkeit eines Motors aus als die angegebene kW-Zahl.
Das Drehmoment hängt von der Drehzahl ab. Es soll über einen möglichst weiten Drehzahlbereich gleichbleiben, d. h. die »Drehmomentkurve« soll möglichst flach sein, und nicht »durchhängen«.

Wasserkühlung: Welche Vorteile hat sie?
Die Wärmeleitung (d. h. die Kühlung) durch Wasser ist sehr gut. Die Geräuschdämpfung ist besser.

Luftkühlung: Welche Vorteile hat sie?
Die Betriebstemperatur wird schneller erreicht.
Es ist kein Frostschutz nötig (»Luft gefriert nicht«).

Elsbett-Motor: Was ist das Besondere?
Der Elsbett-Motor ist ein direkt einspritzender Dieselmotor mit einem speziellen Brennverfahren (Duotherm) mit besonders hohem Wirkungsgrad und geringem Treibstoffverbrauch. Im Elsbett-Motor kann auch unverestertes Rapsöl verwendet werden.

Äthanol (auch Ethanol, Bio-Sprit: Was versteht man darunter?
Ein Alkohol, der durch Gärung aus zucker-, stärke- und cellulosehal-

tigen Rohstoffen (nachwachsende Rohstoffe) gewonnen und dem Benzin beigemischt werden kann (bis zu 10%).

RME: Was versteht man darunter?
Rapsölmethylester, ein verestertes Rapsöl, das für den Ersatz von Diesel in direkteinspritzenden Dieselmotoren geeignet ist, in Österreich Biodiesel genannt.

Hydraulik – Wie arbeitet die Hydraulik des Traktors?

Mit Flüssigkeitsdruck, der durch eine vom Traktormotor angetriebene Hydraulikpumpe erzeugt wird.
Als Flüssigkeit wird Bio-Hydrauliköl verwendet.

Hydrauliksysteme: Welche gibt es?
Die Hydrostatik (in der Landtechnik üblich) und die Hydrodynamik.

Regelhydraulik: Welche Vorteile hat sie?
Sie regelt den Tiefgang des angebauten Gerätes automatisch. Das Gerät wird ständig vom Traktor getragen, dadurch die Hinterachse ständig belastet und so die Zughakenleistung vergrößert.

Zugleistung – Wodurch entstehen Verluste?

Durch Getriebereibung, durch Rad- bzw. Bodenschlupf, durch Rollwiderstand.

Bodenschlupfverlust: Wie kann er verringert werden?
Beschweren der Hinterachse (durch Gewichte, Wasser in den Reifen oder höher ankuppeln),
geringerer Luftdruck (0,8 bar),
Schneeketten anlegen,

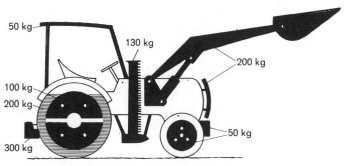

Mögliche Zusatzgewichte zur Schlupfminderung.

Klappgreifer anbringen,
Differentialsperre einsetzen, wenn ein Rad durchdreht,
durch Triebachsanhänger,
größere bzw. breitere Räder oder Doppelbereifung,
Allradantrieb mit bauartbedingt gleichgroßen Rädern auf Vorder- und Hinterachse,
Radial(Gürtel-)bereifung,
durch elektronische Antischlupfregelung.

Elektronische Antischlupfregelung: Wie funktioniert sie?

Ein eingebauter Radarsensor verlagert mit Hilfe der Elektronik das Gerätegewicht auf die Hinterachse, verbessert damit die Bodenhaftung und verringert den Schlupf.

Differentialgetriebe (Ausgleichsgetriebe): Wozu dient es?

Beim Kurvenfahren entsteht an den hinteren Traktorrädern eine unterschiedliche Drehgeschwindigkeit (außen schneller als innen). Dieser Unterschied wird durch das Differentialgetriebe auf die Antriebswelle ausgeglichen.

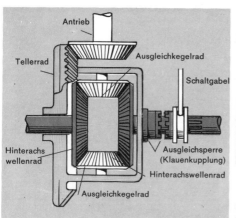
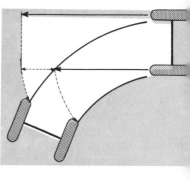

Das Ausgleichsgetriebe (links) gleicht den bei Kurvenfahrt größeren Außenweg (rechts) aus.

Differentialsperre: Wozu dient sie?

Durch die Differentialsperre werden die Hinterachsen starr miteinander verbunden, wodurch das Durchdrehen eines Rades verhindert wird. Benutzung nur bei Geradeausfahrt.

Bergabfahren mit beladenen Anhängern: Was ist zu beachten?

Beim Abwärtsfahren mit beladenen Anhängern kann die Bremswirkung des Traktors durch die Schubwirkung der Anhänger übertroffen werden, so daß der Traktor zur Seite gedrängt und umgeworfen wird.
Die Anhänger müssen daher über funktionsfähige eigene Bremsen verfügen.

Sicherungskupplung – Wozu dient sie?

Reibungs- oder Ratschkupplungen können Schäden verhüten, wenn durch Überlastungen (z. B. Verstopfungen von Erntemaschinen) zu hohe Belastungen auftreten.

Frontlader – Welche Vorteile hat er?

Er macht den Traktor zur vielseitig verwendbaren »Landmaschine«, insbesondere zum Laden, Schieben und Heben.

Was ist beim Frontlader-Einsatz zu beachten?

Die Last nicht höher heben als nötig, weil sonst die Kippgefahr steigt.
Bergab und bergauf mit beladenem Frontlader besonders vorsichtig fahren.
Ladevorgang so einrichten, daß möglichst wenig hin und her gefahren werden muß.
Der Frontlader muß bei Straßenfahrt hochgestellt sein.
Unter dem angehobenen Frontlader dürfen keine Personen sein.

Anhänger – Welche Arten werden verwendet?

Zwei- und Einachsanhänger, Kippanhänger.
Triebachsanhänger,

Reifenarten: Welche sind gebräuchlich?

AS-Reifen für Traktor und Antriebsräder,
AS-Front-Reifen für Traktorvorderräder,
AW-Reifen für landwirtschaftliche Anhänger (Ackerwagen),
AM-Reifen für landwirtschaftliche Arbeitsmaschinen (Mehrzweckreifen).

Verkehrssicherheit von Fahrzeugen: Was ist zu beachten?

Funktionieren der Bremse; sie muß vom Zugfahrzeug aus zu bedienen sein oder selbst wirksam werden,
einwandfreie Beleuchtung und Rückstrahler, 2 Schlußleuchten, 2 Blinker, 2 Rückstrahler (bei Anhänger als Dreieckrückstrahler),

Warnblinkanlage, Warndreieck, und bei Anhängern über 6 m Länge
  an den Längsseiten gelbe Rückstrahler, die nach der Seite wirken,
leserliches Kennzeichen, hinten mit Beleuchtung,
Geschwindigkeitsschild (Anhänger an beiden Seitenwänden und
  Rückwand),
Gesamtgewichtsangabe an der Vorderwand, Achslasten an der
  rechten Seite über den Rädern,
Fabrikschild mit Fabriknummer am Anhänger,
Unterlegkeil ist mitzuführen,
Anhänger müssen eine Betriebserlaubnis haben,
Anhängerkupplung und Zuggabel müssen von amtlich genehmigter
  Bauart sein,
TÜV-Termin beachten.

Mähwerk – Wie wird es angetrieben?

Der Antrieb geht unmittelbar vom Wechselgetriebe (mit Rutschkupplung) oder von der Zapfwelle aus, wobei ein Keilriemenantrieb als Überlastungsschutz dient, oder über einen Hydraulikmotor.

Messerzapfwelle: Ist die Drehzahl vom jeweiligen Gang abhängig?

Die Drehzahl ist in allen Gängen die gleiche und beträgt etwa 800–1000 Umdrehungen in der Minute.

Messerbalken: Welche Formen sind üblich?

Mähwerksysteme: Welche sind üblich?

Fingerbalkenmähwerke: 1,5–2,1 m Arbeitsbreite,
Doppelmessermähwerke: 1,5–2,25 m Arbeitsbreite,
Scheiben- und Trommelmähwerke: 1,6–2,4 m Arbeitsbreite,
Schlegelmähwerke: 1,5–1,8 m Arbeitsbreite.

Mähgeschwindigkeit: Wie hoch ist sie im Mittel?

   6 km/h bei Schlegelmähwerken,
 6– 8 km/h bei Fingerbalkenmähwerken,
 8–10 km/h bei Doppelmessermähwerken,
 8–12 km/h bei Scheibenmähwerken.

Messerbalkenvorschub: Was bedeutet er, wieviel soll er betragen?

Der Mähbalken soll mit dem äußeren Ende um etwa 4 cm vorgeschoben sein, damit der beim Schneiden genau senkrecht zur Fahrtrichtung steht.

**Hochschnitt-
(= Normalschnitt)balken**   Mittelschnittbalken   Tiefschnittbalken

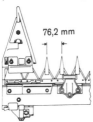 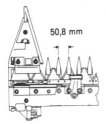 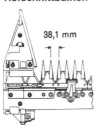

am gebräuchlichsten

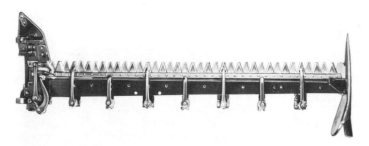

Doppelmessermähwerk

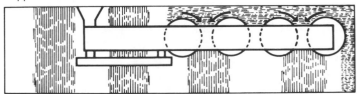

Arbeitsweise eines rotierenden Mähwerkes.

In Verbindung mit Flachsilos erleichtert das Blockschneidegerät die Futtervorlage.

Mähen am Hang: Was ist zu beachten?

Der Mähbalken muß immer hangaufwärts liegen.
Durch Umstecken der Felgen Spurweite vergrößern.

Zapfwelle – Welche Aufgaben hat sie?

Übertragen der Motorkraft zum Antrieb von angehängten oder angebauten Arbeitsmaschinen.

Welche Arten gibt es?

Motorzapfwelle: Sie ist von der Drehzahl des Motors abhängig, kann auch im Leerlauf benützt werden.

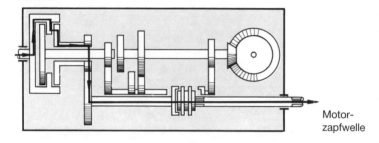

Motorzapfwelle

Wegzapfwelle: Ihre Umdrehungszahl ist vom eingelegten Gang abhängig. Antrieb erfolgt über Wechselgetriebe. Die Zahl der Umdrehungen bleibt für eine bestimmte Wegstrecke gleich – daher Wegzapfwelle.

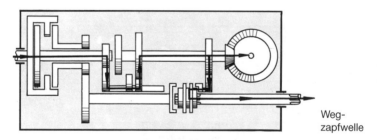

Wegzapfwelle

Getriebezapfwelle: Mit dem Schaltgetriebe, beim Auskuppeln steht also auch sie (kaum noch gebräuchlich).

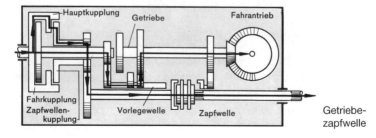

Getriebezapfwelle

Anbauvorrichtung – Welche Arten sind gebräuchlich?

Dreipunktanbau am Heck und an der Frontseite des Traktors, Ein-Phasen-Schnellkuppler (Dreieck-Schnellkuppler), Zwei Phasen-Schnellkuppler, Anhängung, Aufsattelung.

Pflug – Welche Arten von Pflügen gibt es?

Beetpflüge (Anhänge- und Anbaupflüge), sie wenden nur nach einer Seite,
Kehrpflüge (Dreh- und Winkeldreh-, Wechsel- und Kipp-Pflug), sie wenden nach beiden Seiten,
Scheiben- und Kreiselpflüge,
Mehrschichtenpflüge,
Tiefpflüge,
Spatenpflüge.

Pflug: Was sind die wichtigsten Teile?

Pflugrahmen mit Zug- und Anbauvorrichtung, Pflugkörper (Schar, Streichblech und Sohle), Messer, Sech oder Vorschäler, Steinsicherungen. Siehe die Abb. Seite 253.

Frontanbau-Drehpflug mit Streifenpflugkörpern.

Pflugkörper – Welche Streichblechformen gibt es? Welche Grundformen gibt es?

Kulturform   Universalform

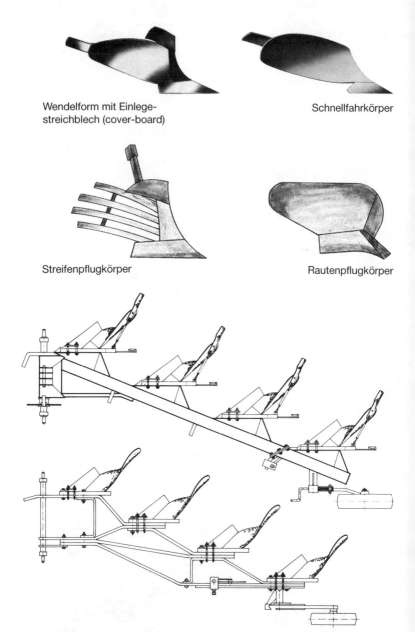

Wendelform mit Einlegestreichblech (cover-board)

Schnellfahrkörper

Streifenpflugkörper

Rautenpflugkörper

Die Rahmenbauweise (unten) ergibt eine gute Elastizität des gesamten Pflugs. Die Holmbauweise (oben) ermöglicht ein Verändern der Körperzahl im »Baukastenprinzip«.

Pflugeinstellung – Was bezeichnet man als Untergriff und Seitengriff?

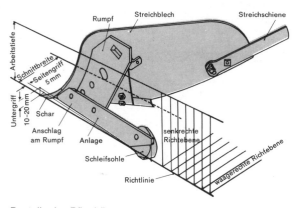

Bauteile des Pflugkörpers.

Wie soll das Pflugmesser oder Messersech eingestellt werden?

Die Sechspitze soll etwa drei Finger links von und drei Finger über der Scharspitze stehen.

Krümelung beim Pflügen: Wie kann sie beeinflußt werden?

Höhere Pfluggeschwindigkeit,
steile Körperform,
Einsatz der Streichschiene.

Welches Verhältnis soll die Furchenbreite zur Furchentiefe haben?

Bei den normalen Pflugkörpern soll die Furchenbreite (Arbeitsbreite) das 1,2fache zur Furchentiefe (Arbeitstiefe) betragen. Der Durchlaß muß ausreichend sein.

Welche Ursachen können vorliegen, wenn der Pflug nicht in die gewünschte Tiefe geht?

Schar zu stumpf,
kein Untergriff vorhanden,
An- oder Aufhängung des Pfluges zu schwanzlastig,
Boden zu hart oder zu steinig.

Welche Ursachen können vorliegen, wenn der Pflug die Furche nicht genügend wendet?

Sech schneidet nicht richtig,
Vorschäler zu seicht oder zu tief eingestellt,
Streichschiene drückt nicht nach,
Furche im Verhältnis zum Pflugkörper zu tief.

Traktorleistung: Welche braucht der Pflug?

Je nach Boden, Furchenquerschnitt, Fahrgeschwindigkeit (5–7 km/h) usw. etwa 10–25 kW (15–35 PS) je Schar.

Pflege – Was ist bei der Behandlung des Pfluges zu beachten?

Spindeln, Spannschlösser, Scheibensechlager sind zu schmieren,
das Streichblech ist vor Rost zu schützen (Rostschutzmittel),
das Schar muß stets geschärft sein;
wichtig ist der Seiten- und Untergriff und die Stellung der Scharspitze,
auf die richtige Stellung der Anlage (Sohle) ist zu achten.

Maschinen und Geräte für Acker und Grünland

Bodenbearbeitungsgeräte – Welche sind unentbehrlich?

Pflüge, Eggen, Grubber, Walzen.

Eggen: Welche Arten sind üblich?

Starreggen: Saateggen, Ackereggen, Löffeleggen,
Federzinkeneggen: Hackstriegel, Gareggen, Federzahneggen,
flexible Eggen: Wiesen- und Netzeggen,
Wälzeggen: Sternwälz- und Spatenwälzeggen, Draht- und Schrägstabwälzeggen,
Scheibeneggen: Kreisel- und Rütteleggen.

Grubber: Welche Scharformen sind üblich?

a) starre und b) starr-gefederte Zinken, c) Arnszinken und d) Federzinken.

Walzen: Welche Arten sind üblich?

Glattwalzen,
Rauhwalzen,
Packerwalzen,
Krümelwalzen (Wälzeggen).

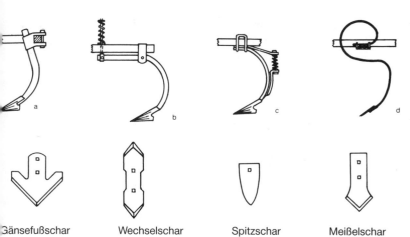

Gänsefußschar   Wechselschar   Spitzschar   Meißelschar

Die Form der Grubberschare beeinflußt die Arbeitsbreite je Zinken und den Bearbeitungseffekt.

Fräse: Was ist beim Einsatz zu beachten?

Die Fräse soll die Traktorenspur überdecken,
die Umdrehungszahl soll unter 300/min bleiben,
eine Rutsch- oder Überlastungskupplung ist erforderlich.

Welche Maschinen benötigt man zur Saat, Pflege und Düngung?

Drillmaschinen,
Vielfachgeräte, Hackmaschinen, Ausdünnungsmaschinen,
Düngerstreuer,
Lege- und Pflanzmaschinen.

Düngerstreuer – Welche Arten gibt es?

Schlitzstreuer,   Pendelstreuer,
Walzenstreuer,   Bandstreuer,
Tellerstreuer,   Kettenstreuer,
Wurfstreuer,   Pneumatikstreuer.

Welche Anforderungen sind zu stellen?

Möglichst gleichmäßiges Verteilen über die ganze Streubreite,
möglichst gleichmäßiges Verteilen unabhängig von der Geländegestaltung,
möglichst große Bodenfreiheit (wichtig für Getreidespätdüngung),
große Flächenleistung,
gezogene Geräte sollen große, gummibereifte Räder haben.

Stallmiststreuer: Welche Arten sind üblich?

Breitstreuer mit aufrechten Streuwalzen und großer Streubreite,
Schmalstreuer mit liegenden Streuwalzen,
Vielzweck- (Kombigeräte) und Spezialfahrzeuge.
Stallmiststreuer gibt es als Ein- und Zweiachser mit Kratz- oder Rollboden.

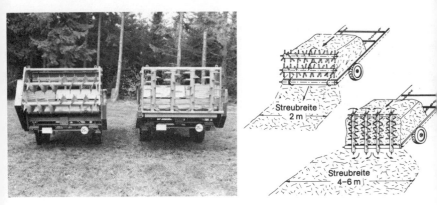

Vergleich von Schmal- (links) und Breitstreuer (rechts) mit ihrem Streubild.

Getreidebau – Welche Maschinen sind nötig?

Drillmaschinen,
Erntemaschinen (Mähdrescher, Strohpressen, Ballenlader),
Trocknungs- und Reinigungsanlagen,
Lagersilos, Förderanlagen.

Maschinensaat: Welche Vorteile hat sie?

Gleichmäßige Saattiefe für gleichmäßigeres Auflaufen und Reifen,
Saatgutersparnis durch gleichmäßigeres Verteilen des Saatgutes,
Saatmenge genau bestimmbar,
erleichterte Saatpflege,
bessere Standfestigkeit und höhere Erträge.

Mähdrescherarten: Welche gibt es?

Gezogene und selbstfahrende Mähdrescher,
Mähdrescher mit Tangentialdreschwerk (Dreschtrommel mit Hordenschüttler oder rotierenden Trennelementen),
Mähdrescher mit Axialdreschwerk (Dreschtrommel mit axialem Materialfluß ohne Schüttler).

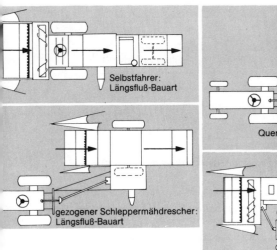
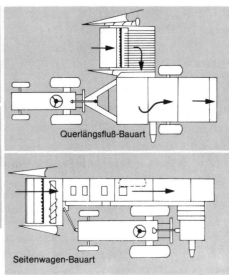
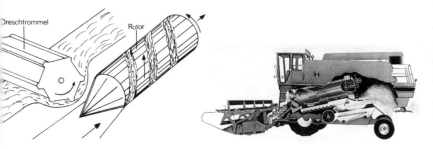

Mähdrescher mit Axialflußsystem (Schema, links).

Mähdrescher: Welche Forderungen sind an sie zu stellen?

Günstige Bedienungsanordnung,
stufenloser Antrieb, große Reifen und tiefer Schwerpunkt,
beim Selbstfahrer Motor außerhalb der Staubzone.
Große Druschtrommel, stufenlos verstellbare Haspelgeschwindigkeit und Korntank bei beiden Arten.

Mähdrusch: Welche Probleme sind dabei zu lösen?

Transport, Trocknung und Lagerung der Körner, Strohbergung bzw. Strohbeseitigung.

Kartoffelbau – Welche Maschinen und Geräte gibt es zum Pflanzen?

Vielfachgerät (Pflanzloch- und Zudeckgeräte),
Kartoffellegemaschinen (halb- und vollautomatisch).

Welche Maschinen und Geräte gibt es zur Pflege?

Vielfachgeräte (zum Hacken und Häufeln),
Eggen (Netzegge, Striegel),
Pflanzenschutzgeräte (Spritzen).

Welche Maschinen und Geräte gibt es zur Ernte?

Schleuderradroder,
Vorratsroder (Siebrad oder Siebketten),
Sammelroder (Vollerntemaschinen mit und ohne Bunker).

Knollenbeschädigungen: Wodurch lassen sie sich verringern?

Richtiges Einstellen der Maschine,
richtige, nicht zu schnelle Fahrweise,
vorsichtiges Umladen.

Welche Maschinen werden bei der Lagerung und Verwertung verwendet?

Förderbänder, Dämpfanlagen,
Sortiermaschinen, Belüftungsanlagen in
Waschmaschinen, Kartoffellagerhäusern.

Rübenbau – Rübensaat: Welche Maschinen gibt es dafür?

Einzelkornsägeräte.

Welche Maschinen gibt es zur Ernte?

Köpfschlitten,
Vorratsroder,
Köpfroder (Vollerntemaschinen) mit und ohne Bunker,
Rodelader,
Köpflader,
ein- bis sechsreihige Maschinen für ein- und mehrphasige Ernteverfahren.

Grünfutter – Welche Erntegeräte stehen zur Verfügung?

Mähwerke, Häckselsammelwagen,
Feldhäcksler, Hochdruckpressen,
Ladewagen, Ballenpressen.

Heu – Welche Wendegeräte stehen zur Verfügung?

Kreiselrechwender, Kreiselzettwender,
Bandrechwender, Sternradrechwender,
Kettenrechwender, Mähaufbereiter,
Kreiselschwader, Trommelschwader.

Langgutkette: Welche Geräte gehören dazu?

Frontlader,
Heckschiebesammler,
Ladewagen (Hoch- und Tieflader),
Gebläse und Greifer.

Feldhäckslerbauarten: Welche sind gebräuchlich?

Schlegelfeldhäcksler,
Exaktfeldhäcksler (Scheibenrad- und Trommelfeldhäcksler).

Preßgutkette: Welche Geräte gehören dazu?

Hoch- und Niederdruckpressen, Ballenladewagen,
Großballenpressen für runde Traktorballenwerfer,
und eckige Ballen, Ballenförderanlagen.

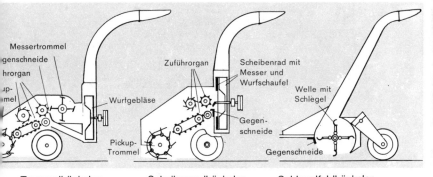

Trommelhäcksler   Scheibenradhäcksler   Schlegelfeldhäcksler

Maschinenpflege – Worauf ist zu achten?

Gründliche Durchsicht nach Säuberung von Schmutz und Öl,
Gleit- und Lagerstellen auf Spiel, Verschleiß und Sicherung prüfen,
Verschraubungen auf Festigkeit und Sicherung (Splint) prüfen,
Rahmen durch Abklopfen auf Brüche und Risse untersuchen,
Kupplungen, Bremsen und Beleuchtung auf Funktion und Sicherheit
    prüfen.

Hydraulik auf Dichtigkeit und Reifen auf Verkehrssicherheit prüfen, Betriebsanleitung beachten.
Bei Traktoren und Transportfahrzeugen an Teilen, die der Verkehrssicherheit dienen, nicht selbst schweißen (z. B. Anhängerdeichsel!).

Maschinenprüfung – Welche Institutionen gibt es?

Deutsche Landwirtschafts-Gesellschaft (DLG),
Biologische Bundesanstalt (BBA) (Pflanzenschutzgeräte),
Stiftung Warentest (Haushaltsgeräte).

Worauf ist beim Kauf von Landmaschinen besonders zu achten?

Ob sie von der DLG oder der BBA geprüft sind;
ob Normen und Sicherheitsvorschriften eingehalten wurden (GS-Zeichen, VDE-Zeichen).

Prüfsiegel: Welche sind für Landwirte wichtig?

  Arbeitssicherheitsprüfung

  Gebrauchtswertprüfung für Forstmaschinen

  Gebrauchtswertprüfung für Pflanzenschutzgeräte

  Gebrauchtswertprüfung für sonstige Landmaschinen und Traktoren

  CE = Communauté Européenne
Mit diesem Zeichen auf einer Maschine bestätigt der Hersteller die Einhaltung der grundlegenden Sicherheits- und Gesundheitsanforderungen

Wirtschaftsgebäude

Ställe – Welchen Anforderungen müssen sie entsprechen?

Sie sollen Wohlbefinden und Gesundheit der Tiere fördern,
trocken und leicht zu reinigen sein,
sie sollen arbeitssparend,
mit geringem Aufwand zu erstellen und variabel sein.

Kuhstall – Aufstallungsformen: Welche sind üblich?

Anbindestall,
Einraumlaufstall (Tiefstall),
Tretmiststall,
Mehrraumlaufstall,
Spaltenbodenlaufstall,
Boxenlaufstall,
Freßboxenstall.

Standformen: Welche sind im Anbindestall gebräuchlich?

Kurzstand (150–170 cm),
Mittellangstand (190–210 cm).

Kurzstand: Welche Vorteile hat er?

Liegeplatz bleibt trockener und sauberer,
dadurch geringerer Streustroh- und Arbeitsbedarf.

Laufstall: Welche Vorteile hat er?

Er ist arbeitssparend,
die Baukosten sind geringer.

Stallbau: Welche Gesichtspunkte sind entscheidend?

Baukosten,
hygienische Eignung,
arbeitswirtschaftliche Gegebenheiten,
Baugestaltung,
Wärmedämmung,
Stallklimatisierung.

Welche Gesichtspunkte sind arbeitswirtschaftlich wichtig?

Heranbringen des Futters,
Melken und Milchtransport,
Entmistung (Fest- oder Flüssigmist).

Anbindestall: Welche Grundausrüstung gehört dazu?
Freßgitter und Anbindevorrichtung,
Selbsttränken,
Melkmaschine (Eimer oder Absauganlage),
Milchkammer mit Kühleinrichtung,
Entmistungsanlage,
Stallklimatisierung.

Laufstall: Welche Grundausrüstung gehört dazu?
Mechanische oder Selbstfütterung am Freßplatz,
Selbsttränken,
Melkstand mit Absauganlage und Kühlung,
Kraftfuttergabe im Melkstand oder über computergesteuerte Abrufanlage,
Entmistung bzw. Kotbeseitigung.

Spaltenbodenstall:
Der Spaltenbodenstall ist die flächen- und arbeitssparendste Lösung im Stallbau; das gilt insbesondere für den Vollspaltenboden ohne Einstreu.

Tretmiststall:
Beim Tretmiststall wird die Liegefläche eingestreut. Die so entstehende 10–15 cm starke Stroh-Mist-Matratze wird infolge des Gefälles von den Tieren zu dem tieferliegenden Mistgang getreten. Der tägliche Strohbedarf liegt bei 0,5–1 kg/Tier.

Tieflaufstall:
Der Tieflaufstall besteht aus einer eingestreuten Fläche, deren Stroh-Mist-Matratze durch das tägliche Einstreuen ständig dicker wird. Der tägliche Strohbedarf liegt bei 2 kg/Tier.

Bergeraum: Wieviel ist je Rindvieh-GV nötig?
Etwa 20–30 m^3 für Streustroh,
etwa 30–50 m^3 für Heu und Futterstroh,
etwa 2,5 m^3 Rübenlager,
etwa 6–10 m^3 Siloraum.

Wie sollen Rauhfutter und Stroh gelagert werden?
Mit geringem Gebäude- und Arbeitsaufwand,
entweder ebenerdig in Gabelwurfweite oder
»Über-Kopf« mit Abwurfschächten oder günstig für Futterwagen.

Was ist bei der Lagerung von gehäckseltem Rauhfutter über der Stalldecke zu beachten?

Das Gewicht (der Druck auf die Stalldecke) ist höher als bei langem Heu:
Stroh lang 40–60 kg/m^3, gehäckselt 80–100 kg/m^3,
Heu lang 60–80 kg/m^3, gehäckselt 100–120 kg/m^3.

Behelfsställe: Wozu können sie dienen?

Jungviehaufzucht, Jungviehmast, Schweinemast, Quarantänestall.

Welche Forderungen müssen Behelfsställe erfüllen?

Sie dürfen nicht teuer sein,
sie müssen arbeitswirtschaftlich zweckmäßig sein,
sie müssen Wohlbefinden und Gesundheit der Tiere fördern,
bauaufsichtliche Bestimmungen sind zu beachten.

Entmisten – Welche Verfahren sind üblich?

Handarbeit,
mechanisches Entmisten (Frontlader, Seilzug, Schubstangen, Ringkreisförderer, Faltschieber, Stalltraktor),
Flüssigmistverfahren,
Spaltenboden und perforierte Böden.

Dunganfall: Wie hoch ist er je Großvieheinheit (GV) und Tag?

Rinder 25 kg Kot, 15 kg Harn,
Schweine 17 kg Kot, 18 kg Harn,
Geflügel auf 1000 Stück 100 kg Kot.

Stallklima – Welche Stalltemperaturen sind günstig?

Kühe	0–20° C	Zuchtschweine	12–16° C
Mastvieh[1])	20–12° C	Mastschweine[1])	18–15° C
Kälber[1])	20–16° C	Abferkelstall	30–32° C

[1]) Bei zunehmendem Alter niedrigere Temperaturen.

Wie werden die Ställe be- und entlüftet?

Durch Fenster und Türen,
durch Luftschächte und -kanäle,
durch Ventilatoren (Zwangsentlüftungen).

In welcher Himmelsrichtung sollen Ställe stehen?

Ost-West-Richtung.

Fensterfläche: Wie groß soll sie bei Ställen sein?
1/15 bis 1/20 der Bodenfläche, auch bei Geflügel.

Luftraum: Welchen benötigt 1 Rindvieh-GV?
20–25 m^3.

Schweinestall – Welche Stallfläche benötigt 1 Mastschwein?
1,0–1,3 m^2, je nach Aufstallung.

Welche Stallfläche benötigt eine Zuchtsau?
Ohne Ferkel 4 m^2, mit Ferkel 6 m^2.
Bei den modernen Aufstallungsformen sind die Unterschiede sehr groß.

Schweinezucht: Welche Aufstallungsformen gibt es?
Gruppenhaltung in Freßliegeboxen (einstreulos) mit wärmegedämmter Liegefläche und perforierter Fläche aus Spaltenböden oder Betonschlitzplatten.
Einzelhaltung in Kastenständen mit teilperforierter Liegefläche, in Anbindeständen mit teilperforierter Liegefläche.
Ferkelaufzucht in Flatdeckkäfigen.
Veraltet: Dreiflächenbuchten und Tieflaufställe.

Schweinemast: Welche Aufstallungsformen gibt es?
Vormastställe (Rein-Raus-Verfahren),
Hauptmastställe (kontinuierliches Verfahren mit Umbuchten),
für Altbauten sind Tiefställe geeignet (Festmist),
für Neubauten sind meist Mistgangbuchten mit Freß-Liege-Bereich und Kotplatz (Spaltenboden) gebräuchlich.

Schweinehütten: Was versteht man darunter?
Sie erfordern einen trockenen Freßplatz (auch bei Aufstellung auf Weiden),
sie ermöglichen gesunde Aufzucht und Haltung.

Kartoffellagerung – Welche Temperatur ist zulässig?
Etwa 3–7 °C.

Vorkeimraum: Welche Temperatur ist notwendig?
Etwa 10–15 °C.

Unfallschutz

Unfallverhütung – Wodurch passieren die meisten Unfälle?

Durch Leichtsinn (Mißachtung der Unfallschutzvorschriften), Eile und Ermüdung.

Wie lassen sich Unfälle verhindern?

Durch Beachten der Bedienungsvorschriften,
durch vorschriftsmäßige Schutzvorrichtungen,
durch Beachten der Unfallverhütungsvorschriften,
durch Vorsicht und Umsicht.

Elektroanlagen – Wozu dienen die Sicherungen?

Sie sind als schwächster Punkt (sehr dünner Draht) in die Anlage eingebaut. Bei Überlastung oder Kurzschluß schmilzt der dünne Draht oder der Sicherungsautomat schaltet ab, der Stromkreis wird dadurch unterbrochen und Schaden verhütet.

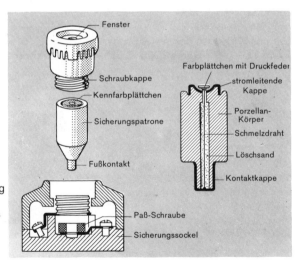

Die Sicherung schützt als schwächstes Glied die elektrische Anlage.

Geflickte Sicherungen: Warum sind sie verboten?

Der meist zu dicke Flickdraht schmilzt erst zu spät bei zu großem Stromfluß. Dadurch erhitzen sich die Leitungen und es entsteht Brand- und Lebensgefahr. Darum: *Niemals Sicherungen flicken.*

Fehlerstrom-(FI-)Schutzschalter: Welchen Vorteil haben sie?
Sie unterbrechen bei Kurzschluß sofort (ca. 0,2 s) die Stromzufuhr zum defekten Gerät.

Schutzkontakt-(Schuco-)Steckdosen: Welchen Vorteil haben sie?
Sie haben einen Schutz-(Null-)Leiter, der bei Isolierfehlern an Elektrogeräten den Strom ableitet und so Lebensgefahr verhindert.

Elektromotoren: Worauf ist beim Betrieb zu achten?
Der Motor ist gegen Überlastung und Kurzschluß durch Schutzschalter und Sicherung geschützt; man soll weder daran herumschrauben noch die Sicherungen flicken.
Schalter, Anlaßvorrichtungen, Oberfläche der Gußkapsel sind sauber zu halten.
Die Lager sind zu beobachten und zu schmieren; der Motor ist alle 2–3 Jahre zu überprüfen und zu reinigen.

Schutzvorschriften – Welche dienen der Unfallverhütung?

Das Geräteschutzgesetz von 1968 und die Unfallverhütungsvorschriften der landwirtschaftlichen Berufsgenossenschaften.
Unfallschutz-geprüfte technische Arbeitsmittel tragen das Prüfzeichen der Prüfstelle der Berufsgenossenschaft, das GS-Zeichen und, wenn DLG-geprüft, das DLG-Prüfzeichen, Elektrogeräte das VDE-Prüfzeichen.

geprüft

schutzisoliert

tropfwassergeschützt

spritzwassergeschützt

Elektrische Anlagen, Motoren, Haushaltsgeräte, Leuchten, Heizgeräte, Strahler, Weidezaungeräte usw. müssen den VDE-Bestimmungen entsprechen.

Flüssigmistbehälter – Welche Vorschriften sind zu beachten?

– Nach Landesbauordnungen: Mindestens 3 m Grenzabstand, mindestens 50 m Abstand zu Hausbrunnen und oberirdischen Gewässern.
– Nach TA-Luft: Mindestabstand von Wohngebieten 200 m (bei 200 Sauenplätzen bzw. 40 000 Hennenplätzen) bis zu 470 m (bei

2250 Sauenplätzen bzw. 160 000 Hennenplätzen). Ein Sauenplatz
= 3 Mastschweineplätze, 1 Hennenplatz = 2 Mastgeflügel- oder
Junghennenplätze.
- Nach VDI-Richtlinien: Je nach Umständen Abstände von Wohngebieten zwischen 100 und 700 m. Geringere Abstände sind nach Sondergutachten möglich.

Warnschilder bei Arbeiten mit Flüssigmist

Vergiftungs-
gefahr

Erstickungs-
gefahr

Explosions-
gefahr

Hineinstürz-
gefahr

Energiesparen – Welche Verfahren zur Energie-Einsparung und Energierückgewinnung sind in der Landwirtschaft üblich?

Wärmerückgewinnung aus der Milch,
Wärmerückgewinnung aus der Stalluft (bei Rindern und Schweinen),
Biogasgewinnung,
Wärme aus Stroh und Holz,
Solartechnik,
Windenergie,
Kraftstoffeinsparung beim Einsatz von Traktoren und Arbeitsmaschinen.

Wärmepumpe: Was versteht man darunter?

Eine mit Elektro- oder Dieselmotor angetriebene Spezialpumpe, die dem Grundwasser oder dem Boden oder der Luft Wärme entzieht und damit Brauchwasser erwärmen oder heizen kann.

Register

Abbau 129
Abfallprodukt der Zuckerindustrie 135
Abkalbetag 182
Abruffütterung 226
Absatzfondsgesetz 32
Abschöpfung 25, 37
Abschreibung 54
Absetzen 234
Abstammungsnachweis 203
Ackerbau 68
Ackerfräse 89
Ackerzahl 61, 68
ACZ 22
ADI-Wert 47
ADJ 8
Agrarbericht 15
Agrarfabrik 19
Agrarkreditprogramm 53
Agrarmarktordnung 25, 36
Agrarökosystem 42
Agrarpolitik 14
Agrarreform 39
Agrarstabilisator 40
Agrarstruktur 19
Agrochemisches Zentrum 22
AK-Besatz 70 f.
Akarizide 163
AKP-Länder 30
Aktivvermögen 51
Alleinfütterung 235 f.
Allgäuer Melkmethode 195
Älpung 162
Anbau-Verhältnis 61
Anbauvorrichtungen 251
Anbindestall 262
Anhänger 247
Annuitätendarlehen 55
ANOG-Landbau 48
Anstrich 240
Anwelken 153
Anwendungsprogramm 56
Anzeigepflicht, Seuche 191
Arbeitsanfall 71
Arbeitskette 73
Arbeitsproduktivität 65
Arbeitsstunden 70
Arbeitswirtschaft 70
Äthanol 244
Attractants 163
Aufblähen 192
Aufzucht 188
Aufzuchtkrankheit 214
Ausbildung 10
Ausgangswert 50
Ausgleichsbetrag 27
Ausgleichsgetriebe 246
Ausgleichszahlung 39
Ausschlachtung 33
Auswinterung 109

Babybeef 190
Backqualität 113
BAföG 10
BALM 33
Banddüngung 96
Bandsaat 107
Bandspritzung 168
Basissaatgut 173
Bauernverband 8
Baukosten-Index 79
BBA 165
BBiG 11
BDL 8
Becquerel 170
Behelfsstall 263
Beifutter 159, 234
Beizverfahren 110
Beleihungsgrenze 54
Belüftungstrocknung 155
Benachteiligte Gebiete 17
Bergabfahren 247
Bergeraum 262
Berufsausbildung 11
Berufsgrundschuljahr 12
Besatzdichte 161
Besatzstärke 161
Bestandsdichte 115, 117
Bestandsgrößen 209
Bestockungsknoten 108
Betriebsaufwand 62
Betriebseinkommen 64
Betriebsentwicklungsplan 17
Betriebsertrag 63
Betriebsfläche 60
Betriebsform 21
Betriebsgröße 21 f.
Betriebskontrolle 63
Betriebsstruktur 22
Betriebssystem 59
Betriebswirtschaft 59
Bewertung 61
BF 60
BGJ 12
Biestmilch 198
Bilanzvermögen 79
Bilateral 38
Bildschirmtext 57
Binnenmarkt 31
Biogas 170
Bioland 48
Biologisch-dynamischer Landbau 48
Biologische Bundesanstalt 165
Biomasse 41
Biomonitoring 167
Bio-Sprit 244
Biotechnologie 179
Biotop 42

Bit 56
Blair-House-Kompromiß 29
Blattdüngung 96
Blattfleckenkrankheit 134
BLUP 178
Boden-Melioration 67
Bodenbearbeitung 88, 254
Bodenbestandteile 80
Bodenbewertung 67, 80
Bodenerosion 92
Bodengare 88
Bodenhaltung 212
Bodenklimazahl 68
Bodenkunde 80
Bodenlebewesen 85
Bodennährstoff 84
Bodennutzung 60
Bodenprobe 82
Bodenprofil 84
Bodenreaktion 82
Bodenschätzung 67, 81
Bodenschlupfverlust 245
Bodenschluß 92
Bodenschutzgesetz 44
Bodentypen 83
Bodenuntersuchung 81
Bodenverbesserung 83
Bonitierung 118, 173
Braugerste 117 ff.
BSE 191
BST 194
Btx 57
Buchführung 49 f.
Buchführungsabschluß 51
Buchführungspflicht 49
Buchwert 54
Bullenkälber 228
Bullenmast 228
Bundes-Immissionsschutzgesetz 43
Bundesausbildungsförderungsgesetz 10
Byte 56

C_4-Pflanzen 41
Cairnsgruppe 29
CCM 232
CEA 30
Chimären 180
Chinaschilf (Miscantus) 41
cif-Preis 36
CMA 32
Comecon 31
Computer 56 f.
COPA 30
Corn-Cob-Mix 232
Crop-Sharing 69

Damtierhaltung 77
Dauergrünland 146
Dauerhumus 85
db (A) 243
DE 45
Decken 177
Deckungsbeitrag 65

Denitrifikation 101
Deutscher Bauernverband 8
Dezibel 243
Dieselmotor 244
Differentialgetriebe 246
Differentialsperre 246
Dinkel 113
Direktsaat 107
Direktvermarktung 34
Diskette 57
DLG 9
Doldenblütler 150
Doppelhybride 210
Doppellender 190
Dorferneuerung 19
Drainage 83
Drehmoment 244
Dreifelderwirtschaft 69
Drittländer 25, 30
Dumping 38
Dungeinheit (DE) 45
Düngerbezug 105
Düngerlagerung 105
Düngerstreuer 255
Düngung 94, 96, 115, 117, 120 f., 123, 128, 132, 137 f., 141 f., 150 f., 161
Durchfall 228
Durchschnittsertrag 116 f., 120, 122
Durumweizen 113

EAGFL-Fond 27
Eberkauf 202
Ebermast 233
ECU 26
EFTA 30
EG 23
Egge 91, 254
EGKS 23
Eiererzeugung 76, 212
Eigenkapital 64
Eigenschaften, erworbene 175
Einfachhybride 210
Einheitssortenbau 118
Einheitswert 62, 67
Einkommensteuer 52
Einsatzstunden 243
Einschleusungspreis 36, 37
Eintagsküken 210
Einzelkornsaat 133, 258
Eisen 240
Eitransplantation 179
Eiweiß 221
Eiweißfuttermittel 233
Eiweißüberschuß 226
Elefantengras 41
Elektroanlage 265
Elektromotor 266
Elektronische Antischlupfregelung 246
Elektrozaun 158
ELJ 8
Elsbett-Motor 244
Emmission 43

EMZ 68
Energiesparen 267
Energiezahl 222
Entmisten 263
Entrostungsverfahren 240
Erbanlagen 175
Erbbaurecht 58
Erfolgsbegriffe 62
Erhaltungsfutter 221
Erhaltungskalkung 104
Erlösdifferenz 65
Ernte 111, 116f., 120f., 124, 130, 135, 137, 152
Ertrag 138, 161
Ertragskurve 95
Ertragsmeßzahl 61, 68
Ertragswert 62
Erwachsenenbildung 12
Erzeugergemeinschaft 34f.
Erzeugerringe 34
Ethanol 244
EU 23f.
EU-Marktordnung 25
EURATOM 23
Europäische Atomgemeinschaft 23
- Gemeinschaft 23
- Gemeinschaft für Kohle und Stahl 23
- Größeneinheit 20
- Kommission 24
- Union 23
- Wirtschaftsgemeinschaft 23
Europäischer Binnenmarkt 31
Europäisches Wirtschaftssystem 26
Euter 194
Eutergesundheitstest 199
Eutrophierung 45
EWG 23
EWG-Vertrag 14
EWR 30
EWS 26
Exporterstattung 36
Extensivierungsprogramm 23
EZ 222

Fachvereinigung 9
Fahrgasse 107
FAO 31
FAO-Zahl 122f.
Farbe 240
Federfressen 214
Fehlerstrom-(FI-)-Schutzschalter 265
Feldfutterbau 140
Feldgraswirtschaft 146
Feldhäckslerbauart 259
Feldstück 55
Ferkel 234
Ferkelgrippe 208
Festdarlehen 55
Fettquote 28
Feuchtgebiet 42f.
Flächenproduktivität 65

Flächenstillegung 40
Fleischbeschaffenheitszahl 206
Flurbereinigung 19
Flurbuch 58
Flurstück 55
Flüssigdüngung 105
Flüssigfütterungsanlage 231
Flüssigmist 98, 266
Förderungsmaßnahmen 16, 38
Förderungsschwelle 17
Fräse 255
Freihandelszone 31
Freiwilliger Landtausch 19
Fremdbefruchter 172
Fremdkapital 55
Fremdlehre 12
Fresser 190
Frischmist 98
Fritfliegenbefall 111
Frontlader 247
Fruchtfolge 69, 136, 141 f.
Fruchtwechsel 70
Frühabsetzen 203
Frühentwöhnung 227, 234
Fungizide 163
Fußkrankheit 111
Futterkonservierung 153
Futtermittel 224, 228 f.
Futterplan 220
Futterumstellung 225
Fütterung 220, 236
Fütterungsverfahren 230
Futterwerttabelle 223

Garantiemengenregelung 27
Garantieschwelle 27
Gärfutter 153, 155, 225
GATT 29, 40
GE 70
Gebäude 77, 238
Gebäudekosten 79
Gebiet-5b-Gebiet 38
Geburtshilfe 188
Gefahrensymbol 164
Geflügelkrankheit 213
Geflügelmast 213
Geflügelzucht und -haltung 209 f.
Gelber Galt 192 f.
Gelbreife 111
Geld und Kredit 53
Genbank 174
Generalklausel 18
Genossenschaft 9
Gentechnik 179
Geräteträger 241
Gerste 116
Gesamt-Nährstoff 222
Geschlechtsbestimmung 210
Gesetz vom abnehmenden Bodenertrag 95
- - Minimum 94
Gesteinsmehle 105
Gesundungskalkung 104

Getreidebau 68, 107, 256
Getreideeinheit 70
Getreidekonservierung 112
Getreidekrankheit 110
Gewährfrist 191
Gewährsmängel 218
Gewässerschutz 44
Gewinn 63 f.
GF 61
GN 222
Göfo-Wert 206
Göttinger Rahmen 166
Granulatstreuer 168
Gräser 146, 225
Greenbox 29
Gregor Mendel 175
Grenzausgleich 26
Grenzertrag 66
Grenzertragsboden 23
Grenzkosten 66
Großvieheinheit 75
Grubber 90 f., 254
Grünbrache 41
Grundbesitz 57
Grundbuch 57
Grunddüngung 96
Grundpreis 36
Grundsteuer 52
Grundstücksverzeichnis 57
Gründüngung 100
Grüner Bericht 15
Grüner Kurs 26, 29
Grünfutter 145, 258
Grünland 61, 146
Grünlandanteil 61
Grünlandnutzung 61
Grünlandzahl 61, 68
Grünroggen 145
Gülle 99, 150
Gülleverordnung 45
Gutachten 58
Gute fachliche Praxis 46
GV 75

H-Milch 200
Hackfruchtbau 69, 125
Hafer 120
Halbwertzeit 170
Halmverkürzungsmittel 115
Halothantest 205
Handelsdünger 100, 105
Handelsklasse 32
Handelsvertrag 38
Hardware 57
Hauptbodenart 81
Hauptmängel 191, 208
Heißlufttrocknung 155
Hektarsatz 62
Henne 211
Herbizide 155
Heritabilität 175
Herkunftswert 129
Herztod 208
Heu 156, 224, 259
Heutemperatur 157

Heuturm 156
Heuwehrgerät 157
HF 61
HFT 223
HLBS 58
Hochsilo 154
Höchstmengenverordnung 169
Hohenheimer Futterwerttest 223
Holz 238
Holzschutzverfahren 239
Hufpflege 218
Hühnerfütterung 236
Hühnermüdigkeit 213
Hühnerrasse 209
Hülsenfrucht 139
Humus 81
Hybride 209
Hybridmais 123
Hybridroggen 119
Hybridschwein 201 f.
Hybridzucht 172
Hydraulik 245

Imitat 28
Immission 43
Immissionsschutz 43
Indexkörung 177
Insektizide 163
Insolvenz 53
Integration, horizontale 34
–, vertikale 34
Integrierter Landbau 47
– Pflanzenschutz 47, 169
Intervention 36
Interventionspreis 37
Inzucht 176

Jahresarbeitseinheit 70
Jauche 98
Jauche-Unkräuter 150

Käfighaltung 212
Kalb, nüchternes 189
Kalbefieber 192
Kälberaufzucht 187, 189
Kälberdurchfall 228
Kälberfutter 220
Kalidünger 102
Kaltblut 215
Kannibalismus 214
Kapitaldienstgrenze 54
Kartoffelbau 125, 258, 264
KB 179
Keimfähigkeit 108
Keimwurzel 108
Keimzahl 199
KF 60
Kieselsäure 105
Kilowatt (kW) 241
Klärschlamm 97
Klassifizierungsgerät 32
Kleberqualität 113
Kleearten 146
Kleegras 143
Kleemüdigkeit 142

269

Klima 60, 93
KLJB 8
Klonen 180
Knöllchenbakterien 139
Knollenbeschädigung 258
Kohlenhydrate 221
Kolloide 81
Kolostralmilch 198
Kompost 99
Kondition 177
Konstitution 177
Kontingent 39
Kontrollierter Anbau 48
Kooperation 21
Kooperative Einheit 22
Kopfdüngung 96
Körnermais 123f.
Körnerverlust 112
Körung 177
Kosten 67
– Traktorstunde 243
Kraftfuttergabe 226
Kraftstoffverbrauch 243
Krankheitsresistenz 125
Kräuter 146, 150
Krautfäule 129
Kredit 53
Kreuzung 176
Kreuzungszüchtung 172
Kronenwurzel 108
KTBL 9
Kuhfütterung 225
Kuhstall 261
Kulturfläche 60f.
Künstliche Besamung 179
Kunststoff 240
Kurzstand 261

Lagerfrucht 109
Landfrauen 8
Landjugendorganisation 8
Landsberger Gemenge 145
Landschaftspflege 42
Landschaftsplan 42
Landtausch 19
Landwirtschaft, ordnungsgemäße 46
Landwirtschaftliche Flächen 60
– Vergleichszahl 61
Landwirtschaftlicher Umrechnungskurs 26
Landwirtschaftsgesetz 15
Landwirtschaftskammer 9
Landwirtschaftsklausel 46
Langgutkette 259
Lastschriftverfahren 55
Läufer 235
Laufstall 261f.
LD 50 47
Leasing 73
Legehenne 211
Legehybride 210
Leguminosen 139
Leistungsförderer 233

Leistungsfutter 221, 225
Leistungsgewicht 242
LF 60
Liegenschaftskataster 58
Liquidität 53
LN 60
Loco-Hofpreis 35
Lohnanspruch 71
Lohnform 72
Lose-Düngerkette 106
LPG 22
Luftkühlung 244
Luzerne 140
Luzerne-Grasgemisch 141
LVZ 61
LWG 15

Magermilch 232, 237
Magervieh 190
Mähdrescherart 256
Mähdrusch 112
Mähweidenutzung 160
Mähwerk 248
Mais 122
Mangelkrankheit 192
Mansholt-Plan 21
Marktordnung 36
Marktstrukturgesetz 32, 34
Marktwirtschaft 40
Maschinen 238
Maschineneinsatz 72
Maschinenkosten 73
Maschinenmelkanlage 196
Maschinenpflege 259
Maschinenprüfung 260
Maschinenring 72
Maschinensaat 256
Maschinenwert 72
Masterfolg 232
Masthybride 210
Mastprüfungsanstalt 205
Maststall 205
Mastverfahren 230
ME 222
Meistbegünstigung 38
Melkmaschinen 196f.
Melkroboter 197
Messerbalken 248
Messersech 253
Messerzapfwelle 248
Metaboliten 171
MHS-Gentest 206
Mikronährstoff 104
Milchaufwertungsfutter 227
Milchaustauschfutter 227
Milchbehälter 197
Milchbildung 194
Milcherzeugung 75, 200
Milchfluß 234
Milchgarantiemengenregelung 27f.
Milchgesetz 193
Milchgewinnung 195
Milchkühlung 197
Milchmarkt 27

Milchquote 28
Milchreife 111
Milchrente 28
Milchwirtschaft 193
Milchzeichen 185
Mineral- und Wirkstoffbedarf 226
Mineralstoff 221
Minimalbestelltechnik 107
MOET-Nukleus-Zuchtprogramm 178
Molluskizide 163
Monogermsaatgut 133
MS-DOS 56
Multilateral 38
Mutationen 175
Muttergestein 80
Mutterkuhhaltung 76

N-Stabilisator 101
Nachgeburt 192
Nachwachsender Rohstoff 41
NAFTA 31
Nährhumus 85
Nährstoffgehalt 95, 156, 222
Naturland 48
Naturschutz 42
Nebelgerät 168
Nebenerwerbsbetriebe 20
NEL 222
Nematizide 163
Nematodengefahr 130
Neubaukosten 78
Neue Bundesländer 22
Neusaat 152
Nitratauswaschung 45
N_{min}-Methode 82
Notreife 111
Notzonegge 91
Nutzflächen-Verhältnis 61
Nutzungskosten 65

Obergräser 147
Ödland 61
OECD 31
Offene Deklaration 223
Ökologie 42
Ökologischer Landbau 48, 100
Ölfrucht 136
Ordnungsgemäße Landbewirtschaftung 38
Organisch-biologischer Landbau 48
Organischer Landbau 48
Orientierungspreis 37f.
Ostblockländer 31
Otto-(Vergaser-)Motor 244
Ozon 170

Pacht 66
Parität 18
Partnerschaft 19
Passivvermögen 51
Perserklee 143

Pestizide 163
Pferdekrankheit 218
Pferdezucht und -haltung 215
Pflanzenbehandlungsmittel 163
Pflanzenschutz 47, 163f., 167
Pflanzenschutzrecht 169
Pflanzenschutzwarndienst 166
Pflanzenzucht 172
Pflanzenzusammensetzung 152
Pflanzweite 126
Pflanzzeit 126
Pflug 251, 254
Pflugeinstellung 253
Pfluglose Wirtschaft 92
Pflügen 89
ph-Wert 82
Phasenfütterung 237
Pheromone 163
Planungsbegriffe 65
Planwirtschaft 40
Portionsweide 160
ppm 170
Präferenz 39
Präzisionssaatgut 133
Preis 35
Preisschere 39
Preisschwelle 37
Preßgutkette 259
Produktionsfaktor 59
Produktivität 65
Programmplanung 65
Prosperitätsklausel 18
Prüfsiegel 260
PS 241
PSE-Fleisch 206
Pufferung 85

Qualität von Nahrungsmittel 47
Quecke 110
Quoten-Leasing 28
Quotenhandel 28

Randstreifenbehandlung 168
00-Raps 136
Rasse 176, 201, 209, 219
Rauhfutter 262
Rebalancing 29
Recycling 44
Referenzjahr 27
Referenzmenge 31
Referenzpreis 37
Regelhydraulik 245
Regie 111, 131
Reife 111, 131
Reifenart 247
Reineinkommen 63
Reinertrag 64
Reinzucht 176
rem 170
Rentabilitätsgrenze 54
Repellents 163
Report 33
Resistenzzüchtung 172
Restgebäudeverwertung 79
RGW 31

Richtpreis 36f.
Rinderhaltung 181
Rindermast 76
Rinderrasse 181
Rinderseuchen 191
Rindviehfütterung 224
RME 245
Rodentizide 163
Roggen 119
Roheinkommen 63f.
Rohfaser 223
Rostkrankheit 111
Rotklee 142
Rübenbau 258
Rübenkrankheiten 134
Rückstände 170
Rüttelegge 90

Saat 107, 114, 116, 119, 121, 123, 132, 137ff., 141f.
– auf Endabstand 133
Saatbett 107
Saatenanerkennung 174
Saatgutvermehrung 172, 173
Saatgutwechsel 119
Saatmenge 114
Saftfutter 224
Saugenlassen 188
Schadensschwelle 166
Schädlinge 115, 117, 121, 124, 129, 135, 137, 141, 143, 214
Schädlingsbekämpfung, biologische 168
Schafzucht 219
Scharrel-Schweine 76
Schätzungslandwirt 49
Schätzungsrahmen 68
Scheibenegge 89, 90
Scheibenschälpflug 89
Schlag 55
Schlagkartei 68
Schleppe 91
Schlupfminderung 245
Schneeschimmelbefall 111
Schnittzeit 156
Schossen 134
Schuhkarton-Buchführung 49
Schutzkontakt-(Schuco-) Steckdose 265
Schutzvorschrift 266
Schwake-Liste 244
Schweinefütterung 230
Schweinehütte 264
Schweinekrankheiten 206ff.
Schweinemast 76
Schweinemüdigkeit 208
Schweinestall 264
Schweinezucht und -haltung 201
Schweinezyklus 201
Schwellenpreis 37f.
Selbstbefruchtung 172
Selbstentzündung 157
Selbstversorgung 34
Seuchen 190
Seuchenhafter Spätabort 207

Sicherung, geflickte 265
Sicherungskuppelung 247
Side by side-Melkstand 197
Silieren 153
Siliermittel 154
Silo 78, 153
Silomais 123, 124
Software 57
Sommerfütterung 224
Sommergerste 116
Sommerweizen 114
Sonnenblumen 138
Sorte 109, 113, 122, 125f., 134, 136
Sortenwahl 109, 122, 136
Sozialbrache 23
Soziale Marktwirtschaft 40
Sozialmaßnahmen 17
Spaltenbodenstall 262
Spätdüngung 96
Spatenrollegge 90
Speisekartoffel 126
Spritzgerät 167
Sprühgerät 168
Spurenelement 104
Spurennährstoff 104
Stallbau 261
Stallklima 263
Stallmist 97, 150
Stallmiststreuer 256
Standardbetriebseinkommen 66
Standarddeckungsbeitrag 66
Standformen 261
Standweide 159
Stärkeeinheit 222
Stärkegehalt 126
Starterkalb 189
Stäubegerät 168
StBE 66
Sterilantien 163
Sterilität 190
Steuer 52
Stickstoffdünger 101
Stoppelsaat 145
Streichblechform 251
Streifenpflug 89
Streß 208
Streßresistenz 205
Strohbergung 112
Strohdüngung 93
Strohverbrennung 93
Strukturwandel 27
Substitute 29
Subvention 39
Switch-over 29
Systemische Mittel 163
Systemtraktor 241

TA Luft 43, 171
Telefax 56
Terminkontrakt 38
Testament 56
Tieflaufstall 262
Tierbeurteilung 182f.
Tiergesundheit 190
Tierkrankheit, Meldepflicht 191

Tierschutz 47
Tierseuchen, Anzeigepflicht 191
Tierzucht 175
Tilgungsdarlehen 55
Toleranzwert 47
Totreife 111
Traktor 241
Traktorenkosten 72
Tränkemethode 189, 227
Transgene Tiere 179
Transportfahrzeug 241
Treibhauseffekt 41, 171
Tretmiststall 262
Triebkraft 109
Trinkwasserverordnung 45
Triticale 174
Trockenstellen 188
Trocknungsverfahren 113
Tüdern 162

Umschulung 13
Umsetzbare Energie 222
Umtrieb 209
Umtriebsweide 159
Umweltschutz 42, 43
Unfallverhütung 264
Unkrautbekämpfung 109, 166
Unkrautstreichgerät 168
Unland 61
Untergeräte 149
Untersaat 144

VDLUFA 82
VE 74
VEB 22
Verbraucherschutz 46
Verdauungssystem 224
Veredlungswert 66
Veredlungswirtschaft 74
Vererbung 175
Vergilbungskrankheit 134
Vergleichsgewinn 62
Vergleichsrechnung 16
Vergleichswerte 62
Verkalben 192
Verkehrslage 59
Verkehrssicherheit 247
Verkehrswert 62
Vermehrungsbetrieb 174
Versicherung 77
Verursacherprinzip 46
Verwerfen 192, 208
Verwitterungsart 80
VFT 223
Viehbesatz 74
Vieheinheit 74
Virus 111
Vitamin 221
Volkseigener Betrieb 22
Vollerwerbsbetrieb 20
Vollreife 111
Voranschlag 77
Vorbereitungsfütterung 188, 225
Vorkeimen 127
Vorruhestand 40

Vorsteuerpauschale 52
Vorzugsmilch 200

Wachstumsschwelle 20
Währungsausgleich 26
Währungskorb 26
Walze 91, 254
Warenterminbörse 38
Warmblut 215
Wärmepumpe 267
Warndienst 166
Wartezeit 166
Wasser 221, 237
Wasserkühlung 244
Wasserschutzzone 44
Wechselweizen 113
Weichfutter 236
Weideform 158ff.
Weidegang 158, 234
Weidewirtschaft 158, 161
Weiterbildung 12
Weizen 113
Weizenanbau 114
Welthandelsorganisation 40
Werkstatt 238
Wiedereinrichter 23
Windows 56
Winter-Zwischenfrucht 144
Winterfütterung 224
Wintergerste 116
Winterraps 137
Wirtschaftsdünger 97
Wirtschaftsfuttermittel 230
Wirtschaftsgebäude 77, 261
Wirtschaftssystem 40
Wirtschaftswert 50
WTO 40
Wuchsstoffmittel 110

Zapfwelle 250
Zeigerpflanzen 86
Zeitspanne 71
Zertifiziertes Saatgut 173
ZF 61
ZK 74
ZMP 33
Zoll 39
Zuchtbetrieb 179
Zuchteber 233
Zuchtläufer 235
Zuchtrasse 176
Zuchtsau 201, 233
Zuchtverband 179
Zuchtwahl 177, 182
Zuchtwertindex 202
Zuchtwertschätzung 178
Zuchtziel 176, 181
Zuckerrübe 132
Zuckerrübenblatt 135
Zuerwerbsbetriebe 20
Zugkraftangabe 242
Zugkrafteinheit 74
Zugleistung 245
Zusatzabschöpfung 37
Zweiter Bildungsweg 10
Zwischenfruchtbau 69, 143
Zyklussynchronisation 180

271

Lesen – wissen – profitieren
Wichtige Arbeitshilfen aus dem Bereich der Landwirtschaft allgemein

Lexikon Landwirtschaft
Pflanzliche Erzeugung, tierische
Erzeugung, Landtechnik, Betriebs-
lehre, landwirtschaftliches Recht

Hildegard Dörfler
Der praktische Landwirt
Boden, Pflanze, Tier, Technik,
Bauwesen

R. Diercks / R. Heitefuss
Integrierter Landbau
Systeme umweltbewußter
Pflanzenproduktion
Grundlagen, Praxiserfahrungen,
Entwicklungen, Ackerbau, Gemüse,
Obst, Hopfen, Grünland

K. König / W. Klein / W. Grabler
Sachkundig im Pflanzenschutz
Arbeitshilfe zum Erlangen des
Sachkundenachweises im
Pflanzenschutz

G. Herrmann / G. Plakolm
Ökologischer Landbau
Grundwissen für die Praxis

Edward C. Straiton
Rinder- und Kälberkrankheiten
erkennen – behandeln – vermeiden
+ Geburtshilfe

A. Gottschalk / H. Alps / E. Rosenberger
Praktische Rinderzucht und Rinderhaltung

H. Lindermayer / K. Straub /
G. Probstmeier
Fütterungsberater Schwein
Ferkel, Zuchtschweine, Mastschweine

Balthasar Spann
Fütterungsberater Rind
Kälber, Milchvieh, Mastrinder

Franz Schmaunz
Buchführung in der Landwirtschaft
Bilanz, Auswertung, Gewinnermittlung

Josef Lohner
Recht für Landwirte in Frage und Antwort
Ein Ratgeber für Alltag und
Betriebspraxis

J. Deuringer / P. Drexel
Nachbarrecht für Landwirte
Praxisfälle - Gesetzestexte

St. Auer / W. Kletzl
Handbuch für Reparaturen an Landmaschinen und Traktoren
Praktische Selbsthilfe für Wartung,
Einstellung, Instandsetzung

Die hier angezeigten Fachbücher der Verlagsunion Agrar sind steuerlich absetzbar.

VERLAGS UNION AGRAR